象理哲學

趙明彥 著

明文堂

추 천 사

새로운 진리를 발견하고 체계를 세워 학문적으로 표현한다는 것은 그렇게 쉬운 일이 아니다. 그러나 본 상리철학(象理哲學)의 접근방법은 형이상학적인 것을 형이하학적으로 분석 가능케 한 데 대해서 획기적인 시도라고 보여진다.

시종(始終) 간방(艮方)의 문화권에 살고 있는 우리 민족은 동양정신문화인 역(易)의 원리를 필히 이해해야 한다.

천부경(天符經) 서두에 있는 일시무시일(一始無始一)이 우주순환의 법칙인가 하면 곧 인간의 상생상극(相生相剋)의 원리로서 본연의 뿌리라고 할 수 있다.

현대 과학문명은 가시권(可視圈)에서 모든 외형만을 분석하고 규명짓고 있으나 옛 성현들은 이미 불가시권(不可視圈)의 미래까지 투시하면서 예언해 왔다.

그것이 바로 육십갑자(六十甲子)로서 척도화(尺度化)하여 상리적(象理的) 해석으로만이 가능했던 것이다. 즉 물리·화학·생리학·천문·지리·이공학뿐만 아니라 경제·사회·문화·정치성과 특히 시대

상리 천학

적 변천 등장의 인물까지 투시할 수 있는 것이다.

　그러나 본 학문을 습득하기에는 범위가 너무 좁았기에 전체적인 이해의 매듭을 남기지 못하고 면면히 맥을 이어왔을 뿐이다.

　뿐만 아니라 전문적인 한 분야로서 체계화되지 못하고 광범위하게 막연히 해석함으로써 미신시(迷信視)되어 온 것도 사실이다.

　이에 본 저자가 누구나 이 분야를 이해할 수 있도록 편저(編著)한 것은 역학계(易學系)의 새로운 비전이라 아니할 수 없다. 역학(易學)·명리(命理)·성리(性理)·의학(醫學) 등을 배우는 분들에게는 큰 도움이 될 것이다.

1990년 2월

政治學 博士 李 揆 任

추 천 사

　오늘날 인류는 물질문명의 발달로 풍요로움을 누리고 있으나 거기에 수반되는 온갖 횡포(橫暴)와 정신문화의 갈등 속에서 불안과 공포에 떨고 있으며 번영을 자랑하면서도 불안과 허탈감에 빠져 있다.

　이러한 모순으로부터 비롯되는 인간의 갈등과 방황을 해결할 수 있는 처방을 찾아, 동양에서 일찍부터 오늘과 같은 상황을 대비해 성현들께서 연구하여 온 정신문화의 심오한 이치를 현실에 맞도록 발전시켜 널리 알리기 위하여 진리과학연구학회를 창설하였던바, 본 저자가 본인의 문하생으로 들어와 수년간 학문의 연구와 강사직을 역임하면서 학문에 심취한 나머지 드디어 「상리철학(象理哲學)」을 집필하기에 이르니 사학(斯學) 발전에 도움을 주게 되어 경탄을 금할 바 없다.

　인간이 볼 수 없는 마음과 볼 수 있는 육신이 하나의 생명체로서 존재하고 있는 것을 능동적인 십천운(十天運) 문자와 수동적인 십이지기(十二支氣)의 문자를 척도(尺度)로써 생년월일시에 배속(配屬), 심명체(心命體)를 구성(構成)해 주객(主客)을 구분하여 십신에 배속된 상리(象理)와 십이순환법칙에 따른 생장성멸(生長成滅)과 몇 가지의

신살(神煞)을 포함하여 합(合)하고 충(冲)하며 형(刑)하고 해(害)하
며 파(破)하여 변(變)하고 화(化)하는 작용을 부드럽고 알기 쉽게 엮
어놓은 책으로서 대중(大衆)이 읽을 수 있고 특히 동양철학을 연구하
시는 분들은 필히 탐독하여야 할 필서라고 권장하며 도움이 될 것이라
고 확신하는 바이다.

1990년 2월

眞理科學硏究學會　會長
韓國易理學會　副總裁
哲學博士　　崔　鳳　秀

序　言

　　현시대의 생활권 안에서 살고 있는 사람은 누구나 물질과 정신적 갈등 속에서 더욱 풍요로워지기 위하여, 또 자신의 위치를 고수하기 위하여 불안과 초조에 싸이거나 또는 번영 속에서도 허탈함을 느끼며 방황하는 경우가 많다.

　　빈부의 차이에 항시 좌절과 우월도 모두 그 순간에 일어나는 심적 갈등이고 보면 우주는 무한한 힘을 포용하고 있는 것이다.

　　우리는 때로 이러한 말을 한다. "모든 것은 운명이다. 하늘이 준 그대로 살다 가는 것이 인생이다"라고. 또는 하는 일이 잘 이루어지지 않으면 "신의 제삿밥이 부족했나보다."라고들 한다.

　　이는 개개인의 선천성과 후천성에 따른, 즉 숙명과 운명이란 것으로 우주순환법칙에 의해 추호도 어긋남 없이 계속되고 있는 우주의 진리로부터 이어진 생명의 진리인 것이다. 이에 옛 성현으로부터 현시대에 이르기까지 연구하여온 불가시영역을 동양철학으로서의 체계를 세워 보다 과학적이고 현실적으로 분류하여 연구하여 온 학문을 알기 쉽게 풀이하여 어느 누구나 쉽게 배울 수 있고 또한 알아볼 수 있게끔 정리하여 수록한 것이다.

몇 가지 필요한 법칙만 익히면 이 책으로 각 개인의 현재와 미래 또는 과거도 살필 수 있는 것이다.

또한 진로 파악과 사회나 가정을 구성하는 체계의 구심점도 찾을 수 있어 어느 면으로 보면 하나의 가정백과사전과 같은 역할을 할 수 있다고 본다.

그러므로 이 책을 세밀히 파악하여 심득하면 각 개인의 선천적 적성에 따른 직업 및 체질 분류가 정확히 파악되며 후천적 변화와 이에 따른 질병 등 길흉을 포착할 수 있다. 특히 모든 과학의 기본 요소(물리·화학·생물·자연과학)가 되는 사물의 원천적 속성과 변화원리를 찾을 수 있는 것이다.

이를 익혀 참고하고 더욱 선배들의 학문을 연구하여 폭 넓게 진보시킬 수 있기를 바라는 바이다.

1990년 2월

저자　趙　明　彦

● 익히고 찾아보기 ●

○ **본 학문을 익히는 분께 필요한 것**

● 주객(主客)의 생년월일시에 배속된 성(星)과 궁(宮)을 알아야 한다.

● 육십갑자(六十甲子)의 성질과 음양, 또 상리와 인체의 배속을 익혀야 한다.

● 오행의 원리 작용과 십신 분류에 따른 육친론(六親論)을 파악하여야 한다.

● 십이운성법을 이해한다.

● 몇 가지의 신살을 이해한다.

● 심명체〔四柱〕를 구성하고 자전과 공전을 정립하여 지장간에 암장된 천운문자를 투출시키는 법을 이해한다(세수 결정에 따른 선정).

● 합충형해 파로서의 변화를 잘 살펴야 한다.

○ **간단히 볼 수 있는 방법**

● 심명체와 십신〔六親〕을 정확히 알고 책 내용 중 십신의 작용을 찾아 본인의 일주와 대조하며 그 생활환경을 맞추어 살피면 알 수 있다.

○ 생년월일시에 배속된 성과 궁의 배설표

年	眞太歲	根 (春)	元	初年 15年	祖上 祖父母 先代 家統	國家 祖國	前生 過去	天時 主體 時代性	365日 遠 (始)
月	提綱	苗 (夏)	亨	青年 15年	父母 兄弟 職長 社會人	職場 社會	現生 現實	家門의 社會環境	30日 近 (中)
日	日主	花 (秋)	利	壯年 15年	主體 配偶者 心腹部下 祕書·參謀	家庭 隣近	當面 當時	主體 生命 當面環境	1日 座 (中)
時	時辰	實 (冬)	貞	老年 15年	子女 子孫 部下·後繼者	側近 環境	未來 來世	二世後孫 未來豫測	$\frac{1}{12}$日 緊 (末)

시 일 월 연

○후배
자녀　○본인　○부모
형제　○조상·부모가통

○자녀　○배우자　○직업　○조상·부모가통

차 례

제**1**장
우주의 창조적 본체

1. 우주 본체관 (宇宙本體觀) 과 사적 고찰

우리가 살고 있는 지구와 달·해 그리고 별들이 속해 있는 전체 공간을 가리켜 우리는 대우주 또는 대자연계라고 부른다. 우주라 하면 무수한 별들과 해, 그리고 은하계를 말한다. 이처럼 넓고 한없는 우주 공간 가운데 우리는 어디쯤 살고 있으며 어떠한 관계가 이루어지고 있는가를 모르며, 또한 광대무변한 이 우주 공간 가운데 우리는 과연 어디가 처음이고 어디가 끝인지 우주의 신비를 알 수 없다.

그러므로 짧은 지식으로 그 근본을 파악하기에는 엄청난 일이나, 여기에서는 동양철학의 우주관을 살펴봄으로써 우주의 신비에 조금이나마 접근해 보고자 한다. 옛 선현들께서 연구한 학문을 토대로 동양철학을 현시대에 맞추어 보면, 동양철학은 과학과는 달라서 보이지 않는 근본으로부터 시작하여 보이는 전체에 이르기까지 진리로서 탐구하는 학문인 것이다.

우주를 창조한 본체(本體)는 과연 무엇이며 어떻게 오늘과 같은 현상계가 형성되었을까 하는 것은 예나 지금이나 인류의 과제이며 또한 유현(幽玄)한 탐구의 대상이다. 이에 대해 과거 성현들이나 석학들이 밝혀놓은 바를 대충 간추려 보면 다음과 같다.

만물의 창조적 시원(始源)을 하나로 보느냐 둘로 보느냐 하는 문제를 일원관(一元觀)이니 이원관(二元觀)이니 한다. 사물을 둘로 보는 이유는 외양으로 볼 때는 둘로 보이기 때문이다. 예를 들어 사람은 남자와 여자로 나누어져 있으므로 둘로 볼 수밖에 없다. 그러나 사람이 최초에 어떻게 생겨났는가 하는 문제를 파고들면 문제는 달라진다. 인간의 창조적 시원은 양원적(兩元的)인 입장에서는 결코 설명이 불가능하기 때문이다.

그래서 우주의 시원적 본질을 하나로 보기 시작한 것은 동서가 거의 일치하고 있다. 동양에서는 하나를 찾기 위해 하나에 앞서 있는 그 무엇인가의 존재를 탐구하기 시작했는데, 이것이 바로 도(道)라는 것이었다.

불가(佛家)에서는 법문에 '만법귀일(萬法歸一)하니 일귀하처(一歸何處)'라는 말이 있다. 이 법문의 뜻은 '모든 법이 하나로 돌아가는데 그 하나는 갈 곳이 어디냐'는 것으로, 이와 같이 하나의 시원을 밝혀 하나를 증명하자는 상대적 이론의 출발이 곧 본체를 찾을 때의 시초인 동시에 동양의 철학적 사상인 것이다.

공자는 《주역(周易)》에서 일음일양지위도(一陰一陽之謂道)라 하여 한번 어두웠다 한번 밝아지는 것이 도(道)라 하였으며, 또한 오도일이관지(吾道一以貫之)라 하여 나의 도는 하나(一)의 진리로서 통한다고 했다. 이는 도가 하나이며 하나가 도라는 뜻이다. 곧 도와 존재적 일(一)은 별개의 것이 아니라 불가분의 관계라는 사실을 분명히 밝힌 것이다.

석가는 항구적으로 불생불멸하는 우주의 본체를 진여(眞如)라 했으며, 진여는 여래장이라 하여 참 실체란 피조물이 아니라 스스로 존재하는 법칙과 연기(緣起)를 동반한(諸法從緣生 諸法從緣滅) 것으로 그 전체가 오직 하나인 심[一心]에 귀의해 있다는 진리를 설파했다. 그러므로 전세·현세·내세의 삼세가 오직 마음 하나로 통하며(三界唯一

心) 존재의 구심체를 일원상(一圓相)이니 또는 공(空)이니 하는 형상
으로 상징하여 실체를 설명하였다.

피타고라스는 만물은 수(數)라고 하였으나, 그가 제창한 수는 동
양의 상수(象數)와 같이 사물의 내면까지 밝힌 진리적 척도로서의 수
가 아니라 피상적으로 나타나는 현상계의 물질만을 본 것이므로 철학
의 전통적 체계를 정립하기에는 조금 미흡하다.

이처럼 서양에서는 철학적 상수로써 물상을 밝히지 못하고 다만 수
를 평면적인 계수(計數)로서만 발전시켰기 때문에 수를 응용한 도형
(기하학·삼각수·장방수·정분수)이 플라톤의 이데아론과 아리스토
텔레스의 현상론에 영향을 주긴 했으나 수정과 부정을 면치 못했다.

2. 우주 본체의 진리

우주 본체란 것은 우주를 창조한 근본 모체요, 우주 전체의 주체이
며 항구적으로 불생불멸 억고불변하는 참다운 실체다. 진리란 참다운
실체인 진(眞)으로부터 현상계를 이룩한 절대불변의 이치다. 진인 우
주 본체로부터 태극이무극(太極而無極), 법(法)과 성(性), 음과 양,
물과 불, 추력(推力)과 인력(引力) 등으로 시발하여 이룩된 현상계의
창조와 변화의 이치인 것이다.

3. 법(法)과 성(性)

진은 법(法)과 성(性)으로, 법은 이(理)와 수(數)로서 유형(有形)
인 양적(量的) 세계를, 성은 운(運)과 기(氣)로서 무형(無形)인 질적
(質的) 세계를 창조하였다.

이(理)는 구심적 좌표인 체(體)를 섭리하며, 수(數)는 사물의 질량
과 변화의 운도(運度)를 헤아리며, 운(運)은 추력과 인력에 따른 상

대적 운동과 그 원인을, 기(氣)는 상대적 운동과 작용으로부터 발생하는 힘(에네르기)과 그 파장을 각각 관장하고 있다.

이와 같이 진리는 법과 성으로서 부연(敷衍)해 우주 현상계를 운영하고 있으며, 법에 따른 이수(理數), 성(性)에 따른 운기(運氣)는 우주 삼라만상의 변화와 순환 질서를 영원무궁토록 섭리하는 동시에 인간의 마음과 생활을 주도하고 있는 것이다.

4. 진리의 생명체

인간 생명의 주체는 마음〔心〕이요, 마음은 우주의 참실체〔眞〕를 계승한 주체다. 마음은 심성〔火〕과 심정〔水〕, 심기〔木〕와 심리〔金〕, 그리고 심령(心靈 : 土)으로 각각 소관을 분담, 우주의 법성을 계승하여 생명을 영위케 하고 있다.

이때 성에 속하는 운기는 심성과 심기를 작동, 인간의 정신 활동을 섭리하며, 법에 속하는 이수는 심리와 심정을 작동, 인간의 육신 활동을 각각 섭리함으로써 진리에 의해 인간 생활을 보필하기 위해 우주에서 파견한 사도(使徒)와 같으니 심(心)의 지배하에서 우주와의 직접적인 교통 역할을 담당하고 있다.

이렇게 우주 진리는 인간의 심리를 통해서만이 육체와 정신을 섭리하고 있으며, 인간은 우주의 진리를 계승한 심을 주체로 육체와 정신과 생명의 삼합(三合)으로 심명체(心命體)를 이루어 소우주로서 우주 진리에 입각해 생활을 영위하고 있는 것이다.

심명체는 진리에 의해 생명 활동을 관장하고 있으므로 추호도 무질서할 수 없으며 운기는 심성과 심기를 통해 정신 작용을, 이수는 심리와 심정을 통해 육체 활동을 지배하고 있으므로 우주 진리인 법성에 따른 운기와 이치로써 인간의 과거·현재·미래인 3세를 거치는 마음과 정신, 그리고 육체의 활동을 소상히 파악할 수 있는 것이다.

宇宙本體圖

釋迦(眞如)
孔子(太極)
예수(하나님)
河圖
洛書
眞
神 自然 道
造物主 絶對者 本體
至善
法
性
理
數
氣
運
求心 座標 (有形量的世界) 速度 運度 法則 尺度
主體統一
作用 波長 變化營爲 (無形質的世界) 向方 運動 相對原理
性
心靈
氣
理
情意
肉精
體魄
情意
精魂
神神
水
金
土
木
火

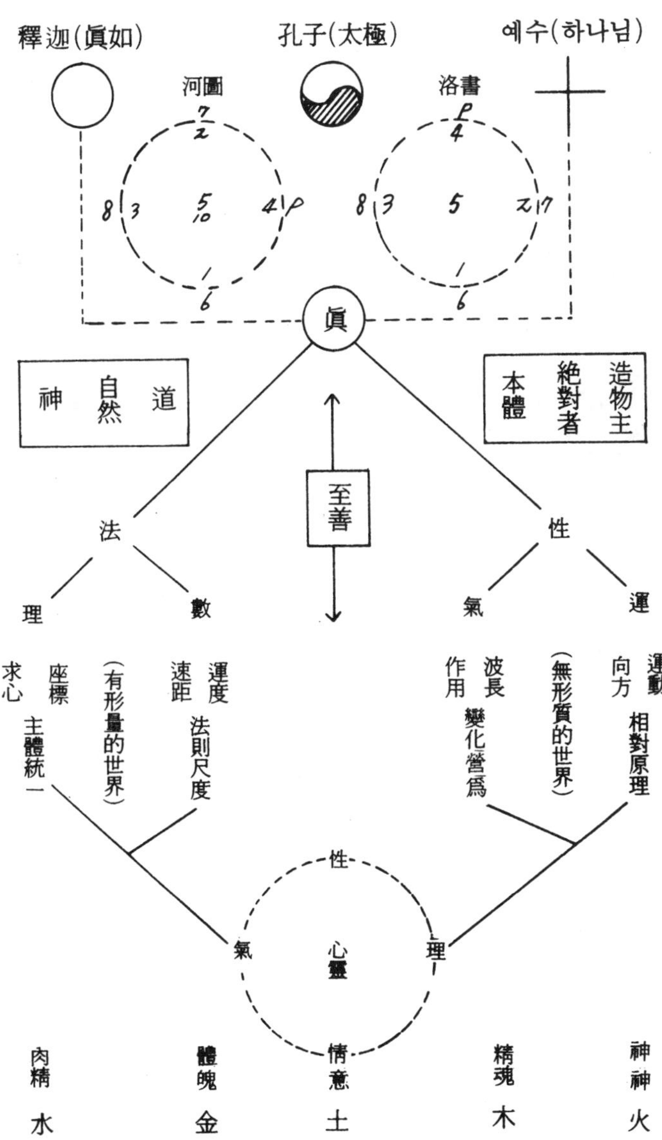

洛書　　　　　　　　　　　　　　　　河圖

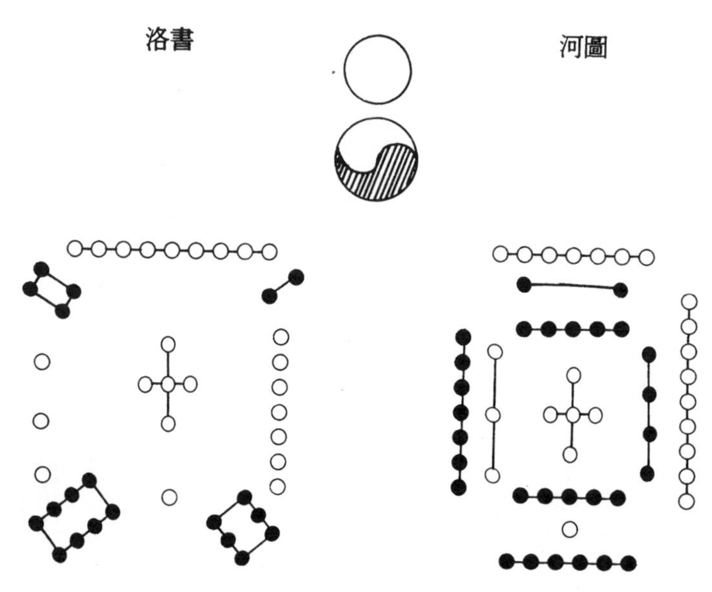

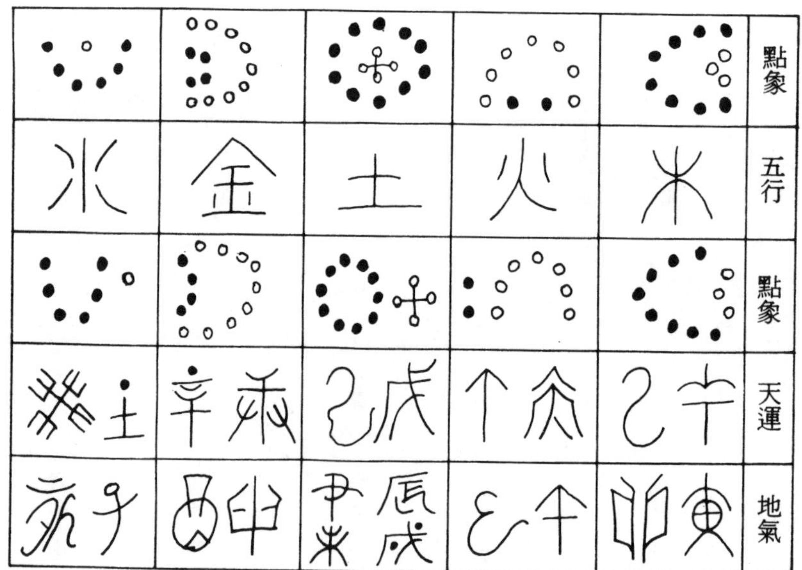

自然數의 成立과
五行天運地氣文字

우주 시원 운동과 力
자연수의 성립과 일원운동 완성

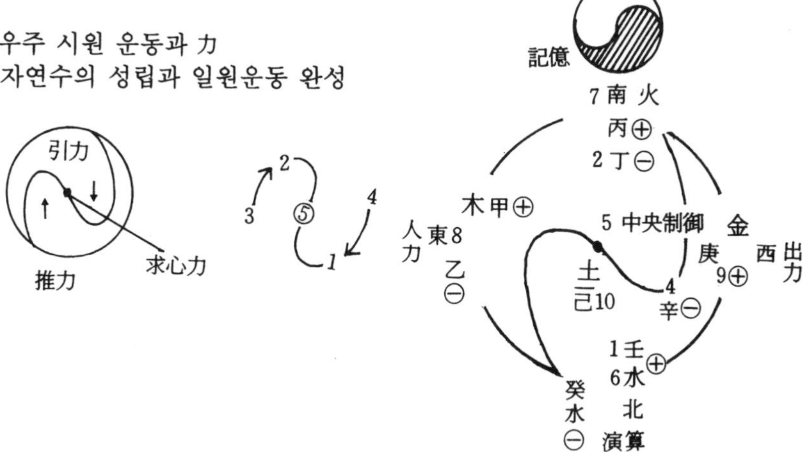

(一圖)
우주 창조와 일원운동완성
자연수 1과 오행과 물질오태
　　(五行)　　(五態)

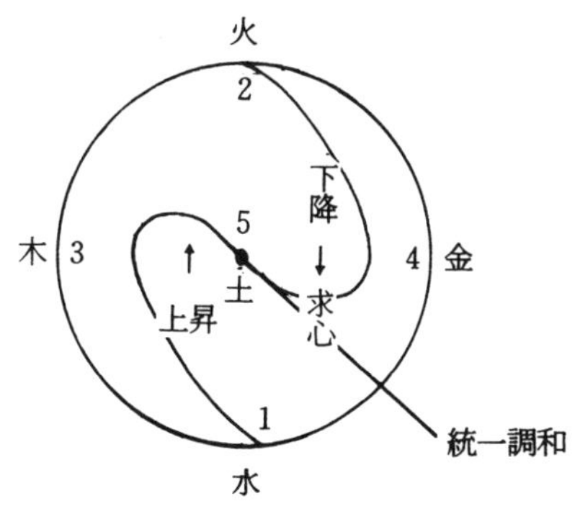

生數　　　成數

1 2 3 4 ⑤ 6 7 8 9 10

1＋5＝6
2＋5＝7
3＋5＝8
4＋5＝9
5＋5＝10

자연수 변화도

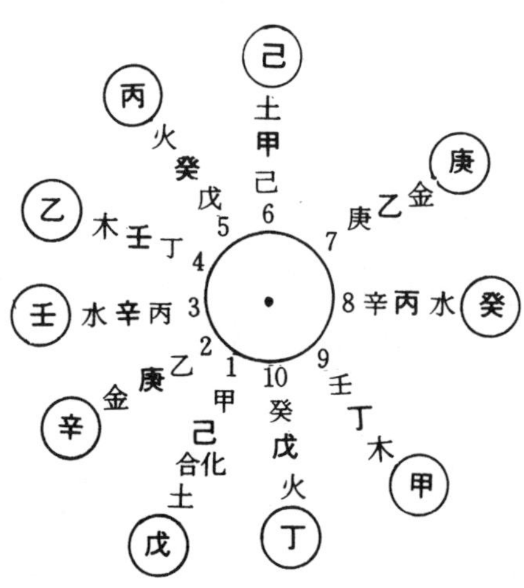

5位相得而各有合

1~6＝合
2~7＝合
3~8＝合
4~9＝合
5~10＝合

象數學的圖式

1 2 3 4 5 6 7 8 9 10
甲 乙 丙 丁 戊 己 庚 辛 壬 癸

甲己合化土↓生
乙庚合化金↓生
丙辛合化水↓生
丁壬合化木↓生
戊癸合化火

土生金 金生水 水生木 木生火 火生土

제2장

진리와 자연수

우주 진리는 자연수에 의해 분명히 과학화될 수 있다. 진리인 법과 성, 이수와 운기는 자연수로써 인간 생활을 지침(指針)할 수 있으니 이것이 곧 진리를 과학화할 수 있는 방법이요, 문화의 혜택을 누릴 수 있는 길인 것이다.

진은 무극(○)이 태극(☯)으로, 태극에서 양의(兩儀 : 음과 양, 1과 2, 水와 火)를 이루며 자연수로 발전했다. 이것을 우리 선조들께서 일찍부터 발견한 것이 진리를 척도화(尺度化)한 하도(河圖)와 낙서(洛書), 태극과 무극, 오행(五行), 십천운(十天運)과 십이지기(十二地氣), 육십운기(六十運氣 : 六十甲子), 팔괘(八卦), 육십사괘(六十四卦) 등으로서 우주 전체를 헤아릴 수 있는 상(象)과 수(數)를 만들어 물(水)로써 이루어진 변증의 척도가 완벽하게 정리되어 왔다.

여기에서 하도는 우주의 창조적 소원(素原)인 본질을, 낙서는 우주의 상대적 변화를 척도화한 내용이며, 하도는 추력과 상생(相生), 조화와 통일을, 낙서는 인력과 상극, 변화와 분열을 밝혀 우주 만유의 운행 척도로서 과학의 시원을 이루고 있는 것이다. 하도와 낙서의 중앙을 보면 한가운데의 1점(○)을 중심으로 상하좌우(✛) 4방향(동서남북)으로 1점씩 가하여 포위함으로써 일원상과 十자가 확연히 드러난다.

그리고 중앙에 위치한 1점(○)의 존재가 음도 아니요, 양도 아닌 음양을 초월한 음양 미분인 절대와 진중(眞中)의 자리요, 동시에 이 1점이 중심 초점(求心點)에 의해 음과 양을 창조하게 되니, 1점이 극(極)을 다하면 음도 생기고 양도 생겨 상태(象態)의 세계가 시발하는 것이니 무극이 태극으로 또한 토극(土剋)하면 생수(生水)라 하여 질량(質量) 양면에서 생성이 이루어진다. 이것을 정역(正易)에서는 '오거중위(五居中位)하니 황극(皇極)이요, 역(易)은 역야(逆也)니 극측반(極則反)하나니라.'고 하였다.

토극하면 생수라고 양적인 면을 정확하게 밝혀놓은 것은 현철(賢哲)이 아니고서는 할 수 없는 일이다. 내핵(內核) 1점을 선으로 연결하면 외곽은 공(空)이 그려지며 내핵은 무의경지(無意境地)를 상징하게 된다.

무에서 유로 극진(極盡)하여 운동이 시작되며 동시 상태적 음양체가 이루어지면 중심 1점이 어느 편에 합세하여 3점이 되면서 양성체를 이루며, 양적 상승 운동을 하고 양극이 다하면 먼저 중심점이 환원하여 상대적으로 음체에 1점이 합세하여 3과 1이 합해지면서 양극측이 변하여 음으로 화하며 음적하강운동(陰的下降運動)을 하는 데서 음양의 상대 운영이 이루어지고 있는 것이다.

이와 같이 하도와 낙서의 중심부 5점이 우주 창조의 본체와 변화의 시원이자 운동의 원인과 상대성 원리인 상과 수로써 확인한 척도라는 사실이 증명된다.

그 밖에도 원자핵의 원리가 오토(五土)의 진리와 동일하다는 사실이 증명된다. 원자핵은 양자와 중성자가 서로 상반된 성질을 띠고 있으므로 상호인력을 가지고 있으며, 전기를 띤 중간자를 서로 주고받는 데서 핵력이 조성된다. ⊕전기를 띤 중간자를 내보냄으로써 중성자가 되고 중성자는 이것을 흡수함으로써 양자가 되는 것이다.

이 사실을 하도 전체 내용을 들어 설명하면 중앙 五, 十土를 중심으로 음체 一, 六水와 양체 二, 七火로 나누어진 체중 음체 一, 六水가 양자로 되었을 때 양체 二, 七火는 중성자가 되는 것이다. 그 이유는 중간자에 속하는 五土가 중간에 매개되면서 음체 一水에 흡수되었을 때는 음체가 六水로 변화하여 핵력이 조성되면서 회전운동을 하여 양자가 되는 것이며, 그 다음 음체 一水가 六水 질량으로 증가되어 극에 이르면 불안전한 까닭에 흡수되었다가 五土를 내놓으면서 이 五土는 중성자가 되어 있던 양체 二火에 흡수되어 양자가 되는 것이니 원자핵의 원리와 일치되는 것이다.

이것으로써 생수(生數 : 一, 二, 三, 四, 五)가 성수(成數 : 六, 七, 八, 九, 十)로 전환할 때 반드시 중앙의 五土를 매개로 이루어지며 이와 동시에 추력과 인력 운동의 파장으로 사물은 변하고 화하며 현상계는 생장수장(生長收藏)을 되풀이하고 있는 것이다.

이상의 내용으로 미루어 무한한 힘의 원천은 우주를 창조한 우주 본체인 土에 있으며 土의 힘은 핵력인 까닭에 동양에서는 일찍부터 수도(修道)로써 초인간적인 도력(道力)을 체득해 온 것이 바로 다름아닌 토력(土力), 즉 핵력인 것이다.

인간은 소우주인 까닭에 우주만이 창조할 수 있는 토력(土力 : 核力)을 인간 육체에서도 조성할 수 있게끔 기능을 부여받았고 따라서 수행 법도가 이어져 계승해 오고 있다고 본다.

자연수는 이와 같이 우주 대자연의 창조와 변화의 실상을 가식 없이 변증하는 척도인 까닭에 우주의 기본적 단위소인 원자핵과 같이 자연수의 배열이 구원체를 형성하고 있다는 사실을 깊이 연구하고 노력하여야 할 것이다.

하도의 점수와 점상은 중앙 五土를 중심으로 그 주위를 十土가 상하에서 각각 五수(數)씩 포위하고 있다. 그 밖에 생수인 一, 二, 三, 四, 五가 중앙 五土를 중심으로 一對二가 水, 火, 남북 상하로 三對四가 金, 木, 동서 좌우로 각각 상대를 이루고 있으며 성수인 六, 七, 八,

九, 十 역시 一수가 五수를 매개로 六수, 二가 五를 매개로 七, 三이 五를 매개로 八, 四가 五를 매개로 九, 五가 五를 매개로 十수로 성수를 이루고 있다.

이와 같이 하도로 말미암아 동방 甲乙 三, 八木, 남방 丙丁 二, 七火, 서방 庚辛 四, 九金, 북방 壬癸 一, 六水, 중앙 戊己 五, 十土라는 천지설위로서 상수와 오행의 진리가 우주만유의 척도로서 과학적 근거가 확립하게 된 것이다.

현재 사용하고 있는 자연수를 동양에서는 종(縱)으로 서양에서는 횡(橫)으로 기록하고 있으며 주로 물리적 계수에만 치중해 응용하고 있는 실정이다. 자연수라는 그 이름부터가 자연을 그대로 수리화했다는 뜻이요, 자연의 무엇이든 그대로 헤아릴 수 있다는 충분한 논거가 하도와 낙서로써 입증된다.

공자는 자연수의 진리를 다음과 같이 밝혀 놓았다. 「天一 地二 天三 地四 天五 地六 天七 地八 天九 地十이니 천수는 五요, 지수도 五니 五위상득(相得)하며 이각유합(而各有合)하니 천수 二五요, 지수 三十이니라. 범천지지수(凡天地之數)는 五十五니 차소이성(此所以成)하며 이행귀신야(而行鬼神也)니라.」《周易繫辭》

천수는 양이요, 지수는 음이니 양수와 음수가 五위를 서로 득하여 상대를 이루며 음양이 합하니 양수는 二五가 되고 음수는 三十이 되니 이 두 수를 합하면 그 수가 五五가 된다. 생수가 성수로 변하고 양수와 음수가 합하여 화하는 데서 오행이 생성되며, 오행지수가 천지지기(天地之氣)로서 작용하는 데서 우주 만물이 운행되고 있다고 하였다.

一이 五수를 득하면 一과 六이 상대를 이룬다. 즉, 양수 一과 음수 六이 五위를 득하여 상대를 이루는 동시에 상합(相合)이 된다는 뜻이다. 二는 七과, 三은 八과, 四는 九와, 五는 十과 합하여 변하면 五行으로 화한다(一甲六己合化土, 二乙七庚合化金, 三丙八辛合化水, 四丁九壬合化木, 五戊十癸合化火).

이와 같이 숫자가 오행을 이룬 원리가 밝혀졌으며 수가 오행을 이룬 변화 과정(數가 物로 化함)이 우주 현상계인 까닭에 자연수로써 현상계의 변화를 정확히 헤아릴 수 있다는 진리가 성립되는 것이다.

제3장
상수문자와 문자의 성립

　인류 문화의 최초의 기원은 생활 주변에서 흔히 눈에 띄는 사물의 현상을 그림으로 표시하여 상호 의사를 전달하고 언어를 소통하여 인식의 교환 수단으로 사용한 데에 있다. 이처럼 생활상 필요한 의사 소통과 사물의 교환 수단으로 상형문자가 생겨났을 것으로 추측된다.

　우리가 현재 사용하고 있는 한자의 형상으로 미루어 보아 日자는 태양의 형상(　)을, 山자는 산의 형태(　)를, 木자는 나무의 모양(　)을, 子자는 아이의 모양(　)을, 女자는 어머니가 자식을 안고 있는 형상(　)을 본떠 그려 사용하기 시작한 것이 문자가 발달한 최초의 기원임을 알 수 있다.

　이처럼 상형문자가 성립되었듯이 수가 문자로 성립된 상수문자가 자연의 전체를 직관할 수 있는 척도로 시발한 최초의 계시가 바로 하도와 낙서인 것이다. 하도에 나열된 점상도 결코 무의미한 것이 아니다. 여기에는 분명히 어떠한 원리가 내포되어 있는 것이다. 점을 선으로 연결하면 하나의 물상을 형성하고 있다는 사실을 알 수 있다. 즉 음과 양이 상대성을 이루면서 부음이포양(負陰而抱陽)하고 개체(個體)로는 분합하고 전체로는 통일을 이루는 형상을 표시하고 있다. 음은 한랭·침강(沈降)·수축·응결을 하는 본질을 가지고 있으며 수의 점상도 역시 이것을 상징하고 있다.

1. 五行과 천운 (天運 : 天干) 문자의 성립

하도의 점을 연결하면 어떠한 상이 드러나게 되는데 다음과 같다.

(1) 壬자의 기원 (土)

하도의 아래 북방을 보면 양 1점을 최하위의 음 6점이 포위하면서 이와 같이 「 ·.o.· 」아래로 현수(懸垂 : 매달려 드리움)하는 상을 하여 물이 아래로 흐르는 水자 상 (水)을 하고 있다.

상승하고자 하는 양수 1점에다 하강코자 하는 음수 6점의 비중이 6 대 1로서, 그 특징은 한랭과 침강 등 압력을 상징하여 물처럼 흐름을 상징하며 오행상 양 1점은 창조의 기본이며 우주의 본체지물인 것이다. 우「1」주「一」, 곧「十」가운데 최초에 생긴 一과 점(·)을 가하여 성립된 것이「土」곧 壬자의 시원이다.

자연수 一水와 동일하며 존재의 시원을 상징적으로 표시한 문자로서 태아를 임신하면 女자변에다 壬자를 가하여 아이밸 임(姙)자를 쓴다. 壬자는 그 밖에도 여러 가지 의미와 목적을 내포하고 있으며 특히 만유의 시원인 물과 인간의 창조인 임신과 남녀간의 생식기 계통 등을 뜻한 문자이며 그 상은 인체의 장딴지〔脛部〕부위에 해당한다.

(2) 癸자의 기원

음 6점은 수증기가 응집되어 물〔水〕이 완성된 모습이다. 물이 얼면 결정 구조가 6각이 된다. 최초의 상형문자를 보게 되면 얼음이 여러 모「※」가 나듯이 사방으로 첨각(尖角)을 드러내며 중심부는 十자로 통일된 모습을 드러내고 있다. 6점의 위치가 최하위에 있어서 인체에 비유하면 발〔足〕부위에 해당하며 걸음 발〔癶〕자를 인용하였으며, 天자를 가한 것은 지극히 크고 유일한 생명의 창조적 근원이라는 뜻에서 취한 까닭이며, 인체의 가장 하부인 발과 같이 마지막에 속하면서도 또한 여자의 자궁이나 생식 부위에 해당하는 것으로 되어 있다. 癸자는 음중의 음인 까닭에 극히 한랭하며 사물의 수축·응고·결빙의 성질을 띤다.

(3) 丙자의 기원

一, 六水의 상대인 최상단의 남방을 보면 양중의 양인 丙七수가 내부에 음 丁二수를 포위하며 상승하는 모습을 하고 있다. 이것을 사상(四象)으로 양중양의 주체인 태양지상이라고 한다. 이때 하강코자 하는 음 二수에 비해 상승코자 하는 양 七수가 비중상 3배 이상 강하므로 서열(暑熱)과 염상발산(炎上發散)과 선양(宣揚) 등 화기의 폭발력을 상징하여 그 기세가 마치 이글이글 타오르는 태양의 염상지상〔 ⺀ 〕을 이루며 그 점상은 「 ⺀ 」와 같이 불이 타오르는 형상이며, 태양의 홍염지상〔 ⺀ 〕을 상징하여 丙자를 만들었으니 마치 태양의 실열이 파동하는 기세가 상승하는 모습과 같다. 이것을 인체에 배속했을 때 양어깨와 머리 부분에 해당한다. 또 丙火는 양중양으로서 그 기세가 강하다.

(4) 丁자의 기원

내부 음 二점의 상은 「八↑」와 같이 태양의 광선이나 화살촉과도 같이 예리한 기상을 하고 있어 이것을 본뜬 문자가 현행 丁(↑)자이다. 丁자는 태양이 어둠을 밝혀 주는 광명이자 곧 광선으로, 인체에서는 두 눈과 시선(視線)이며 체내에서는 혈액의 순환을 담당하는 심장에 해당한다.

(5) 甲자의 기원

하도 왼쪽의 동방을 보면 외부 八수가 내부의 양 三수를 포위하면서 곡선을 그리며 상승하는 기상은 마치 나무가 자라오르는 형세를 하고 있다.

북방의 양 一 음 六점인 水의 하강 기세와 비교했을 때 양 三 음 八인 까닭에 상승코자 하는 양의 기세가 강하므로 만물이 동결로부터 용해되기 시작, 부풀어 오르고 팽창하는 모습에다 식물이 지표를 뚫고 올라오는 형상이다. (수 ☼ 米)와 같이 종자가 싹터 두각을 드러낸 현상에다 만물이 팽창 기운에 바람이 일고 용수철과 같이 위로 솟구쳐 오르며 용출하는 기운에 따라 추력상승(推力上昇)·확장 등의 작용의 원리를 담은 문자가 지금 사용하고 있는 甲자이다. 이것을 인체에 배속하면 머리에 해당한다.

(6) 乙자의 기원

하도 왼쪽의 동방 외음 八점인 乙木이 양 三점 甲木의 형상을 계승하여 초목의 부드러운 가지나 넝쿨이 뻗어나가는 기상에 해당되며 「 乙 」과 같이 굴신(屈伸)과 형상의 문자가 지금 사용하고 있는 乙자이다.

乙자는 굴신과 곡절(曲節)을 이루며 지엽이나 넝쿨이 만연하듯이 뻗어나가는 상으로 인체에서는 경부(頸部 : 목)에 해당하며 모든 사물의 굴절하는 상이나 연결 부위에다 수족의 지절(肢節)과 말초신경, 섬유질, 건축자재 등이 모두 이에 속한다.

(7) 庚자의 기원

하도 동방 木기의 상대인 서방을 보면 동방 양 三 음 八점의 상이 추력 상승하는 기상임에 반하여 서방 외양 九점과 내음 四점이 인력 하강하는 대조적 형상을 하고 있다.

하강하는 水의 기운을 상승시킨 木의 기운과는 대조적으로 상승하는 火의 기를 하강케 하는 金기의 작용이므로(⺉) 만물을 수축하고 응고케 하는 상으로 마치 오곡백과가 꽃을 피웠다 결실을 맺으면 무거워져 중력에 의하여 아래로 처지는(현수 : 懸垂) 것과 같이 하강하는 인력에 해당한다. 이것을 금기(金氣)라 하며 쇠는 무거운 것이므로 아래로 가라앉는다.

만물이 수축하면 고체화하고 중력이 생기며 하강운동을 한다. 이때 양 九수에다 안으로 음 四수의 비중에 따르면 양수의 극한인 음 九수와 四수의 비중이 분열의 극한점을 알린 것이며 분열과 상승의 극한에서 상대적으로 통일과 하강을 의미하며 외양 九점이 이와 같이 사물이 고체화하고 하강하는 상을 그려 현재 庚자로 사용되고 있다.「庚」자 가운데의 「一」은 상승의 한계를 밝혀 저지하는 상이고 「十」은 동서남북 사방과 대우주를 상징한 것이며 「 」은 응집과 결실로 성숙되어 아래로 늘어지는(현수) 상이다.

庚金은 오행상 양金에 속하여 성장과 확산, 상승과 분열을 억지하며 내실외견(內實外堅)으로 수축·응고·제재·견경(堅硬)·고체강건(固體强健)한 상을 특징으로 하며 인체상으로는 복부 하위 제부(臍部)에 해당한다.

(8) 辛자의 기원

辛金은 내부 음수 四점이 하강하는 모습을 나타내며 또한 내면으로 수축·결실하는 형상을 드러내 ( )와 같은 상형문자를 창조하니 「○」은 一점 水의 기이며 「ㅎ」은 하향기상이요, 「一」은 하한선이고 「十」은 우주만유지상이다. 따라서 우주만유의 사물이 상승·분산·팽창하는 기세를 억지당하여 하강 결실과 응고와 견강 등의 작용을 뜻해서 사용하고 있는 것이 辛金이다. 인체에서는 하체에 이르러 고부〔股 : 다리〕에 해당한다.

(9) 戊자의 기원

하도 중앙에 위치한 중심부 「○」을 동서남북 사방에서 포위( )하고 있으며 전체를 중심 부위로 집약시켜 통일의 구심체를 상징한 상으로 이를 土이며 戊자라 한다. 土(흙)란 만물이 흙에서 나서 흙으로 돌아가는 만큼 만물의 중심이 된다. 그래서 중심부 五점의「흙」戊土는 상 五점, 하 五점을 합한 十점이 외부에서 포위하고 있다(⁜). 이 형상은 마치 부음이포양(負陰而抱陽)지상이며 十점은 五점이자 五行인 우주만물을 모두 포용한 유일한 구심체로서의 존재이자 己土에 해당한다.

이렇게 土에는 양토인 五戊土와 음토인 十己土가 있으며 戊土는 구심체로서의 土이며 戊자 중「丨」은 상하와 남북과 공간을 상징하며 상승과 하강의 기상을 표상하고 있다.「戈」는 창「과」자로서 무기로 사용하는 창이다.「丨」획은 무한히 상승하고자 하는 기운과 무한히 하강하고자 하는 기운을 戈자로써 강제적 제어작용으로 통제되고 억압되어 조절과 조화, 구심과 통일, 중화와 수장(收藏) 등의 작용을 한다.인체의 내부에서는 음식을 수렴하는 위장에 속하며 외면으로는 등〔背〕·얼굴〔面〕·갈비〔脇〕 등에 해당한다.

(10) 己자의 기원

己土와 戊土 五점을 상하에서 포위하고 있는 형상(己)으로 사물 전체를 포용하여 중앙의 土마저도 전부를 통섭하고 포용하는 土중지 土로서 전체의 구심지토(求心之土)가 지금 사용하고 있는 己土이다.

己土는 생수(一~五)와 성수(六~十)를 통리(統理)하며 각각의 부위를 중심권으로 끌어들여 통일과 조화, 중정과 구심, 완성과 변화, 화합과 축장하는 진리를 상징한 문자이다.

인체에서는 복부 비장(脾臟)에 속한다.

2. 지기문자(地氣文字 : 十二支)의 성립과 낙서

태극의 진리대로 우주가 시발하면서 추력상생지도(태극도를 보면 一의 상대 二로 분화되면서 상승하는 추력)와 인력상극지리(二로 분화되면서 변화를 거쳐 一로 통일하기 위한 인력)가 동시에 생겨난다.

하도의 추력상생지도란 一양의 본체를 능동적으로 영원무궁토록 계생(繼生)해 나가는 진리이며 낙서의 인력상생지기란 二음의 변화를 수동적으로 무한히 계승해 나가는 원리이다. 능동적 천운문자의 상대인 수동적 지기문자가 천운의 진리를 계승하여 성립되었다.

즉 一양은 二음, 二음은 一양(▬ ― 양)이 존재함으로써 동시에 성립된다. 따라서 一양은 二음이 二음은 三양이, 三양은 四음이 수반하는 데서 동시와 절대로서 존재성이 성립된다.

부음이포양이란 진리가 바로 一양이 二음에 수포(受抱)된다는 뜻이요, 남자의 상징은 一양지상이며 여자의 상징은 二음지상이라는 뜻이다. 우주만유는 능동적인 양적 작용은 十에서 일단 마치며, 수동적인 음적 작용은 十二에서 완료되므로 상대의 변화세계를 헤아리기 위해서는 능동적 十과 수동적 十二의 상대적 기본단위만은 변할 수 없는 운동법칙인 진리이기 때문에 十천운〔十干〕과 十二지기〔十二支〕의 기본적 척도를 아울러 밝혀야 한다.

(1) 子자의 기원(♀)

천운 一점의 물〔水〕이 상대적으로 지기에 이르면(天一生壬水 地一成子水) 만물이 최초에 생긴 근원이 되는 씨앗이나 생명체의 난자(卵子)·정자(精子)와 같은 것을 상징적으로 표시하여(♀) 머리, 수족, 몸체가 생겨난 것을 상형문자로 그려 사용하여 온 것이다. 이것이 차츰 변형되어 지금 쓰고 있는 子자가 되었다.

우주창조의 근본이 되는 것이 물〔水〕이라는 사실을 과학적인 분석으로 증명해 준 것이 수소이자 천운의 壬水이다. 수소는 양자와 전자라는 입자의 집합으로 구성되었으니 천일생 壬水 또한 사물이 완성되기 위해서는 입자인 양자·전자와 중성자를 통하지 않고서는 성립될 수 없다. 그러므로 천운 壬의 상대인 지기문자가 子자인 것이다.

(2) 丑자의 기원 (叒)

丑자는 천운 己土의 진리를 계승하여 성립된 문자이다. 己土는 자연수(一~十) 전체를 포용하고 스스로 구심체 역할을 하는 土로서 하도 중앙의 五土를 포위하고 통일의 구심체로 포용하고 있으므로 土中之土라고도 한다. 특히 丑자의 경우는 壬子─水인 우주본체이자 생명의 시원을 항구적으로 보존하며 변화와 발전을 도모케 하는 첫단계 책임을 수임(受任)한 문자이므로 두 손으로 공손히 물그릇을 받드는 형상〔叒〕을 한 문자이다. 물이 식물을 성장케 하려면 흙〔土〕의 매개 과정을 거쳐야 한다. 즉, 식물은 흙에 뿌리를 박고 물은 흙에 스며들어 서로 흙을 통하여 만나고 흙의 매개로서 물은 뿌리로 적당히 옮겨감으로써 식물은 자라는 것이다.

이와 같이 물과 식물을 적절히 조화, 조절함으로써 귀중한 생명의 원천인 종자를 포호(包護)하고 유대해 주어 양손의 십지(十指)를 이용하여 자율적으로 적절하게 매〔紐〕주고 보호하는 작용을 하는 것이 丑자이다.

그러므로 丑자는 水를 木氣로 전도해 주고 조정과 조화, 매개와 통일을 담당하고 있다.

(3) 寅자의 기원 (㝢 㝢)

寅자는 천운 甲자의 정신과 진리를 계승한 문자이다.

寅자는 매사의 시발과 두각을 드러냄을 상징한 문자로서 壬癸水나 亥子水의 과정처럼 만물이 종자를 품거나 잉태하는 데까지는 밖으로 드러나지 않으나, 甲자나 寅자는 싹이 발아하여 지표를 뚫고 올라오거나 태아가 출생한 상을 표시한 상형문자이다. 특히 寅자의 상은 태양이 떠오르는 동방여명지상(東方黎明之象)을 표시한 문자임을 유의해야 한다.

「人」은 위를 향해 힘차게 솟구쳐오르는 상이자 일정한 한계에서 두각이 드러난 상이기도 하다.「東」은 동(東)자를 상징한 문자로서 태양이 동방인 木방에서 떠오르기 시작한 여명의 기상을 상징한 문자이다.

양기가 子위에서 一양이 시생(始生)하여 丑위에 이르러 二양지기로 장(長)하여 寅에 이르면 三양지위라 하여 양기가 밖으로 그 기세를 드러내게 된다. 이것을 천운은 甲자, 지기는 寅자로 상징하고 있다.

(4) 卯자의 기원 (卯)

卯자는 천운 乙자의 진리와 정기를 이어받은 문자이다. 초목이 꼿꼿이 자라는 근간의 모습이 甲자에 속하며 乙자나 卯자는 지엽이나 넝쿨에 속한다. 식물의 싹〔苗〕은 발아되면서 두 줄기로 갈라진다. 이 모습이 마치 대문을 양쪽으로 여는 상과 같으므로「卯」와 같은 상형문자를 사용해 온 것이 발전하여 卯자가 된 것이다.

아침 卯시가 되면 해가 떠오르고 모든 사람들이 문을 열고 나와 하루의 생활을 시작한다.

일 년 사계절을 보아도 음력 2월인 卯월에 춘분절기가 들어 있어 밤낮의 길이가 같다가 차츰 낮이 길어지고 밤이 짧아진다. 그래서 卯월에 음양의 길이가 바꾸어지며 갈라지는 데에서 卯자의 상이 이 뜻을 함축하고 있다.

특히 이산(離散)의 뜻이나 작별의 현장이 되며 집의 대문·현관, 인체의 생리의 입구가 되기도 한다.

(5) 辰자의 기원 (辰)

辰자는 천운 戊土의 진리와 정신을 계승한 문자로서 중앙에 위치한
五수의 진리로부터 비롯되었으니 만물의 성장과 방종을 강제적으로 통
제와 조화로써 구심점을 유지케 하며 변화와 발전을 조절하는 역할을
담당하고 있다.「 厂 」은 한정된 경계선이며「 二 」는 상부에까지 이르
는 기운으로서「 厎 」은 머무르게 하며 조절과 조화로써 변화와 발전
을 도모하는 형상을 취하여 辰자의 상으로 이루어진 문자이다.

(6) 巳자의 기원 (巳)

巳자는 천운 丙자의 진리와 정신을 계승한 문자이다. 丙은 이글이글
타오르는 홍염지상을 상징한 문자로서 이 열기가 지상에 입사(入射)
되어 지열이 발생하면 열기가 꿈틀거리며 상승하는 상이「 巳 」와 같
아 뱀이 꿈틀거리는 형상을 그대로 표시한 문자이다.
　태양의 광선은 직진하는 동시에 열은 파장을 통하여 전달되므로 巳
자는 열의 파장을 상징한 문자이다.

(7) 午자의 기원 (午)

午자는 천운 丁자의 진리와 정신을 계승한 문자로서 태양의 광선과
같은 현상을 상징한 것이다. 광선은 화살과 같이 직진하는 모습〔 午 〕
을 한 문자로서 태양광선뿐만 아니라 우주선과 같이 도처에서 입사되
는 각종 선이 곧 午자에 해당한다고 보아야 하며 그 선의 형상을 화살
촉〔↑〕과 같이 표시한 가운데「 一 」은 음기의 시생을 나타내는 것이니
양극생음(陽極生陰)하는 형상을 취한 것이다.

(8) 未자의 기원 (未)

未자는 천운 己土의 진리와 정신을 계승한 문자로서 하도 중앙에 위
치한 五점 상하에서 포용한 구심의 土이다. 특히 未土는 상위 五점에

해당하는 土로서 火의 분산을 구심체로 끌어들여 조화해서 만물을 성숙케 한다.

여름에 식물이 성장하면서 지엽으로 분산되었던 정기(힘 : 에네르기)를 결실로 수렴하여 맛을 들게 하고 살을 찌게 함으로써 나무는 늘어져「米」와 같이 된다. 未자는 이와 같이 아래로 늘어지는 상을 취한 문자이다.

未土는 통일의 土이자 土中之土로서 종(種)을 창조하여 영원성을 보장케 하는 十土로서의 참다운 진리를 계승한 土이다.

丑土는 水를 조화하는 반면에 未土는 火의 생을 받아 火를 조화하여 순서에 따라 金을 체생하는 역할을 담당하고 있으므로 土中之土라고 한다.

(9) 申자의 기원 (申 ‡ ⊕)

천운 庚자의 진리와 정신을 계승한 문자가 申자이다. 무더웠던 여름이 지나고 선선한 가을이 오면 팽창했던 만물이 수축하기 시작하여 오곡백과가 결실을 맺는다. 기온이 냉해지면서 사물이 성숙기로 접어들어 스스로 성장을 억제하기 시작하면서 수축되어 고체화되는 형상이 이 金기에 해당하며 물질이 고체화되면 구원체를 이루며 중량이 생겨 하강하는 인력이 생긴다. 이때의 모습을「 申 ‡ ⊕ 」와 같은 모양으로 그려 상형문자로 사용했었다.

둥근 구슬을 꿰어 연결한 모습(‡)은 입자의 연결이나 입자의 투과력을 상징한 것이요,「 ⊕ 」은 투과하는 입자의 상이 관통되는 모습이며 바퀴모양에 축(軸)을 꿰어놓은 형상(申)은 절구 또는 방아에 입자가 투과하는 형상이니 곧 천지가 상통하달(上通下達)하는 뜻을 내포하고 있다.

이것을 종합적으로 해석하면 申자는 강력한 전기가 하강하여 투과하는 모습을 마치 우주선 입자와 같이 투과력을 상징한 문자이다.

또한 申자를 신(神)으로도 일컫고 있으니 神자의 형상은 시(示)자와 申자가 합하여 이루어진 문자이다. 시자는 천기를 뜻한 것이며 申자는 입자가 만물을 투과하는 상으로서 신은 곧 천기가 하강하여 만물을 투과하는 의미와 형상을 모두 申자의 작용으로 상징한다.

(10) 酉자의 기원(酉)

酉자는 천운 辛金의 진리와 정신을 계승한 문자이다. 가을이 되면 오곡백과가 결실을 맺는다. 이때 모든 결실은 달처럼 둥근 상에다 구슬같이 둥글게 뭉쳐 고체화된 형상으로서 크게는 달, 작게는 술을 빚어 담는 단지나 구슬과 같은 보석에 이르기까지 이와 같다.

술을 빚어 담는 단지 모양(酉)을 한 문자가 지금 사용하고 있는 酉자로 발전해 온 것이다. 또한 酉자가 단지 모양의 형상을 사용하게 된 것은 八월 추석 때 무르익은 햇곡식으로 술을 빚어 단지에 담고 천신에게 제례를 드려온 풍속에서 비롯되었다고 보여진다. 장(醬)이나 주류 등에 酉의 의미가 함축되어 있으며 구원체와 달(月)의 형상을 표시하였으니 곧 여자의 생리상의 변화를 상징하여 망현(望弦)의 상을 나타내었다. 이로써 여자의 생리상의 변화가 酉와 같은 원리에 있는 것을 알 수 있다.

(11) 戌자의 기원(戌)

戌자는 천운 土의 정기와 진리를 계승하여 이루어진 문자이다. 戌土의 진리가 무한 상승과 하강을 강제적으로 억제하며 중심 초점으로 구심력을 집중했을 때 회전운동이 일어나는 것이니 동쪽에 있는 辰土는 상승과 분산, 발전을 조화하는 소임을 띤 데 반하여 서쪽에 있는 戌土는 하강과 수렴, 통일을 조화하는 소임을 띠고 있다.

戌자 내부의 「·」와 같은 一점은 火기를 구심체로 정립한 데서 자원(字源)의 의미와 목적이 있는 것이다. 一점(·) 양기는 마치 화로에 묻어둔 불씨와도 같다. 무한히 분산한 양기를 모아서 통일과 조화, 수장과 보호로서 양의 종핵을 보존하는 「·」, 우주본체인 —의 정기이자 항구불멸하는 본연의 체상으로 환원과 동시 다음의 양기를 계승해 주는 역할을 담당하고 있는 문자이다.

(12) 亥자의 기원(㐬)

亥자는 천운 癸자의 정기와 진리를 계승한 문자이다. 천운에서 癸자가 최종 문자(끝자)인데 亥자는 지기에서 끝자에 해당한다. 癸水가 음중 음인 까닭에 亥자 역시 음기를 이어받은 문자이다.

하루 중 마지막 시간인 오후 9시부터 11시까지 잠자리에 들어 남녀가 포옹한 형상이니 「 ﻌ 」은 한 가정이나 우주본체인 —점〔·〕의 정기를 뜻한 것이며 「 㐬 」은 남녀가 포옹한 형상으로 만유생명의 시원이자 우주본체의 정기인 종핵을 창조하고 계생하는 형상을 「 㐬 」와 같이 표시하여 지금의 亥자로 사용 발전해 온 것이다.

제4장

음양의 개념

우주만유 중에 음양(−, +)을 떠난 것은 없는바 음양은 현상계를 헤아리는 가장 근본적인 기본단위의 척도이니 진리는 무궁한 것이다. 우주는 음양변화의 운동이므로 존재 역시 음양이며 음양(낮과 밤)의 속성을 벗어난 것이 없으니 음양의 진리를 정확히 파악하는 것이 중요하다.

음양은 수(數)와 물(水)로서 발전하여 척도화(尺度化)하여 一은 양, 二는 음, 一은 水, 二는 火이다. 이렇게 一과 二, 水와 火가 본체는 하나이면서 작용면에서는 상대적으로 둘이 된 것이다.

사람도 양성인 남자와 음성인 여자가 비록 몸은 별개이지만 본성은 하나인 까닭에 인간이 존재하여 인류사회가 항구적으로 존재하는 것이다. 남녀가 개체이면서 하나로 결합하여 본체를 창조하고 계승하는 분합운동(음양작용)으로 말미암아 인류 역사는 변진(變進)하고 있는 것이니 만유사물의 생성변화가 음양의 분합운동의 계승이자 무한한 연속인 것이다.

음양의 분합운동이란 음은 양을, 양은 음을 향하여 서로 결합코자 하는 상대적 인력에 의해 합의운동이 이루어지는 것이니 이것은 창조적 계승에 따른 본능적 통일작용이다.

통일을 이룬 음양은 본질의 목적을 성취하고 화하면서 (甲己合化土)

양은 양, 음은 음의 상반된 추력에 의해 분열운동을 한다.

이처럼 음양은 창조 본연의 속성에 의하여 一水로 통일하였다가 다시 二火로 분열하는 데서 추력과 인력이 생기며, 수축과 팽창의 반복은 마침내 음양의 조화로 사물을 변하고 화하게 하는 것이다.

우주만유는 극대와 극소를 막론하고 음양의 기본운동을 되풀이하고 있으며 다만 크고 작은 질량에 따라 횟수에만 차이가 있어 분자는 1초 사이에 150억 회를 운동하며 태양과 지구를 1년에 1회씩 수축과 팽창 작용을 하고 있는 셈이다.

인간의 생명 현상도 음양작용 현상인 까닭에 음호양흡(陰呼陽吸)을 비롯하여 심장의 박동 현상으로서 드러나고 있다. 이것이 크면 진동과 파장으로, 적으면 입자와 선으로 이보다 더 적은 불가시한 선이면 신(神)으로 작용하는 데서 우리들이 섭취한 음식물이 시력·의지·사고·감각신경으로까지 이루어지게 되는 것이다.

모든 물질의 기본 단위인 원자구조가 처음에는 ⊕ 양자와 ⊖ 전자로만 이루어진 것으로 생각되었다. 그러나 더욱 미시(微視)의 분석을 통하여 ⊖ 전자에도 음양이 있음을 알게 되어 음전자와 양전자를 발견했다. ⊕ 양자에서도 중성자와 중간자와 양전자를 발견함으로써 핵력운동인 음양운동과 이 운동을 매개하고 있는 중간자 속에도 π(파인)·M(뮤)·K(케이) 등이 들어 있으며 이들 중간자도 음양으로 나누어져 있다는 사실을 과학적으로 확인하였다. 이로써 물질의 세계가 처음부터 끝까지 음양의 속성과 운동을 떠난 존재는 있을 수 없다는 사실을 알 수 있다.

이로써 음양 현상계는 크게 대립적인 상대성(相對性)과 대대적(對對的)인 대칭성(對稱性)으로 나뉘어진다. 상대성이란 남과 여, 강(强)과 유(柔), 한(寒)과 서(暑), 고(苦)와 낙(樂), 길(吉)과 흉(凶), 밝음〔明〕과 어둠〔暗〕 등이며 대칭성은 상하, 좌우, 높고 낮음, 길고 짧음, 속과 겉, 안과 밖, 낮과 밤 등이라고 할 수 있다.

형상을 드러냈을 때 상이라고 하며 구름의 형상에 따라 장차 변화를 짐작할 수 있는 것이 사상까지의 원리이다. 무형의 수소분자가 수증기로, 수증기는 구름으로, 구름은 비(물방울)로 변화하는 과정에서 수증기는 기미(氣微), 구름은 상이며 빗방울은 물이다.

상은 수소분자인 무형과 빗방울인 유형적인 물질과의 중간 시점에서 드러난 변화현상으로 사상(四象)과 오행(五行)과의 분기점이 바로 구름과 빗방울과의 차이라는 사실이 명확히 확증된다.

태극과 음양은 무형인 수소분자이며 사상은 수소분자가 집합한 구름이요, 이 구름을 물질인 빗방울로 변화시키는 과정이 양체인 태양과 소양에 속하는 三木과 二火에 해당하고, 양전기를 띤 수소분자와 음체인 태음과 소음에 속하는 四金 一水에 해당하는 음전기를 띤 수소분자를 중앙의 五土인 중성자가 중간에서 매개하여 조화를 이루어 음양의 수소분자가 결합하여 비로소 물질을 완성하는 것이다(木→火→⊕→金→水相生).

이처럼 五土인 중성자의 역할이 없다면 木火 양체인 수소분자와 金水음체인 수소분자는 물질을 완성하지 못한 채 四象인 구름의 형태에서 머물고 있을 것이다.

1. 사상(四象)과 오행(五行)의 분기점

음중에 양, 양중에 음이 있어서 음양이 다시 음양으로 분화한 것이 사상이다.

하도를 보면 북방의 一, 六水와 남방의 二, 七火가 상대를 이루고 있으며 양인 동방의 三, 八木과 음인 서방의 四, 九金이 상대를 이루면서 사상을 이룬다. 음인 북방의 水를 서방의 金이 金生水하며 水를 방조(幇助)하는 데서 북방 水는 태음(太陰)이요, 서방 金은 소음(少陰)이며 양인 남방의 火를 동방의 木이 木生火하며 火를 방조하는 데서 남방 火는 태양(太陽)이요, 동방 木은 소양(少陽)이 되는 것이다.

이렇게 양체와 음체가 각각 상대적인 인력에서 대대적(對對的)인 상생의 추력운동으로 전가(轉加 : 水火 引力, 水를 金生水, 火를 木生火 推力)하면서 회전운동이 이루어지며 사상은 글자 그대로 무형에서 네 개의 체상(體象)으로 전위하는 것이다.

상이라 하는 것은 무형의 본질이 유형의 물질로 전환하는 발전과정에서 나타나는 기미이며 징조요, 현상인 것이다. 이것은 무형인 수소 분자가 집합하여 유형인 구름으로, 五土인 중성자가 중간에서 조화와 매개 작용을 하므로 木生火, 火生土하여 양체가 ⊕를 매개로 土生金, 金生水하며 음체를 향하여 갈 수 있으므로 행(行)자를 붙여 五行이라고 하는 것이다.

꽃의 결실을 맺어주는 수정역할을 담당한 五土작용으로 꽃과 열매가 결실을 볼 수 있는 것은 이것이 곧 상(木·火·土·金·水)을 종합한 土요, 초목을 영원히 계승 속행할 수 있는 바탕이 五土에 있으므로 이것을 五行이라 한다.

상은 이와 같이 결실을 맺지 못한 미완성 과정이요, 모든 물질이 자기(본성) 자체를 항구적으로 계승할 수 있는 능력을 갖추지 못한 미숙한 상태를 사상(四象)이라 하며 오행은 사상의 정기를 종합, 조화하여 사물을 완성함으로써 영원히 계승, 진행하도록 하므로 현상계를 이루고 있는 다섯 가지 주체임에 틀림없는 것이다.

2. 오행(五行)의 개념

우주본체인 태극으로부터 음양과 사상으로는 사물을 완성하지 못하고 상에서 그치나 오행에 이르러서 사물을 완성하니 이것이 곧 모든 존재를 이루는 기본체요, 또한 존재를 헤아리는 척도라는 사실을 알 수 있다. 오행은 문자의 상의(象意)나 자의(字意)와 같이 「　」의 「一」은 하늘〔天〕, 「一」은 땅〔地〕, 「／」은 음기 하강, 「＼」은 양기 상승의 뜻으로 표명〔　〕하였으니 상호 교차하는 상이다.

음양지기가 상승 하강으로 일단 순환운동이 일원화되어 운동의 항구성과 사물의 근본이 완성된 상이며 중심 교차점에서 음양지기가 교감되어 구심점인 핵체(核體)가 통일과 조화의 모체로서 본체를 영원히 보존할 수 있는 상을 상징한 뜻이 함축되어 있다.

하도의 점상을 보면 동서남북 사방과 중앙으로 나누어 북방(壬癸一, 六水：演算)·남방(丙丁二, 七火：記憶)·동방(甲乙三, 八木：入力)·서방(庚辛四, 九金：出力)·중앙(戊己五, 十土：制禦裝置)으로 오행과 오행의 방위와 배속(配屬)과 성정(性情)작용으로서 현상계를 운영하는 데 있어 수(數)와 상(象)이 사물을 형성하는 오행의 작용임을 알 수 있다.

3. 오행의 분류 배속표

五行 分　　類	木 (甲 乙 寅 卯)	火 (丙 丁 巳 午)	土 (戊 己 辰戌 丑未)	金 (庚 辛 申 酉)	水 (壬 癸 亥 子)
方　位	東	南	中　央	西	北
季　節	春	夏	四　季	秋	冬
色　素	靑　碧	赤　紫	黃　絳	白　栗	黑　綠
五　常	仁	禮	信	義	智
味　覺	酸	苦	甘	辛	鹹
氣　候	風溫和	暑　熱	溫　濕	冷　燥	寒
五　星	歲　星	熒　星	鎭　星	太白星	辰　星
五　格	曲直仁壽	炎　上	稼　穡	從　革	潤　下

分\五行\類	木 (甲乙 寅卯)	火 (丙丁 巳午)	土 (戊己 辰戌刃未)	金 (庚辛 申酉)	水 (壬癸 亥子)
六 神	青龍	朱雀	句陳騰蛇	白虎	玄武
氣 象	風	晴	曇	雷	雨
五 體	筋	皮	肉	骨	血
五 官	目	舌	鼻	口	耳
五 臟	肝膽	心小腸	脾胃	肺大腸	腎·膀胱
五 身	頭頸	肩心	腹脇	臍股	脛足
感 情	喜	樂	慾	怒	哀
五 本	魂	神	意	魄	精
五 志	憂	喜	思	悲	恐
五 臭	朽	焦	香	腥	羶
五 動	進	昇	停	退	降
五 樣	推	擧	留	引	押
五 力	入力	記憶	制禦	出力	演算
五 凶	狂	焦	怠	予 (取)	僭
五 液	涕	淚	汗	唾	涎
五 音	角	徵	宮	商	羽
五 聲	呼	歌	笑	呻	哭
五 振	握	動	噦	咳	嘔
五 則	規	繩	準	矩	量
五 族	父	女	祖	母	子
五 教	儒	基	易	仙	佛
五 作	伸	跳	滯	沈	流
五 象	縱	炎	平	垂	臥
五 態	柔	氣	軟	固	液

分類＼五行	木 (甲乙寅卯)	火 (丙丁巳午)	土 (戊己辰戌刃未)	金 (庚申申酉)	水 (壬癸亥子)
五 蟲	介 毛	羽	毛	裸	鱗
五 果	李	杏	棗	桃	栗
五 穀	麻	麥	稷	稻	豆
五 實	核	結	肉	殼	濡
五 政	發 散	明 曜	安 靜	勁 肅	流 動
五 畜	犬	馬	牛	鷄	豕
五 化	生 榮	蕃 茂	齊 修	宣 明	咸 整
五 行三平五氣	敷 和	升 明	備 化	審 平	靜 順
五行不及	委 和	伏 明	卑 濫	從 革	涸 流
五行太過	發 生	赫 曦	敦 阜	堅 成	流 演
五 想	仁	愛	厚	肅	淫
九 星	碧 四 綠	九 紫	八白五黃 二 黑	六白七赤	一 白
五 覺	三觸覺	視覺	臭覺	痛覺	聽覺
五 養	筋	血	肉	皮 毛	骨 髓
五 物	草 木	熱 光	山 田	金 石	江 海
五 事	貌	視	思	言	聽

4. 오행의 원리와 작용

오행의 원리는 오행의 작용을 파악함으로써 확인·실증할 수 있다.

木의 원리는 꼿꼿하게 서서 위로 자라는 데 있다. 우리들이 매일같이 되풀이하고 있는 시간 중 새벽 3시부터 9시(寅卯辰)까지는 木의 기운에 해당하는 시간인 까닭에 사람들이 잠자리에서 일어나 기동하기 시작한다.

위와 같은 상을 좀더 넓혀보면 겨울(亥子丑)이 지나고 봄(寅卯辰)이 오면 만물이 생동하고 초목이 싹터오르며 꽃이 피고 대기는 상승하며 춘경(春耕)과 건축이 시작된다. 초목이 자라고 대기가 상승하며 밭을 갈거나 씨를 뿌리며 집을 세우는 일이 모두 木기 작용에 해당된다.

하도 중앙 土를 중심으로 水와 火, 金과 木이 각각 상대를 이루며 상극작용을 하고 있다. 즉 土剋水·水剋火·火剋金·金剋木·木剋土, 이것을 오행 상극작용이라고 한다.

하도 좌측부터 시작하여 木火土金水의 순으로 체생(遞生)하고 있는 것을 볼 수 있다. 木生火, 火生土, 土生金, 金生水, 水生木, 이것을 오행 상생이라고 한다. 이로써 하도는 추력작용(推力作用), 낙서는 인력작용(引力作用)의 원리를 자연수의 진리로써 정확하게 밝혀 놓았다.

(1) 水의 원리와 작용

물은 우주를 창조한 본체로서 우주운동은 곧 물의 운동이다. 물의 세 가지 형태인 액체·기체·고체로 미루어보아 물의 변화임에 틀림없는 것이다.

물의 상태가 변화하는 원리나 작용은 모두 상대적인 데 있다. 물은 만유생명의 근원이며 이것이 물로써 이루어지고 물로써 보존되며 물로써 생겨난다. 따라서 종자·정자·난자·핵자 등 물에 해당하는 「子」자를 사용하는 것은 진리 그대로이다.

물은 높은 곳에서 낮은 곳으로(上→下) 흐르는 것이 원리다. 그리고 열을 만나면 기체로 변하며 증발상승하고 냉함을 만나면 응고되어 액체로 변하여 하강하며 이것이 더욱 한(寒)함을 만나면 얼게 되어 고체로 변한다. 이처럼 물의 세 가지 변화는 모두 상대적 변화작용에서

이루어지는 것이다. 그 상대적 변화작용을 보면,

첫째, 물이 적당하게 火를 만나면 기체로 화하여 상승한다. 이 모습은 봄이 되면 초목이 싹트고 자라는 데서 볼 수 있으니 이것을 水火기제(旣濟)라 하여 발전과 번영을 뜻한다. 진취와 건설 등의 작용으로 나타나며 명석한 두뇌로서 기억과 사고, 능변과 기민이 특징이다.

둘째, 물이 木을 적당하게 만나면 액체인 물이 아래로 흐르는 것이 아니라 나무를 타고 태양의 열기가 이끄는 방향으로 상승한다. 이것을 水木상승작용이라고 하며, 생물학적으로는 엽록소 동화작용에 해당하며 활동·추진·개발·건설·확장·발견·입지(立志) 등의 작용이 특징이다.

셋째, 물이 金을 만나면 주체와 본질이 보존되며 청정해진다. 이것은 맑은 공기를 많이 마시면 폐에서 산소를 충분히 혈액에 공급하여 활력소를 얻는 것과 같아서 대자연의 진리를 깨달아 혜택을 누릴 수 있는 것이므로 진리탐구·연구·도덕 숭상·교시(敎示) 유산·수혜·존경 등이 특징이다.

넷째, 물이 土를 만나면 흐름이 멈추고 고이게 된다. 이것을 수다과토(水多過土)는 배위제암지공(培爲堤巖之功)이라고 하여 댐을 건설하여 전력을 얻거나 저수지를 만들어 관개수를 얻어 수리자원의 혜택을 받고 있는 것이 현시대의 실정이다. 정순하고 내성적인 성향이 이에서 우러나며 공익과 희생, 긍지와 명예, 평등과 무사(無私), 저축과 보수(保守), 복종과 의무 등이 그 특징이다.

다섯째, 물이 물을 만나면 적수성하지상(滴水成河之象)이다. 수세(水勢)가 도도하여 기세가 당당하며 군중심리와 협력정신이 투철하고 승세·급진·과강(過剛)하기 쉬우며 경쟁과 협조, 균배와 분탈(分奪)이 특징이다.

(2) 木의 원리와 작용

木은 一水가 二火로 분열할 때 동시에 일어나는 원리이다(1+2=3(木)). 즉 겨울 동안 꽁꽁 얼었던 대지에 양기가 발생(寅은 三陽 發生處)하여 봄빛이 쪼이면 해빙과 더불어 만물이 신장, 팽창하는데 그것이 바로 木의 원리이다. 수증기는 상승하고 초목의 종자는 싹이 터오르며 줄기와 잎이 생겨 꽃이 피어 화려한 현상을 장식하게 된다. 이것은 水火가 합한 까닭이니 우리들의 하루 생활은 해가 뜨면 잠자리에서 일어난다. 누워 있을 때는 水의 형상이요, 해가 뜨는 것은 火의 원리이다. 이렇게 水火가 상대를 이루면 이로 인해 木기작용을 하는 것이 기침(起寢)하는 일이다.

木은 만물이 팽창하며 일어나는 기운이요, 증기가 발산하면서 생기는 현상인 까닭에 봄에 바람이 심하게 불고 건조한 현상이 모두 木기의 원리에서 일어나는 것이며, 용출하는 일과 새로운 것을 발상하여 건설적인 제안으로서 상신(上申)·건의·추천·조직 확장하는 것 등이 木기의 원리를 근거로 이루어지는 작용이라고 볼 수 있다.

첫째, 木이 火를 만나면 목화통명(木火通明)이라 하여 나무가 여름철을 만난 것과 같으니 지엽이 무성하고 화려한 꽃을 피우고 결실을 준비하는 때의 모습이다. 이것을 바꾸어 말하면 一水의 물이 극한분열로서 이룩한 화려한 극치의 세계라고 보아야 한다. 지혜와 총명, 학문과 문화, 기억과 분석, 관찰과 파악 등 천부적인 기민성이 이에 해당한다.

둘째, 木이 金을 만나면 마치 자라는 초목이 가을철을 만난 격이다. 이를 금목상제(金木相制)라고 하며 수화기제(水火旣制)와 같은 뜻이다. 수화기제를 종적인 분합운동이라 하면 금목상제는 횡적인 승강운동이다. 상제란 상호 구제된다는 뜻이요, 아울러 공존공영하는 일이다. 초목은 金기에 의해 정기를 수렴해 결실을 맺으면서 결과를 얻는다.

이와 같은 이치에서 흩어진 상태를 목적과 결과를 위해 집중하며 의리와 도덕, 법과 질서를 준수하고 책임을 대의명분에 입각해 충실히 이행함으로써 동량지재(棟樑之材)가 되어 투철한 사명감에서 국가에 헌신하여 명망과 대권을 장악하며 공정무사한 청백리로서 공복(公僕)을 신조로 하는 관료사상이 특색이다.

셋째, 木이 水를 만나면 의당 흡수하는 것이 당연한 상식이다. 이것을 목기생원(木氣生源)이라고 하여 유아가 엄마를 만난 것과 같아서 무조건 혜택을 받는 상이다. 여름철에 비를 만나면 초목이 얼마나 잘 자라겠는가. 자연의 혜택은 물론 부모나 선조들의 유업이나 교훈, 교육이나 학문의 힘, 사회 구호 및 일반사회가 공인하는 권익이 모두 이에 해당한다.

넷째, 木이 土를 만나면 생목이면 뿌리를 내려 잘 자랄 것이고 사목(死木)이면 집을 세우는 재료로 쓰여질 것이다. 이것을 식립천고(植立千古)요, 배성가색(培成稼穡)이라고 하였으니 앞의 경우는 대대로 유명천추(遺名千秋)하는 영예를 상징하며 뒤의 경우는 전장(田庄)을 연탐(戀貪)하는 농공 및 사업으로 부호를 꿈꾸어 출세와 재욕, 신의와 타산, 노력과 근면이 특징이다.

다섯째, 木이 木을 만나면 문자 그대로 림(林)자로 변하는 상이다. 즉 소수성림(小樹成林)지세에 쟁지충천지시(爭之沖天之恃)인 까닭에 앞을 다투어 경쟁하고 군중심리에 편승, 선동하는 주동적 역할을 좋아하며, 아울러 공익을 위해서 여러 사람과의 협력, 또는 헌신하는 것이 특징이다.

(3) 火의 원리와 작용

火는 一六水의 상대인 二七火이다. 우주 본체인 一水가 분열을 하며 二火를 이룬 것이 곧 태양의 열과 광선이다. 이것을 현대 과학적 견해로 본다면 물을 분해했을 때 수소와 산소로서 분해되니 이는 모두 가

58

연성을 가지고 있어서 연소작용이 이루어지며, 또한 태양의 열과 광선도 4개의 수소(H_4)와 탄소 12개(C_{12})를 매개로 6단계를 거쳐 헬륨(He)으로 전환하며 핵융합작용을 할 때 발생하는 태양의 열과 광선이라고 밝혀 놓았다.

이렇게 하도의 一, 六水가 二, 七火로 전환한 진리[一이 二·三·四·五·六까지 6단계 또는 子→丑寅卯辰巳에서 성수(成數)로 변해 실화(實火)가 된다]를 과학이 입증해 주었으니 이로써 火의 원리도 물이 6단계를 거친 변화에서 생긴 열과 광선이며 만물에 광명을 주고 열을 주어 생장케 하는 절대 주체이다.

사람도 음식을 먹으면 6단계(口·胃·腸·肝·心을 거쳐 神으로 시력, 血로 체온)를 거쳐 火의 작용인 체온과 시력으로 나타난다. 火는 우주현상계의 양적 현상이요, 생동력으로서 만물의 에네르기이며 태양의 열과 광선 및 고도의 열을 비롯하여 일상생활에서 사용하고 있는 광선이나 열이 모두 二, 七火의 원리에서 바탕이 되었으며 화려한 문화생활이나 문명의 혜택, 도심생활의 환락, 관광 등이 해당되며, 가공할 핵무기를 포함해 각종 살상의 폭력 등이 火에 속하는 火力인 것이다.

첫째, 火가 金을 만나면 소용지공(銷鎔之功)을 세운다. 화단견금 주출봉검지기(火鍛堅金 鑄出鋒劍之器)라 하여 광석물질을 녹여 생활의 도구는 물론 문화생활이나 전쟁에 따른 각종 무기를 제조 생산하는 데 있어서 火의 힘이 아니고서는 불가능한 것이다. 이때 유공자는 원리와 작용이다. 또한 태양이 빙설을 녹이거나 용광로가 강철을 녹이는 위력과 공과는 현대 물질문명의 표본이다(西方金氣火力, 微細粒子 西歐文明). 이와 같은 원리는 예리한 관찰과 분석·정복·개척, 강인한 의지·무위·제패·세공·금속·화학 등이 특징이다.

둘째, 火가 水를 만나면 더위에 비를 만난 것 같으나 꺼질 수 있는 두려움을 안고 있다. 즉 水기가 지나치면 화허유연(火虛有煙)이라고 하여 공포심·허경(虛驚)·실례(失禮)·심신·시력 등의 장애가 있으며 적당한 水기는 기민과 예리, 준법과 예도, 지력에 승복하며 시시비비·긴장·분발 등이 해당된다.

셋째, 火가 土를 만나면 태양이 대지를 밝히고 만물을 자생케 하는 원리에 해당하며 자손과 생산, 숭신(崇神)과 경조(敬祖), 제조와 가공, 영농과 양육 등이 있으며 火기가 약해지면 회화무광어가색(晦火無光於稼穡)이라고 하여 만인을 모두 도와주고 싶으나 힘이 부족한 상과 같아서 역부족에서 오는 초조심과 시력 장애 등이 따른다.

넷째, 火가 木을 만나면 화염이 충천하는 상이다. 마치 산불이 바람을 만나거나 불 붙은 나무에 부채질을 하는 것과 같이 화기의 연소를 가속화하거나 화력을 배가해 주는 원리에 해당한다. 학문과 문화, 진리·명예의 선양, 경관과 청명을 상징하고 있다.

다섯째, 火가 火를 만나면 염(炎)자와 같으니 폭염지상이다. 위세가 맹렬하여 만물을 소용(銷鎔)하고 회진(灰燼)케 할 염려가 있으나 月 日이 회우(會遇)하는 명(明)자를 뜻하기도 한다. 화급과 제패, 경쟁과 통솔, 설쟁(舌爭)과 이론, 정복과 상물(傷物), 잔인과 혹독, 폭염과 급진, 조급과 과민이 특징이다.

(4) 土의 원리와 작용

土는 하도 중앙의 五와 十의 진리를 바탕으로 이루어졌다. 그 형상은 四金 一水가 합하여 五土, 三木 二火가 합하여 五土, 그리고 一水, 二火, 三木, 四金이 합하여 十土를 이루었다. 이것으로 보아 土라는 것은 어느 하나의 속성만이 아니라 金木水火가 전부 포함되어 있으며 아울러 金木水火를 전부 조화하며 중간에서 조정할 수 있는 원리를 가지고 있으니 이것은 핵의 중간자와 중성자의 발견으로 더욱 정확하게 밝혀졌다.

土는 무한한 상승과 하강, 무한의 분열, 무한의 통일을 용납하지 않으며 하나의 작용이 끝나면 그 다음 작용으로 연결과 유대, 조화와 조절로써 항구성을 보장토록 한다. 구심점을 중심으로 상승과 하강인 종적통제와 분열과 통일인 횡적조화와 조절 등 土의 양면작용이 있다.

양土는 戊辰戌土요, 음토는 己丑未土이다. 양토는 실체를 조화하는 土로서 지구의 경우 辰土는 남극자장(南極磁場), 戌土는 북극자장 인력으로서 지축을 형성하며 일정한 궤도운행과 경사도를 유지케 하여 자전과 공전운동을 영위하고 있다.

또한 辰土는 木을 火로 전가(轉加)해 주는 매개와 조화(나무가 불에 탈 때 공기 중 산소인 辰土가 촉매)의 역할을 담당하고 있으며 아울러 자체 발전을 위하여 매개, 조화, 변화의 土로써 작용한다. 음土인 己丑未土는 횡적인 운행을 조화하는 土로서 인체의 상단과 하단인 음양양극의 교류를 교관전환(交關轉換)해 주는 매개와 조절을 담당하고 있다.

이렇게 土는 종횡으로 十자의 형상을 이루며 유대와 조화, 변화와 조절로써 사물의 운동이 일정한 좌표와 각도, 속도와 방향을 유지케 하며 또한 水火나 金木의 상극, 金水나 木火의 상생도 土의 조절작용으로 말미암아 영원히 생극이 존립할 수 없으며 극에서 생, 생에서 극으로 부단하게 분합운동(分合運動)을 되풀이해 주고 있다.

이와 같은 조화와 조절, 능동과 자동, 자유와 자재, 제지와 전환, 흡수와 종합, 화해와 완충, 포섭과 집합, 공평과 중정, 중심과 구심, 저장과 축적, 매개와 중립, 공간과 간막(間膜) 등이 모두 土의 작용이다.

첫째, 土가 金을 만나면 결실을 도와 수확을 배가하는 상이다. 신의를 지키고 신념을 확고하게 가지며 생산과 제조, 실용과 기구를 중요시하며 실질과 능률에 치우쳐 土金 양성(兩性)의 인연으로 실질사회에 참여하는 것이 특징이다.

둘째, 土가 水를 만나면 마치 농토를 개간하여 전답을 얻는 것과 같으며 수리시설이나 댐공사를 해서 물을 이용하고 수력발전 및 증산을 도모하여 산업이 발전하는 상이다. 또한 신념과 지혜를 얻어서 부지런하고 성실하며 저축과 절약으로 신용과 덕망을 상징하는 작용을 하고 있다.

셋째, 土가 木을 만나면 마치 대지(垈地)의 중앙에 기둥이나 초석을 세우는 상이므로 건축·건설을 개시하는 형상이다. 또한 전토(田土)에 종자를 심어 영농을 하거나 식목을 하여 조림하거나 번영을 도모하는 상이다. 신의와 질서를 존중하고 근로와 건설·핵심·책임·중정·중앙·공기(公器)·집권 등이 특징이다.

넷째, 土가 火를 만나면 따뜻한 모친의 사랑을 받는 것과 같으며 태양의 광명과 열은 만물을 자생케 하는 무조건의 혜택으로 윗사람의 도움과 스스로 깨닫는 학문의 진리, 농장과 건설, 사회적 권위와 문명의 혜택, 문화생활 등이 특징이다.

다섯째, 土가 土를 만나면 마치 중중전원(重重田園)이나 산을 만나는 상이다. 후중(厚重)하고 자중하며 집단과 축적, 대중과 균배, 과욕과 경쟁, 투자와 지만(遲晚), 정초(定礎)와 건설, 생산과 공영, 공동과 공익 등에 치우치는 것이 특징이다.

(5) 金의 원리와 작용

金은 하도 서방에 위치한 四·九수리(數理)의 원리로부터 이루어졌으며 그 본성은 성장을 억제하고 정기를 수렴해서 환원하는 역할을 담당하고 있다.

가을이 되면 오곡백과가 무르익어 결실을 맺는다. 이 결실은 종자가 자라 분산되었던 종자의 정기를 다시 수렴하여 종자를 만들어 성숙케 하는 원리가 금기에 있다(金以至陰爲體 中含至陽之精). 木기가 분산 상승, 분산 생장시키는 원리에 반하여 상대적으로 金기는 하강, 수축, 성숙케 하는 원리이다.

이토록 金기는 만물의 성장을 억제하며 고체화하므로 모든 결실의 피질은 견고한 것이다. 또한 정기를 수렴하는 데서 고체로 화하며 응집되어 단원의 구체를 이루는 것이 모든 결실의 형태이다.

만유사물은 결과나 결실이 중요한 것과 같이 金의 원리는 사물의 성장으로부터 수확한 결실을 토대로 연구·분석·가공·제작하여 실용생활에 응용하고 있는 까닭에 중요하다. 현시대 서양 물질문명의 발달도 결코 우연한 것이 아니라 서방〔金方〕인 金의 원리에 의해 이루어진 결과이다.

양육한 가축을 식용으로 이용하기 위해서는 도살지기(屠殺之器)인 금인지물(金刀之物)이 필요하며 성장한 원목을 가구로 실용화하기 위해서는 역시 제재소를 거쳐 木工의 금도지기(金刀之器)가 필요한 것처럼 金의 원리는 실용생활을 위한 기구와 이에 따른 제반수단이다.

木火지기는 마치 계획서나 설계도와 같으며 金水지기는 이것을 실용화하는 수단인 까닭에 분석·가공·조립·제조·실험·응용·상품·시장 등의 과정이 금의 원리에서 이루어진다고 보아 물질문명이나 자본주의가 서방에서 꽃을 피우고 있는 것이다. 이와 같은 원리는 우리들의 실용생활에서 가장 중요하게 사용하고 있는 통화가 주로 금화(金貨)·은화(銀貨)·주화(鑄貨) 등으로 이것들이 바로 금속에 해당하고 있다는 사실로서도 증명되고 있는 것이다.

이와 같이 金의 원리는 실용생활과 밀접한 관계를 가지고 있을 뿐 아니라 실용생활이나 실질적 능률에 치우쳐 있으므로 형식을 배제하며 이익이나 목적을 위해서는 강제적 폭력도 불사하는 까닭에 무력이나 전쟁, 살상 등이 金의 원리에서 비롯되는 것이다.

첫째, 金이 水를 만났을 때 金기는 강한 것이 본질이요, 水는 청(淸)한 것이 으뜸인 까닭에 金水쌍청(雙淸)지상이 이루어진다. 金도 청수(淸秀)해지고 水도 맑아지며 의로운 일에 지혜가 생기고 연구와 노력이 스스로 따르며 실력과 능률을 발휘하며 지도와 교수(敎授) 등으로 덕기(德氣)를 쌓는다.

金은 강건하고 엄숙한 것이 본질인 까닭에 의를 앞세워 실력을 발휘하는 것을 좋아하며 水는 고체인 사석(砂石)과 같은 金기에 의해 정화되니 金이 물을 만난다는 것은 마치 일할 수 있는 목적물을 만난 셈이 되어 그 노력은 부단하며 강건한 정신으로서 각종 분야에 동분서주 전념한다. 특히 교육과 지능개발, 학자와 작가, 실업과 개척 분야, 덕망과 존경, 호색과 호설(好洩)도 특징 중의 하나이다.

둘째, 金이 木을 만나면 마치 도끼가 나무를 만난 것과 같아 오로지 직선적으로 취욕일변도(取欲一邊倒)인 까닭에 정복과 취리가 우선한다. 주로 성장직립지물(成長直立之物)을 제재·가공·실용하는 업인 제재·벌목·건설·섬유질의 가공 이용, 건축자재 등에 인연이 깊다.

셋째, 金이 火를 만나면 모든 금속성(金屬性)이 火의 단련으로 비로소 생활에 유용한 도구가 될 수 있으며, 전쟁에 필요한 각종 무기도 생산할 수 있다. 金은 火를 만나야 그 품성의 본질이 광택을 발휘하며 유용해지고 명기(名器)가 될 수 있다. 따라서 인재로 발탁되는 일이나 전공(戰功)을 세우는 일이 여기에 있는 것이다(旺金得火 方能成器 火煆堅金 鑄出鋒劍之器). 예의·절도·충성·효도·준법·명예 등과 같이 의리를 존중하며 공익을 위해 헌신하는 데에 인연이 깊다.

넷째, 金이 土를 만나면 보호를 받게 되는 것이다. 즉 여름철을 거쳐 결실의 육질(肉質)이 두꺼워지면서 맛이 생기게 된다. 이것은 土中之土인 未土의 상생작용에 의한 것이다. 외피와 육질에 속하는 十土인 未土는 내부막을 형성하고 고체 부분을 감싸며 내핵에 자리잡고 있는 종자의 견각(堅殼 : 핵을 보호하기 위한 외피의 두꺼운 막)인 金기를 상생으로 보호해 주며 水분인 정자는 金기의 상생보호를 받아 다음에 다시 싹을 틔울 수 있도록 土生金 金生水하는 원리이다. 자연의 보호나 혜택, 선조나 부모·웃어른들의 은총을 비롯하여 부동산, 귀금속과 같은 유산 또는 조상의 유업이나 역사적 실적과 교훈 등을 특징으로 하고 있다.

　다섯째, 金이 金을 만나면 소리가 난다. 서로 의로운 일을 주장하여 완강한 고집을 앞세우나 적에 대항할 때는 협동정신을 가지고 대처하는 까닭에 적대의식이 강하고 불의에 분개하는 성격을 갖고 있으며 타(他)를 제패하고자 하는 정복욕이 강하다. 또한 냉엄하고 확고한 의지와 불굴의 정신은 공익과 충의를 위해서는 바람직하나 실리면에서는 항상 불리한 것도 특정의 하나이다.

제5장
십운과 십이지기의 성립

일연이십 이연이십이(一衍而十 二衍而十二)라는 십운(十運)과 십이기(十二氣)의 생성원리는 陽 一數와 陰 二數의 최대기본(最大基本)과 최대공약수이다.

陽은 능동적인 천운(天運), 陰은 수동적인 지기(地氣)의 기본인 까닭에 일양연이 십으로 십천운으로 이음연이 십이로서 십이지기가 성립된 것이다. 자연수 一數부터 十數까지의 합이 55數中 陽數는 25, 陰數는 30이다. 陽數 25를 오행수(우주 운동원칙의 기본 5단위)로 나누면 五數가 나온다. 이 五數는 천운 오행이며 오행을 음양으로 분류하면 십천운이 성립된다.

음수 30 역시 오행으로 분류하면 六數가 나온다. 이 六數는 지기오행이다. 지기 또한 음양으로 나누면 십이지기가 성립되는 것이다.

이와 같이 상대운동을 하는 까닭에 이를 천운이라고 하며 十數를 기본단위로 되풀이하는 까닭에 십천운이라고 한다. 그리고 天의 상대인 地는 수동적인 기체(氣體)인 까닭에 지기라고 하며 十二數를 기본단위로 일주운동(一週運動)을 하는 데서 십이지기라고 하는 것이다.

천운에 비해서 지기가 二數 많은 이유는 土에 있다. 어느 실체이건 수동적인 경우 주는 것을 받아들이는 입장이기 때문에 주는 물건보다 받는 그릇이 더 커야만 하는 것처럼 土二數는 곧 여유 있는 그릇과 같은 것이다.

이를 구체적으로 말하면 수동체는 구심점을 중심으로 종적인 축과 횡적인 경사도를 유지하도록 상하좌우로 十字의 상(象)과 상호유대하고 있는 상호 인력작용을 四개의 土(辰戌丑未)가 하는 것이다. 四개의 土 중 二土는 곧 상하를 연결하여 고정화한 土라는 사실이다.

이것으로써 우주만유가 능동적으로는 상대적 대화운동(對化運動: 五運)을 하여 항구적으로 본체를 보호하는 창조운동을 하며 수동적으로는 상대적 대충운동(對冲運動: 六氣)을 하여 항구적으로 변화작용을 반복하고 있다는 사실을 알 수 있다.

이러한 작용은 십천운과 십이지기가 상호상대를 이루면서 甲이 子, 乙이 丑, 丙이 寅…의 순으로 반복하면서 육십단위가 이루어지게 되니 이것이 곧 육십운기〔六十甲子〕인 것이며 이렇게 이루어진 십천운과 십이지기로서 현상계를, 육십운기로서 우주만유를 능히 헤아릴 수 있으니 십천운과 십이지기에 따른 각종 배속(配屬)과 작용을 파악하는 것이 중요하다.

1. 육십운기 (六十運氣)의 구성

천십운과 지십이기에 배속되어 있는 음과 양, 그리고 이에 속하는 성질은 다음 표와 같다.

(1) 오행의 배속표

五	星	木		火		土		金		水	
天運	陽	甲	1	丙	3	戊	5	庚	7	壬	9
	陰	乙	2	丁	4	己	6	辛	8	癸	10
地氣	陽	寅	3	巳(착종)6		辰5 戌11		申	9	亥(착종)12	
	陰	卯	4	午(착종)7		丑2 未8		酉	10	子(착종)1	

* 숫자는 후천수의 음양

앞의 표와 같은 천운문자와 지기문자가 순서대로 각각 천운양자와 지기양자, 천운음자와 지기음자가 조합하면 다음과 같은 육십운기표가 이루어진다.

천운 十字와 지기 十二字가 짝을 맞추고 지기문자 二字가 남은 후 다시 천운문자와 남은 지기문자를 짝을 맞추어 보면 육십 회 만에 다시 처음으로 환원되는 것이다.

(2) 육십운기표 (六十運氣表)

甲子	乙丑	丙寅	丁卯	戊辰	己巳	庚午	辛未	壬申	癸酉
甲戌	乙亥	丙子	丁丑	戊寅	己卯	庚辰	辛巳	壬午	癸未
甲申	乙酉	丙戌	丁亥	戊子	己丑	庚寅	辛卯	壬辰	癸巳
甲午	乙未	丙申	丁酉	戊戌	己亥	庚子	辛丑	壬寅	癸卯
甲辰	乙巳	丙午	丁未	戊申	己酉	庚戌	辛亥	壬子	癸丑
甲寅	乙卯	丙辰	丁巳	戊午	己未	庚申	辛酉	壬戌	癸亥

위와 같이 천운 문자 열 자와 지기문자 열 자가 짝하고 남은 두 자를 공망(空亡)이라 하는데 공망은 다음에 기술하기로 한다.

2. 천운지기 (天運地氣) 배속분류 (配屬分類)

(1) 壬子 : 水性 : 수소·산소 (H₂O)

① 一점 水성을 상징한 문자로서 만유의 태초 시원을 뜻하며 壬자는 土자에 一점(·)을 더하여 이루어졌고 子자는 모든 종자(種子)의 형상(   )을 각각 표상하였다. 壬水는 체음용양(體陰用陽)인 까닭에 동

중정(動中靜)하는 기상을 가지고 있으므로 내성(內性)이 음정하나 솔직한 외향성도 겸하고 있으며 창조적 사색과 지기(智機) 심원한 것이 본성이다.

② 점(點)이나 종자를 상징한 진리를 계승하여 물질의 기본 단위를 원자·전자·소립자 등 문자로써 표시하고 있다.

③ 생명의 창조단위나 기능을 남자는 정자, 여자는 난자 또는 자궁, 임신 등으로 표시함으로써 子자와 壬자를 결부해 사용하고 있다.

④ 壬이나 子는 一점 水성이나 그것이 응결 또는 집합하면 음료수로부터 강하(江河)나 바다를 이룬다.

⑤ 壬子 水성인 시초의 진리를 순환질서에 배속하여 陰11월(冬至節)부터 一점 양기가 시생하여 장양(長養)하는 달을 子月로 표시하고 있다.

⑥ 子水는 양水이며 액체와 유체(流體)인 까닭에 외형이 마치 실이나 포목(布木)의 실〔   〕과도 같이 길게 흘러 보이며 水局(申子辰)이 형성되었을 때는 섬유질에 속하는 사물로서 비단〔絹絲〕이나 모사류(毛絲類)를 상징한다.

⑦ 子水는 일상생활에 필요한 음료수로부터 세탁·목욕·상하수도·농업용관개수·강하(江河) 등 주로 담수에 해당하나 水국을 형성하면 해양(바다)에도 적용된다.

⑧ 水火에 한하여 천운지기를 착종(錯綜)하여 사용하게 되어 있으므로 子水는 천운에 癸를, 壬水는 지기에 亥를 각각 사용한다.

○천시(天時 : 음력 11월)

월로는 양력 12월(大雪~冬至)절에 해당하고 시간으로는 한밤중인 밤 11시 28분부터 새벽 1시 28분까지에 해당한다.

방향으로는 정북방에 해당하며 구성(九星)으로는 문곡성(文曲星 : 六殺)·여허위(女虛危 : 二十八宿)·보병궁(寶瓶宮)에 속하며 성질은 물

로서 한냉하고 우로(雨露)·상설(霜雪)·무하(霧霞 : 안개)를 이루며
水旺之節로 一陽이 시생(始生)한다.

○**지리**(地理 : 방향, 장소)

수도·하수구·취사장·목욕탕·세면장·지하실·암실·변소·바다·
강하(江河)·하천·연못·저수지·댐·수력발전소·항구·해수욕장·염
전(鹽田)·관개수로·양어장·스케이트장·산부인과·소아과병원·이미
용실(理美容室)·원자력발전소·전자제품공장·소방서·주점(酒店)·밀
매음가(密賣淫街)·종묘원(種苗園)·탁아소(托兒所)

○**물상**(物象 : **體**)

음료수·액체·유류(기름)·주류(술)·장류(醬類)·미생물·어류·
해초류·종자·생선·원자(原子)·전자제품·세탁기·필묵(筆墨)·잉크·
병(瓶)·포목(布木)·견사(絹絲)·세장지물(細長之物)

○**사람**(人)
●**인체**(人體)
　　壬 : 膀胱·脛·足太陽膀胱經(腎臟)
　　子 : 腎臟·尿道·子宮·月經·耳·腰·홀몬·生殖器·陰部·卵子·
甲狀腺·足少陰腎經(膀胱)
●**인물**(人物) : 아이·임신부·작부(酌婦)·매춘부·어부·야경원·
맹인·의사·승려·철학자·저술가(작가)·도둑·간첩
○**동식물**
쥐·제비·박쥐·여우·어류·올챙이·해파리·밤에 나타나는 동물

(2) 己丑 : 土性 : 炭素(C)
① 천운 己土와 지기 丑土는 하도 중궁에 명시된 十점인 土로부터

기원(起源), 동북방에 배속되어 있다.

② 己土는 十數로 성립된 통일의 土로서 그 성이 음하고 화(和)하며 사물의 조화와 성숙을 완성케 하는 중화조절작용을 하고 있으므로 마치 소립자의 파인[π] 중간자와 같은 역할을 하고 있다.

③ 己土는 「紀」자와 같은 뜻으로 기강(紀綱)과 규칙적인 변화작용을 중심에서 조화하여 영속적인 항구성을 보장케 하는 역할을 담당하고 있다(甲己合化土).

④ 丑土는 亥·子水勢의 유동(流動)을 일단 제지하며 적당히 여과 조절(濾過調節)하여 수분을 寅卯木의 뿌리로 접촉, 전가시키는 작용을 하고 있다.

⑤ 丑土는 癸水, 辛金, 己土 3종(三種)의 오행 복합체(五行複合體)이며 주로 고체인 금속성의 사석류(砂石類)가 소장되어 있어서 수기(水氣)를 제거하여 능히 정수(淨水)로 여과하는 작용을 한다.

⑥ 丑土는 무기고나 금고로 통하며 전쟁에 필요한 무기류를 저장하는 창고나 이에 따른 제반 수단에 해당한다. 또한 재물의 창고로서 은행·세무·금융관련 등 재화를 취급하는 관서나 이에 따르는 수단이 모두 포함된다.

⑦ 금속성의 저장과 기계, 고체물 등의 소장, 보관 등의 작용에 해당한다.

○천시(天時：음력 12월)

월로는 양력 1월(小寒~大寒) 절기에 해당하고 시간으로는 1시 28분~3시 28분까지이고, 방향은 동북방[艮]이며 구성(九星)으로는 거문성(巨門星：天醫), 두우(斗牛：二十八宿), 마갈궁(磨蝎宮：十二), 견우직녀성에 속한다.

성질은 水旺之節中 土旺十八日이며 연결과 개혁을 좋아하는 숙살지기도 띠고 있다(破碎殺). 雲霧·曇雷·陰暖·句陳

○**지리(地理 : 방향, 장소)**

동북방 금(金)의 묘고처(墓庫處). 주방(廚房)·대청(마루)·차고·금고·초석(礎石)·전원·농장·과수원·언덕·채소밭·분묘·사석(沙石)·광산·채석장·목축업·사찰·교회·주차장·정류장·문화재·고궁·은행·재무관서·세관·철교·증권회사·보험·군부대·골재상(건자재)·유리·사기류·금은방·복덕방·중개(仲介)·소개업·결혼상담소·전당포·계조직·사채업자·기계상

○**물상(物象 : 體)**

농토·재화·무기·은행·증권·금고·차고·철재품·자물쇠·열쇠·유리·기계류·철물·악기·재봉틀 및 부속품·보석·금은장신구·정미소·분쇄기·절구·방앗간·인쇄기·현금·반지·전기제품·철근·계단·칸막이·고물 및 중고품, 옛것과 새로운 것을 교체

○**사람〔人〕**
●**인체(人體)**
己 : 脾·腹·足太陰脾經
丑 : 脾·腹·兩手·兩足·橫膈膜·盲腸·脇膜
●인물 : 군인·은행원·세무관리·경리사원·소년·유아·중개인·죄수·기사·건물수리인·여관업자·기계공

○**동식물**
소·사슴·거북·지네·나귀·버섯류·감자류·고구마·토란·가재

(3) 甲寅 : 木性, 陽木

① 천운 甲木과 지기 寅木은 하도 좌측에 명시된 내양 三점의 진리인 목성(木性)으로부터 기원, 동북방에 배속되어 있다.

72

② 甲木은 씨앗이 지표면을 뚫고 올라온 모습을 상징한 진리문자이다. 인체의 두상(頭象 : 머리)처럼, 만유사물의 시발과 개척, 기립과 상승하는 기세를 가지고 있으며 두령(頭領), 신장, 발전하는 상을 나타내고 있다.

③ 寅은 甲木의 정기를 계승한 지기문자이다. 따라서 寅에 이르러 태양의 광명이 세상을 밝혀주듯이 여명과 광명을 상징한 문자이다(寅中 丙火 長生之位).

④ 寅의 위치에 이르러 三陽之氣가 입춘절기에 해당하며 얼었던 대지가 녹고 만물은 소생하기 시작한다. 양기가 三단계 정도로 성장하는 것이 마치 무릎[臏] 위치까지 올라왔다고 하여 빈(臏)자로도 상징하며 또한 새벽의 여명지상으로 불린다.

⑤ 양기가 상승하면 사방으로 부연(敷演)된다고 하여 연(演)자로서 상징했으며 물수변(氵)에 寅木은 물이 나무에 전달되는 현상을 나타낸 문자이다. 즉 지혜(智慧 : 水)가 지식으로 전달되는 모습을 상징해 문화의 발상을 뜻한다.

⑥ 寅木의 위치는 火의 장생지라고 하여 인간의 정신 문화가 발생하는 곳이다. 따라서 인간의 문화수단인 예의·법도·윤리·도덕·학문·교육 등이 창시되어 문명의 주류를 이루어왔으며 寅은 발생국이므로 만유사물의 양적(陽的)인 활동의 준비와 개척, 추진과 발전 등 건설적인 수단에 속하는 것이다.

○천시(음력 정월)

월로는 양력 2월(立春~雨水) 절기에 해당하고 시간은 새벽 3시 28분~5시 28분까지이고, 방향은 동북방[艮]에 해당하고 구성(九星)으로는 거문성(巨門星 : 天醫), 기미(箕尾 : 二十八宿), 인마궁(人馬宮 : 十八), 삼태성(三台星), 삼성(參星)에 속한다. 성질은 木旺之節이며 추력(推力)에 상승코자 하는 기운이 강하며 風·雷·火光·靑龍之象

이다.

○지리(地理)

동북방〔艮〕 화(火)의 장생(長生)지처. (문명발상처) 주방〔廚竈〕·
보일러실·발전실·서재·도서실·문화오락실·신문방송실·산림·계곡·
도로·가도·교량·목재소·학교·학원·역(터미널)·정류장·통신소·
우체국·극장·서점·양복점·의상실·발전소·신문사·방송국·문화관·
법원·연료상·신사당(神祀堂)·산신당(山神堂)·국회

○물상(物象)

목재·섬유질·대수(大樹)·전주·가로수·고층건물·기둥·화로·열
기구·의복·서적·신문·목기(木器)·책상·동상(銅像)·안테나·탑·
연료·인화물질

○사람〔人〕
●인체
甲：頭·膽(肝)·眼·目·拳·臍·筋肉·動脈
寅：髮·膝·臂〔팔〕·足少陽膽經
●인물 : 소년·두령·장자·관리·학자·입법인·발명가·언론인·문
화인·교육가·소설작가
○동식물
범·사슴·발이 긴 조류·버섯류·감자류·토란·큰 나무〔大樹〕

(4) 乙卯 : 木性, 陰木

① 천운 乙木과 지기 卯木은 하도 좌측 외면에 명시되어 있는 외음
八점의 진리로부터 기원 정동방에 배속되어 있다.

② 천운 乙자는 甲의 상을 계승한 것으로 초목이 싹터올라 지엽으로

갈라지며 자라는 상이다. 이때 넝쿨이 뻗어 오르는 굴신작용(屈伸作用)을 하는 상을 표시한 문자이다.

③ 甲木은 인체의 두상이며 乙木은 경부(頸部)에 해당한다. 즉 乙자는 곡절과 굴신, 회전과 곡직의 가능함을 표시한 것이 인체의 목처럼 상관관계에서 기인한 것이며 이것을 선굴후직(先屈後直)이라고 하여 곡직인수(曲直仁壽)라는 용어를 사용한다.

④ 卯자는 천운 乙木을 계승한 지기문자이다. 묘(苗)의 뜻을 취하여 어린 생명을 뜻하기도 하며 초목이 싹터 지엽이 양분(兩分)되는 상은 해뜨는 아침에 대문을 여는 상을 표시하며 일가(一家) 문호(門戶)를 상징한다.

⑤ 卯월은 춘분절이다. 낮과 밤의 길이가 일정했다가 낮〔陽〕이 길어지고 밤〔陰〕이 짧아지는 시점으로 음양이 교차하는 분기점인 까닭에 상호이산지의(相互離散之意)가 내포되어 있다. 또한 승부작용(勝負作用)의 횡적인 기준점이 되어 있으므로 사물을 측량하는 지표와 규격으로도 간주할 수 있으며 천격(天格) 또는 일출지문(日出之門)이라 하여 천구(天球)와의 표준점이자 일출의 방향이기도 하다.

⑥ 卯는 목(木)지질에 해당한다. 그 구조가 섬세하며 조직적인 까닭에 주로 섬유질에 해당하며 土와 불가분의 유대로서 토목·건축 등의 행위에 해당한다.

⑦ 卯자를 무(茂)자로도 상징한 것은 초목이 성장하면 무성해져 숲을 이루는 뜻이기 때문이다.

○천시(음력 2월)

월은 양력 3월(驚蟄~春分) 절기에 해당하고, 시간은 5시 28분~7시 28분까지이고 방향은 정동방〔震〕에 해당하며 구성(九星)은 탐랑성(貪狼星 : 生氣), 저방심(氐房心 : 二十八宿), 천갈궁(天蝎宮 : 十二宮)에 속한다. 성질은 木旺之節에 風·雷·突風의 계절이고 만물이 발전하며 번성하고 영화하는 활기의 기운을 띤다.

○지리

정동〔震〕 일출지문. 정문・창구・주량(柱樑)・서까래・현관・장롱・산림・초원・화원・정원・과수원・임야・종묘원・초목・농장・임업시험장・화전(禾田)・교량・가로수・가구점・수공예품공장・제재소・제사공장(製絲工場)・방직공장・제지공장・포목점・양복점・완구점・건재상・인쇄소・아동복점・제품가공공장

○물상

목재・섬유질・신목(新木)・화초・재목・초목・목탄・화목(火木)・묘목・창문・옷장・상자・가구・책상・낚싯대・종이류・편물・재봉・공예품・의복・포장지・피아노・오르간・나팔・레코드・종・지팡이・손잡이

○사람

●인체

乙：肝・頸・項・目・足厥陰肝經

卯：肝・毛細血管・筋肉・目・手足之節・骨節末稍神經・정강이・穴

●인물：유아・장남・기사(技士)・목공・수공예기사・지휘자・마부・골프인・당구인・야구선수・청년・재주꾼

○동식물

작은 새 종류・토끼・병아리・벌・방울벌레・개구리・분재・야채・식목・해초・약초・야채류・감귤류

(5) 戊辰 : 土性, 炭素(C)

① 천운 戊土와 지기 辰土는 하도 중앙 초심(焦心)부에 위치한 五土의 진리로부터 기원한 陽土이며 항상 중심부에 위치하면서 사용처로는 동남방과 서북에 배속 분포되어 있다.

② 戊土는 陽土로서 만물의 무한한 성장을 억제와 조화, 통일과 발전, 구심과 회전운동의 영원성을 보장하는 역할을 담당하고 있다.

③ 戊자는 무한 상승과 무한 하강의 방종을 강제적으로 조절하여 회전케 하며 중심초점을 유지하는 동시에 본체를 영구히 보존하기 위해 만물을 사명(司命)하고 있다.

④ 辰土는 水의 귀납처(歸納處)로서 우주본체인 水의 정기를 火로 전가해 주는 역할을 담당하고 있다. 이것을 정역(正易)에서는 토이생화(土而生火)라고 했으니, 즉 木氣를 火로 연소하려면 점화가 필요한 것으로 이 작용을 辰이 한다는 뜻이다.

또한 辰은 용(龍)이라 하여 운행우시(雲行雨施)하는 까닭에 초목에 적당히 수분(비)을 공급하는 일을 행하며 이러한 작용은 곧 초목을 무성케 하고 꽃을 피우는 까닭에 辰이 木을 火로 전가해 주는 것이다.

⑤ 고서에 봉용즉화(逢龍卽化)라는 구절이 있는데 이것은 우주 순환운동이 辰 위에 이르러 변화를 가져온다는 뜻이다. 하루의 시간이 오전 7시 28분부터 9시 28분까지이며 일년 계절 중 음력 3월 늦은 봄철에다 시간이나 계절로도 지열이 상승하고 천기(天氣)가 하강하며 한열(寒熱)이 완충으로 수증기가 응결되어 변화현상을 이루게 되어 있다.

공간으로는 적도 무풍지대를 중심으로 각각 남극과 북극으로 나누어 동남, 동북, 무역풍지대가 辰位에 해당하며 이 지대에 이르러 한난(寒暖)의 기류가 완충을 이루며 기상의 변화를 일으키는 것이다.

辰土에 암장(暗藏)되어 있는 乙, 癸, 戊의 세 자가 水의 정화를 木기를 통하여 火로 전도되면서 火의 정화는 土에 결실을 보며 토(土)는

金을 낳음으로써 辰土의 변화는 오행을 모두 함축하며 변화와 조화를 부릴 수 있다(무역풍 : 위도 20° 내외의 지역에서 적도를 향하여 저공으로 늘 부는 바람. 지구의 자전으로 인하여 북반구에서는 동북풍으로, 남반구에서는 동남풍으로 부는 바람).

⑥ 특히 辰土는 土이면서도 申, 子, 辰 三合水로 변한다. 이때 辰土를 水氣로 보기도 하는 것은 辰土는 水의 납고이자 土의 고(庫)를 같이 갖고 있기 때문에 辰土는 해양(海洋)으로도 변한다.

○**천시**(음력 3월)

월은 양력 4월(淸明~穀雨) 절기에 해당하고, 시간은 7시 28분~9시 28분 사이에 해당되며, 방향은 동남[巽]방에 위치하고 구성(九星)은 복음성(伏吟星 : 補弼), 각항(角亢 : 二十八宿), 천칭궁(天秤宮 : 十二宮)에 속한다. 성질은 **曇·雨·雲·霧·天星·句陳·天羅·地綱·地戶**이며 水의 **墓庫**

○**지리**

동남[巽] 남극. 지붕·장판·물탱크·냉장고·이불장·대륙·영토·산석(山石)·언덕·언덕의 못[坡池]·연못·평원·전원·염전·제방·항만·부두·간척지·하천·수산해물시장·양어장·회의장·법원·형무소·군부대·사찰·교회·여관·골프장·운동장·농수산청·세관·경찰서·보호실·보관창고·국제연합기구·비행장·도로·지하실

○**물상**

토석(土石)·암석·초석·사석·골재·생선·해산물·약류·병풍·와기(瓦器)·도자기·선풍기·피혁물·어망·포장물·장판·외피·비행기·부채·진공관·고물

ㅇ사람

●인체

 戌 : 胃·脇·背·足陽明胃經

 辰 : 胃腸·皮膚·腹·背·項·胸·鼻·盲腸·腋

●인물 : 장녀·미용사·목수·재목상·우편배달부·중개인·교통부 장관 및 직원·비행사·광고업자·법관·교도관·죄수·어부·어물상인·토수(土手)·도배공

ㅇ동식물

 용·장충류(長蟲類)·소나무·삼나무〔杉〕·백합·지렁이·도롱룡·교룡 등

(6) 丁巳 : 火性

① 천운 丁火와 지기 巳火는 하도 상단 내음 二數로부터 기원한 진리문자이며 남방에 배속되어 있다.

② 丁火는 태양의 광명을 상징하며 인간사회의 문명과 인간의 정신과 시력에 해당한다.

③ 丁자는 화살〔矢〕의 상〔↑〕을 취함으로써 태양의 광선과 그 직사하는 위력을 상징한 것이다. 즉 병정(兵丁), 장정(壯丁)이라고 할 때 丁자를 사용하는 것은 태양광선과 같은 위력을 뜻한다.

④ 丁火는 태양을 상징하며 사물의 어두움을 밝히는 역할을 담당하고 있다. 인간사회의 문명과 문화, 정신과 언어, 질서와 규범, 예의와 도덕 등의 작용을 한다.

⑤ 巳火는 丁火와 달리 광선이 아니고 파동성을 띤 실화에(實火)에 속하는 서열(暑熱)이다. 이글이글 타오르는 용광로의 불이요, 금속을 순식간에 녹이는 실화다.

⑥ 巳火는 각종 연료로부터 인화물질은 물론이려니와 폭발성과 독성을 지닌 기체들로서 가스·연료·석유·화약·화공약품 등에 속한다.

⑦ 巳火는 金의 長生地로 火氣가 왕성한 데 반하여 金의 장생은 금속공업의 발상과 금속지물의 제조를 뜻한다.

⑧ 巳火는 사류(蛇類)나 곤충류에 해당한다. 사류가 발이 없어도 빨리 달리는 이유가 바로 火氣의 염상지기(炎上之氣)를 수품(受稟)한 까닭이다. 그리고 사류는 대부분 독성을 가지고 있는데 火의 독기가 바로 그것이다.

○천시(음력 4월)

월은 양력 5월(立夏~小滿) 절기에 해당한다. 시간은 9시 28분부터 11시 28분 사이에 해당되며, 방향은 동남방〔巽〕에 위치한다. 구성(九星)으로는 복음성(伏吟星 : 補弼), 익진(翼軫 : 二十八宿), 쌍녀궁(雙女宮 : 十八宮)에 속한다.

성질은 太陽·광선·실열·晴明·光明·暑熱·文明時代·勝蛇之象·地戶·火旺之節이다.

○지리

동남방〔巽〕 금장생처(金長生處). 주방·보일러실·공장지대·공업도시·제련소·화학공장·철강공장·가스·고무·연료·석유공장·주유소·화약공장·번화가·도심지·극장·염색공장·통신전화국·전화상·사진관·필름현상소·화방·화구점·백화점·양품점·미장원

○물상

화로·온열기구·연료·솥·가마·화약·폭발물·인화물질·철물·화공약품·고무제품·석유·가스·휘발유·화구·염료·사진·필름·전선기구·통신기구,·타일(기와, 벽돌)·활자·주옥(珠玉)·레이저광선·X광선·방사선·미장미용재료·다리미·조명기구·전등·연탄·연·금은 주화

○사람

●인체

丁：神, 心, 目, 手少陰心經

巳：小腸·面·齒·股·咽喉·扁桃腺·三焦·心包絡·舌·斑點

●인물：장녀·부녀·화부·화공(畵工)·용접공·미용사·직공

○동식물

지렁이·매미·날개 달린 곤충·독충·새 종류·뱀·마늘·파·부
추 등

(7) 丙午：火性

① 천은 丙火, 지기 午火는 하도 상단 외부에 명시된 陽 七점의 진
리로부터 기원, 남부에 배속되어 있다.

② 丙火는 태양이 이글이글 타오르는 수천 도의 광열을 상징한 문자
이다. 우주 현상계의 열과 광선의 모체는 태양에서 타고 있는 丙火이
다.

丙火는 陽中之陽이라 하여 태양을 뜻한 것이다. 즉 고서에 '五陽이
개양(皆陽)이나 丙으로 위체(爲體)'라고 하였으니 이것은 丙火가 최
강(最强)하므로 타의 기세를 종세(從勢)치 않는 특징을 말한다.

③ 丁火는 태양의 광명이자 입자성(粒子性)인 광선이며 丙火는 태
양의 실열(實熱)이자 파동이다. 이렇게 火는 양면성을 지니고 있으며
丙火는 주로 연소나 폭발적인 인화성이 함축되어 있다.

④ 午火는 「牛」와 같이 광선이자 흔히 사용하고 있는 X선, 방사선
이다. 이것은 직진하며 예리한 까닭에 어둠을 밝히고 투과하는 힘을
가지고 있으며 미세한 균을 죽이는 능력을 가지고 있다.

⑤ 午火는 巳火와 달리 주로 광명에 해당하며 인간의 정신생활이나
문화의 온갖 수단이 午火에 속하는 까닭에 예의와 도덕, 언어와 문자,

교육과 문화가 전부 이에 해당한다.

⑥ 水火운동에 있어서 亥水인 염(鹽)水가 증발하여 상승하면 壬水인 담(淡)水로서 하강하는 것처럼 실열인 丙火의 火도 방사되면 광선으로 작용하여 인간의 시력으로까지 나타난다.

○천시 (음력 五월)

월로는 양력 6월(芒種~夏至) 절기에 해당되며, 시간은 오전 11시 28분~1시 28분 사이이다. 구성(九星)은 염정성(廉貞星 : 五鬼), 중녀(中女), 유성장(柳星張 : 二十八宿), 사자궁(獅子宮 : 十二宮)에 속한다. 성질은 태양열·광명·청명·光彩·月色·星光·列星·정오·日麗光天

○지리

정남방〔離〕화(火)의 장성(將星)·하(夏)·현관·정면·적(赤)·자(紫)·열(熱)·광명(光明)·이별·서재·도심지·번화가·문화관·극장·경마장·백화점·양품점·학교·예식장·서화점·간판업소·도서관·문방구점·염색공장·언론기관·출판업소·보도홍보기관·광고업소·선전업소·화장품공장·조명기구공장·전기용품공장·휘장·훈장·깃발·안경점·사진관·가로등·X선·방사선 병원·레이저광선무기·연료공장·조각업소·안과·정신과 병원

○물상

문자·도서·서화·전등·조명구·간판·화장품·양품·신문·표지(表識)·명찰·명함·염료·도료·훈장·화구·볼펜·옷장·가구·전화·사치품·TV·악세사리·화초·사진·안경·렌즈·모자·학용품·무용품·영화필름·각서·이혼장·잡지·설계도·기록장

○사람

●인체

丙：小腸・肩・頭頂・手太陽小腸經

午：心臟・目・舌・精神・神經・心包・熱 (칼로리)

●인물 : 문화인・도시인・언론종사인・마부 (기수)・교육자・화가・서예인・염직공・디자이너・인테리어・방화자・호색가・안과의사・안경사・방사선 기사

○동식물

말・노루・사슴・꿩 우비지물(羽飛之物)・공작・칠면조・금계・봉황・작약・백일홍・공작초・자운영・장미

(8) 己未 : 土性

① 천운 己土와 지기 未土는 하도 중궁에 위치한 十점의 진리로부터 기원된 十土로서 서남방에 배속되어 있다. 己土는 만물을 조화하여 성숙케 하는 土로서 불열불냉(不熱不冷)하며 중정축장(中正蓄臟)하여 끊임없이(終如無斷) 순환운동의 영구적인 중심기강을 유지해 주는 작용을 한다.

② 未土는 巳午火를 흡수(火氣는 본체인 水의 정기가 분화된 현상임), 본체를 창조 환원케 하는 결정적 매개작용을 담당하여 土中之土라고 하는 것이다.

③ 未土는 결실을 전적으로 하는 성숙작용으로 오곡백과는 未土작용에 의하여 미각이 생기며 종핵(種核)이 성숙되어 항구성이 보존되는 것이다. 未土는 인간생활의 가장 기본인 의식주를 해결해 주는 삼대요소를 전부 함축하고 있다. 특히 음식물 중 당분・전분・단백질 등 영양분을 未土에서 섭취하고 있다.

④ 未土는 木字 위에 「一」을 가한 글자이다. 이것은 성장의 한계점

을 뜻한 것이요, 반면에 하강하며 성숙을 촉구하는 뜻이다. 수분이 하강하며 木氣의 본질인 섬유질을 형성하니(상승과 하강으로 선이 조직됨) 모사(毛絲)·포목·의류 또는 건축자재 등과 관계를 갖고 있다.

○천시(음력 6월)

월은 양력 7월(小暑~大暑)절기에 해당한다. 시간은 오후 1시 28분~3시 28분 사이에 해당되며 구성(九星)은 녹존성(祿存星 : 禍害), 정괴성(井愧星 : 二十八宿), 거해궁(巨海宮 : 十二宮), 천주성(天厨星), 성질은 長夏(不快指數). 雲·愚·暖·溫·小吉之象·味覺成熱期

○지리(母, 老母, 主婦)

서남방〔坤〕 목(木)의 묘고처(墓庫處). 주방·정원·용마루·초석·장독대·찬장·전답·전원·농장·목장·과수원·인삼밭·광석·언덕·공동묘지·시멘트·석회석·사방공사장·건축물·음식점·요정·다방·식품점·연회장·방직공장·토건회사·양복점·사찰·교회·제방·교량·청과물시장·정육점·싸롱·바·미궁(未宮 : 오리무중)

○물상

농토·석재·골재·건축자재·시멘트·철근·석물(石物)·석회·토기류·음식물·과일·식품류·주류(酒類)·장류(醬類)·포목·모사(毛絲)·혼수품·의장·모자·드레스·포목제조기·사료

○사람
●인체
己 : 脾·腹·足太陰脾經
未 : 胃·脾·腹·口·脣·잇몸·脊柱·腹膜·手足
●인물 : 요리사·석공·토수(土手)·목수·재봉사·부직책자·도자기

상인 · 농부 · 잡역부 · 주식지객(酒食之客) · 빈곤자

○동식물
양 · 산양 · 염소 · 까마귀 · 두견새 · 개미 · 이끼〔苔〕 · 연시

(9) 庚申 : 金性

① 천운 庚金과 지기 申金은 하도 우측에 명시된 九점의 진리를 바탕으로 기원한 陽金이며 서쪽에 배속 분포되어 있다.

② 가을이 되면 만물이 수축하기 시작하여 정기가 응고되면서 경성화된다. 이것이 고체의 시발이다. 식물의 성장이나 사물의 팽창이 강제적으로 억지되며 정기를 수렴해 결실을 맺게 한다. 견갱(堅硬)한 기세를 숙살(肅殺)지기라 하며 살상이나 억압이 따르는 동시에 정화와 정비가 이루어진다.

③ 申金은 상하로 관통하거나 투과하는 기세(⫶ ⬚ 타╞)를 가지고 있으므로 하의상달(下意上達 : 上申之事)하거나 상명하복(上命下服)하는 경직적인 문제가 모두 이에 해당한다.

④ 申자는 주로 도로나 통신 · 교통 · 운송에 해당하며 이것은 마치 인체의 정맥이나 동맥과 같다.

⑤ 申자는 「神」자와 일맥 상통한다. 일월성신지기(日月星辰之氣)가 하강무소불통(下降無所不通) 「示」하는 것을 神의 작용과 동일시하여 숭신(崇神) · 신앙의 특징도 갖고 있다고 볼 수 있다.

⑥ 申은 陰氣의 장생지처인 까닭에 三陰之處이다. 또한 水가 申에서 장생하며 水국(申子辰)을 형성하면 세장지물(細長之物)인 포목 · 모사 · 섬유질 등을 상징한다.

○천시(음력 7월)
월로는 양력 8월(立秋~處暑) 절기에 해당되며 시간은 오후 3시 28

분～5시 28분 사이에 해당되고, 구성(九星)은 녹존성(祿存星 : 禍害),
자삼성(觜參星 : 二十八宿), 음양쌍자궁(陰陽雙子宮 : 十二宮), 천전성
(天錢星)에 해당된다(天醫, 天鬼).

○지리(母, 主婦)
서남방〔坤〕. 전화 · 통신 · 복도 · 수도 · 차고 · 도로 · 철도 · 철교 · 여행
사 · 역 · 정류장 · 관광회사 · 주차장 · 견직공장 · 은행 · 조선소 · 교환소 · 차
륜공장(車輪工場) · 조폐공장(造幣工場) · 해로 · 수로 · 항로 · 행군(行軍)
부대 · 전차부대 · 야전사령부 · 공항 · 항공사 · 신사당(神祀堂) · 하천 · 승
강기 · 세차장 · 사찰

○물상
차량 · 지폐 · 재화 · 무기 · 금은주화 · 비행기 · 견사류 · 포목 · 지류(紙
類) · 수도관 · 전선 · 철근 · 세장지물(細長之物) · 기계류 · 영구차 · 터널 ·
신청서류 · 도인(刀刃) · 절단기 · 중기 · 농기구 · 정화조

○사람
●인체
庚 : 大腸 · 臍 · 水陽明大腸經
申 : 大腸 · 肺 · 筋骨 · 經絡 · 音聲 · 靜脈 · 骸骨 · 피부병
●인물 : 군인 · 운전기사 · 비행사 · 통신사 · 기능인 · 행인 · 철도인 · 수
도관리 및 기술자

○동식물
원숭이 · 침팬지 · 고릴라 · 주근깨 · 칡뿌리

(10) 辛酉

① 천운 辛金과 지기 酉金은 하도 우측 내부에 명시된 四점의 진리로부터 기원한 陰金이며 서쪽에 배속되어 있다.

② 가을이면 만물이 수축되어 응고하기 시작하여 고체화되며 사물을 자극하는 까닭에 고추나 마늘과 같이 맵다는 말을 辛자로 표시하고 있다. 또한 오곡과 백과가 무르익어 새로운 곡식을 수확한다고 하여 「新」과 「更」자를 사용하는 것이 辛자의 뜻을 내포하고 있다.

③ 酉金은 가을에 결실한 곡식을 거두어들여 술을 빚고 제수(祭需)를 갖추어 천지조상에 감사제를 드릴 때 사용하는 술잔이나 식기를 상징하고 있다.

④ 酉金은 결실한 열매를 상징해 달이나 주옥과 같이 구원형을 이룬 물상은 전부 酉金에 속하며 달과 같이 빛을 받아들여 반사하는 거울도 酉金에 속한다. 또한 달은 여자를 상징한 자연의 실체인 까닭에 여자의 생리 및 임신기일과 불가분의 관계를 갖고 있다.

⑤ 酉金은 金氣의 본질인 까닭에 우리생활에 필요한 금속성 기구는 거의 여기에 해당한다. 기계를 비롯하여 이에 따르는 부속품이나 예리한 도인(刀刃) 물품, 총탄과 같은 무기도 해당하며 귀금속·장신구·패물·보석류 등도 酉金에 속한다.

⑥ 酉金은 유연한 물질의 번식을 자극, 억압, 파괴하는 작용을 하므로 병균·세균에 속하여, 균을 번식 배양하여 이용하는 효소물질, 고추장·된장·술, 발효식품도 이것에 해당되며 또한 신경을 억압하는 데 이용하는 마취제, 침구(針灸) 및 의약품도 이에 해당한다.

○천시(음력 8월)

월은 양력 9월(白露~秋分) 절기에 해당되며, 시간은 오후 5시 28분~7시 28분 사이에 해당된다. 구성(九星)은 파군성(破軍星:絶命), 위앙필(胃昴畢:二十八宿), 금우궁(金牛宮:十二宮), 천문성(天文星)

○지리(地)

정서방〔兌〕월출지문(月出之門). 후문·창공·화장실·보석상자·찬장·은행·금은시계·보석상·철공장·철물상·기계상·부속품상·총기상·군인부대·유리류·거울·이발기구점·의약기구점·양조장·장유공장·침구원·악기점·주점·음료수판매점·식당(닭고기 전문)·식료품상·조미료(양념)판매점·당구장(탁구·볼링)·야구장·기원·세균검사소·균배양소·산부인과

○물상

금은보석·도인지물(刀刃之物)·자침지류(刺針之類)·마취약·금속기계류·정밀금속류·현금·귀금속·창문·화폐·생강·마늘·고추·후추·간장·된장·주류(酒類)·세금(細金)·구주류(球珠類)·총탄환·각종과실류·난류(卵類)·세균·비행기·전선류

○사람

●인체

辛：肺·股·手太陰肺經

酉：肺·鼻·音聲·血管·皮毛·口·齒·爪·骨·唇·舌·月經·精血·肛門·오줌통

●인물：소녀·가수·접대부·요리집·식모·비처녀(非處女)·군인·은행원·마취사·침구사·금은세공기사

○동식물

닭·꿩·독수리·조류(鳥類)·도라지·패랭이꽃·수박·생강·마늘·파·고추·양파·비둘기

(11) 戊戌：土性

① 천운 戊土와 지기 戌土는 하도 중앙 초점 중심부에 위치한 五점

88

　의 진리로부터 기원한 陽土이며 중앙부위에 배치하면서 위치는 동남과 서북에 배속되어 있다.

　② 戊土는 陽土로서 水火의 조화를 위해 각각 배치되어 있으니 동남에 배속된 戊土는 辰에 착근(着根)하여 水의 분열과 발전을 조화하는 土로서 작용하며 서북에 배속된 戊土는 戌에 착근하여 火의 통일과 수축을 조화하는 土로서 작용과 소임을 하고 있다.

　③ 戊土는 申酉金과 亥子水의 조화역할을 담당하고 있다. 즉 우주 본체인 정수(精水)가 巳午火에서 극도로 분화, 꽃 피웠던 것을 申酉金의 수렴으로 결실과 더불어 정수를 다시 환수하여 보존하는 데서 항구적 계승성이 이루어지는 것이다. 이때 申酉金 작용에 의해 결실한 열매는 차츰 내핵을 견고하게 굳히고 그 내부에는 진(眞)에 해당하는 一점 정수(精水：壬)를 외피와 육(肉)으로 또다시 이중·삼중 포위하여 동한(冬寒)을 무사히 지내고 오는 춘절에 또다시 싹이 터오르는 것이다. 여기서 견고한 외피와 껍질은 申酉金에 해당하며 육과 내핵은 戊土에 해당한다(胚軸, 胚乳, 外皮). 戊土는 천연적 교류현상(地氣마다 全部 所有), 즉 암장(暗藏)한 천운 丁火가 戊土를 상생(相生)하며 戊土는 辛金을 체생(遞生)하고 辛金은 영원성이 보장되어 있으니 이것은 정역(正易)에서 토극이생수(土極而生水)라고 한 것이다.

　④ 戊土는 보온을 위한 진공역할을 하고 있다. 모든 종핵의 진(眞)인 一점 壬水를 보호하기 위해 외부의 극한 극열의 침투와 자극을 방어하고 차단하며 조절하는 역할을 하고 있으며 이와 같은 원리는 우리들의 생활 주변에서 정확히 응용되고 있으니,

　첫째, 화로에 재를 담아 불씨를 묻어 보관하는 방법

　둘째, 보온밥통, 보온병 등에 진공장치를 이용하는 점

　셋째, 지구에는 대기권 외곽을 둘러싸고 있는 오존층, 전리층, 오로라층이 있어 태양의 고열이나 광선, 또는 우주선 파장 등을 적당히 방어 조절해 주고 있는데 이 작용이 곧 戊土에 해당된다.

⑤ 戌土는 火의 정기(精氣 : 戌中丁火)를 저장해 두고 있는 창고다. 인간의 정신이자 기억작용인 까닭에 두뇌에 해당한다.

⑥ 戌土는 정신의 기억처이며 문화의 전당인 까닭에 학문과 교육, 예술과 문명의 창고이다. 학교, 학원, 극장, 도서관 등이 이 경우에 해당한다.

○천시(음력 9월)

월은 양력 10월(寒露~霜降) 절기에 해당한다. 시간은 오후 7시 28분~9시 28분 사이에 해당되고, 구성(九星)은 무곡성(武曲星 : 延年), 규루(奎婁 : 二十八宿), 백양궁(白羊宮 : 十二宮), 하괴성(河魁星 : 斗弟一星). 성질은 天羅之綱, 天門, 火之墓庫, 日暮, 暗夜

○지리

서북방〔乾〕. 고산준령·산악·산석(山石)·기암절벽·대륙주(大陸州)·고분묘·고적지·동굴·관광지·채석장·광산·공동묘지·성곽·담장·전택(田宅)·변소·굴뚝·조(竈)·화구(火口)·사찰·교회·지하실·학교·학원·국회·도서관·회의장·법원·경찰서·형무소·정보부·보안기구·감사원·계엄사령부·방위사령부·과학기술처·행정수뇌부·토기(土器)·사법부·경기장·극장·장의장례식장·여관·문화관·시계점·금은보석상·암실·골동품점·서점·자기류·문방구점·예술단체·통계담당소·도량형기점

○물상

도자기·화로·보온기·각종 계기(計器)·전자계산기·보석·서화·비석·석물(石物)·광물·고물·곡류·석회·분뇨·도서·경전·시계·온도계·주판·컴퓨터·기계류·학용품·운동기구·제도측량기·전화·TV·전기용품·표구·진공관·보온병·안경렌즈·포장류·가방·침구

용품(針灸用品)·화구(火具)·반도체

○사람
●인체
戊：胃·脇·背·足陽明胃經
戊：腎(命門)·脇·頭腦·腿·膝·胸·肛門·大便(가스)
●인물 : 노복(奴僕)·변호사·예술인·교육자·정보원·죄인·수위·경찰관·교도관·군인·법관·계리사·성인(聖人)·귀인(貴人)·사장·부(父)·주인·자본가·지도자·수령(首領)
●동식물
개·이리·곰·대사(大蛇)·약초·석류·신목(神木)·과수·표범

(12) 癸亥 : 水性

① 천은 癸水와 지기 亥水는 하도 최하단에 위치한 외음 六점의 진리로부터 기원, 서북방에 배속되어 있다.

② 癸水는 陰中에도 陰에 속하는 十天運으로 문자 중 가장 지약(至弱)한 기세를 가지고 있으므로 극히 음정적인 데서 응고, 결빙, 한랭하며 내성, 음약, 지순한 까닭에 종세종화(從勢從化)하는 것이 그 특징이다.

③ 亥水는 木氣의 장생처요, 火의 절처봉생(絶處逢生)의 자리이다. 火氣가 끊어지며 木器가 생장하여 다시 木生火하여 상생(相生)작용으로서 火가 다시 살아나는 것이다.

※ 절처봉생은 음양이 서로 만남으로써 생장한다는 뜻이다.

④ 지구 표면의 7할이 바다〔亥水〕로 되어 있는 것으로 미루어 태양은 陽體이며 지구는 陰體임에 틀림없다. 태양의 열로 지구가 초화(焦化)하기 쉬운 것을 亥水가 윤택하게 조화해 주고 있으며 달과의 인력을 조성, 변화의 원인을 이루고 있으니 그 역할이 지대하다.

또한 인체의 70% 이상이 수분으로 이루어졌으며 수분인 혈액의 순환 자체가 곧 亥水의 작용인 까닭에 亥水의 충격으로 발생하는 고혈압, 중풍, 당뇨병 등의 질병을 볼 수 있다.

⑤ 亥水는 고체인 金器(酉金)를 만나면 음료수나 주류, 장류(醬類) 등으로 변한다. 이 밖에 土를 만나면 저수지, 호수, 해수욕장 등으로 변한다.

⑥ 亥水가 木氣와 만나면 흡수되어 섬유질인 포목, 종이 등으로 변한다. 그리고 亥水는 원래 염수(鹽水)이나 증발하여 상승하면 담수인 壬水로 변하여 구름으로 화한다.

○천시(음력 10월)

월은 양력 11월(立冬∼小雪) 절기에 해당된다. 시간은 오후 9시 28분∼11시 28분 사이이며 구성(九星)은 무곡성(武曲星 : 延年), 천공·공벽(天空·空壁 : 二十八宿), 쌍녀궁(雙女宮 : 十二宮)에 속한다. 성질은 寒·雨·冷·雪·氷·天門·木之長生의 곳에 해당한다.

○지리

서북방〔乾〕·천(天), 부(父)·태양·변소·내실 하수구·수도·욕장·취사장·세면장·지하실·암실·장독대·해양·강하·연못·해수욕장·어장·염전·양어장·댐·저수지·수력발전소·수원지·등대·온천·산부인과·수영장·스케이트장·장유공장(醬油工場)·양조장·종묘원·소아과병원·탁아소·사창가·방직공장·각종 섬유공장·제지공장·수도국·소방서

○물상

해수(海水)·음료수·염류·장류·초(酢)·생선·해초류·어류·포목·커텐·지류(紙類)·섬유류·모사·필묵·유류(油類)·완구·세탁기·배·

군함·상선·어선·기차·전차·비누

○사람

●인체

癸 : 腎臟·膀胱·足·足少陰腎經

亥 : 膀胱(腎)·睾丸·생식기·자궁·월경·혈액·頭部·대소변·흑점·脛(장딴지)

●인물 : 부(父)·성인·현인·사장·아이·임신부·어부·선장·직조공·산부인과 의사·소아과 의사

○동식물

돼지·대사(大蛇)·고래·곰·약초·신목·석류·해초

3. 심명공식정립 (心命公式定立 : 年·月·日·時의 定立)

심명공식을 정립함은 대우주의 순환에 따른 변화운동에 이어 소순환의 기본단위인 인간이 태어난 연월일시를 진리력(眞理曆 : 육십운기)에 맞추어 정립함으로써 숙명과 운명의 변화를 헤아릴 수 있기 때문이다. 즉, 육십운기를 생년월일시에 배설하는 문제가 진리와 부합되어야만 정확하다. 아무리 정확한 자[尺]나 저울을 가지고 있어도 사용할 줄 모르면 쓸데 없는 것과 같이 진리력에 배설한 육십운기를 모르면 그 진가를 인정받을 수 없는 것이다.

따라서 역(易)에 배설된 육십운기의 진리란 형이상학적으로는 시간과 공간의 차원이요, 형이하학적으로는 우주내의 실체간에 서로 주고받는 이기(理氣), 즉 파장의 교관작용(交關作用)을 측정하는 척도인 것이다.

□ 정립(定立)의 예

● 1978년 6월 21일 오전 4시 남자

음력으로는 5월 16일 寅시이다. 이것을 다음과 같은 방법으로 정립한다.

① 연(年)의 정립

年은 진리력(만세력, 백중력)에 명시되어 있는 1978년 천운지기(天干地支)인 戊午를 좌표로 정한다. 年은 태양의 황도의 궤도를 1일에 약 1도씩 서쪽에서 동쪽으로 이동하여 약 365.2422일 걸려 일공전(一公轉)하는 것이 1년이다.

허허망망한 우주공간이라 할지라도 천체의 모든 항성(붙박이별)과 혹성(유성)간의 좌표와 궤도, 회전방향과 속도 등이 우주창조적 본체의 진리대로 법칙적인 운동을 하고 있으므로 여기에 자연수의 진리와 육십운기를 배설하여 변화를 파악코자 맞추어놓은 것이 戊午이며 1978년 1년간은 우주의 모든 실체가 천은 戊, 지기 午의 진리대로 변화운동을 하는 것이다.

매년 봄·여름·가을·겨울의 四時를 되풀이하는 것은 일정하나 발생하는 변화는 일정하지 않은 이유는 혼원경세공식(混元經世公式)에 명시되어 있다. 우주천이좌표(宇宙遷移座標)의 변동이나 소순환인 육십운기와 같이 천운지기의 변동으로 생기고 있는 것이다.

② 월(月)의 정립

월의 정립은 진리력에 표시되어 있는 戊午年 음력 5월이 戊午가 된다. 이와 같이 戊午가 산출된 원리는 다음과 같다.

월건은 달의 진리와 실태를 그대로 역수에 옮겨 놓은 것이다.

한 달이라 함은 일자전(一自轉)하는 주기이며 달은 태양을 향한 공전궤도인 자전선상을 따라 지구의 주위를 1일 약 13도씩 회전하면서 1자전하는 주기가 1월이다. 이렇게 29일 내지 30일 걸려 삭(朔:上弦), 망(望:下弦) 등 영휴(盈虧) 하기를 12회 하는 사이에 춘하추동

94

사계절을 거쳐 1년이 되는 것이다.

지구에서 볼 때에 달의 삭망 등 영휴의 변화가 모두 그 원인이 태양

○입절(入節) 및 월건조견표(月建早見表)

月	節入 / 生年	甲己年	乙庚年	丙辛年	丁壬年	戊癸年
一	立春 (입춘)	丙寅	戊寅	庚寅	壬寅	甲寅
二	驚蟄 (경칩)	丁卯	己卯	辛卯	癸卯	乙卯
三	淸明 (청명)	戊辰	庚辰	壬辰	甲辰	丙辰
四	立夏 (입하)	己巳	辛巳	癸巳	乙巳	丁巳
五	芒種 (망종)	庚午	壬午	甲午	丙午	戊午
六	小暑 (소서)	辛未	癸未	乙未	丁未	己未
七	立秋 (입추)	壬申	甲申	丙申	戊申	庚申
八	白露 (백로)	癸酉	乙酉	丁酉	己酉	辛酉
九	寒露 (한로)	甲戌	丙戌	戊戌	庚戌	壬戌
十	立冬 (입동)	乙亥	丁亥	己亥	辛亥	癸亥
十一	大雪 (대설)	丙子	戊子	庚子	壬子	甲子
十二	小寒 (소한)	丁丑	己丑	辛丑	癸丑	乙丑

에 있으며 또한 달은 태양의 위성인 까닭에 회전운동이 다른 점을 중요시해야 한다. 태양은 자전 방향이 동에서 서로 지구와 같은 방향으로 회전하고 있으나 달은 이와 반대로 서에서 동으로 회전하고 있다. 이와 같이 회전 방향이 다르면서도 일정한 궤도와 좌표를 유지하면서 운행되는 것은 상호인력과 추력관계에 있는 것이다. 달의 일영휴 일자전의 원인이 태양에 있는 까닭에 태양의 좌표인 年에 배설한 육십운기로부터 기산하여 월의 천운을 산정하는 것이 당연한 진리인 것이다.

　○甲己之年은 丙寅頭(正月 丙寅)

　○乙庚之年은 戊寅頭(正月 戊寅)

　○丙辛之年은 庚寅頭(正月 庚寅)

　○丁壬之年은 壬寅頭(正月 壬寅)

　○戊癸之年은 甲寅頭(正月 甲寅)

　●甲己之年은 정월이 丙寅, 2월 丁卯, 3월 戊辰 순으로…
　(甲己合化土를 丙火가 生하며 寅에 임함)

　●乙庚之年은 정월이 戊寅, 2월 己卯, 3월 庚辰 순으로…
　(乙庚合化金을 戊土가 生하며 寅에 임함)

　●丙辛之年은 정월이 庚寅, 2월 辛卯, 3월 壬辰 순으로…
　(丙辛合化水를 庚金이 生하며 寅에 임함)

　●丁壬之年은 정월이 壬寅, 2월 癸卯, 3월 甲辰 순으로…
　(丁壬合化木을 壬水가 生하며 寅에 임함)

　●戊癸之年은 정월이 甲寅, 2월 乙卯, 3월 丙辰 순으로…
　(戊癸合化火를 甲木이 生하며 寅에 임함)

이러한 순으로 월의 천운문자를 세운다. 따라서 지구와는 관계없이 오직 年의 천운문자를 기준으로 월의 천운이 산정되며 年의 천운이 합하여 화(化)한 오행을 천운이 상생하는 원리로부터 시두(始頭)를 이루고 있는 이유가 바로 현상계의 창조와 변화를 그대로 옮겨놓은 것이다.

즉, 달과 태양은 하도의 진리에 따라 상생〔推力〕작용으로 회전운동을 하고 있으며 월의 천운이 년의 천운과 합화한 오행을 상생하여야만 상호인력과 추력으로 좌표와 궤도방향 각도를 유지하며 항구적으로 태양인 양적(陽的) 火, 태음인 음적(陰的) 水의 본질을 상호 보존할 수 있는 것이다.

③ 일(日)의 정립

日의 정립은 진리력에 명시된 1978년 음 5월을 찾아 16일에 해당하는 날짜〔日辰〕를 찾으면 甲寅이 된다.

日의 천운지기는 年의 정립과 같이 직접 혼원수 10155895(1978년 戊午當年)로부터 기산한 수치이다.

日은 지구가 태양을 향하여 밤낮 24시간 1자전한 것이요, 아울러 지구가 우주전체를 상대로 변화운동을 마친 최소 기본단위체이다. 이것은 태양이 주체가 되어 우주전체를 상대로 1공전한 1년이나 지구가 주체가 되어 태양을 향해 1자전하며 우주전체를 상대로 1회전한 것과 동일한 원리인 까닭에 1일의 확대와 연장이 1년이요, 1년의 최소 축소와 기본단위가 1일이다.

즉, 지구가 주체로서 우주 각급 실체를 상대로 대화대충(對化對冲) 작용을 한번 끝마친 것을 1일이라고 하는 까닭에 日의 천운을 각각 생명의 주체로 삼는 것이 지극히 합리적인 것이다.

④ 시(時)의 정립

時의 정립은 日의 천운문자를 바탕으로 다음과 같은 법칙에 의하여 설정한다.

年 1978___ 戊午年

月 음력 5월 戊午月

日 16일___ 甲寅日

時 오전 4시 丙寅時

丙寅時는 甲己夜半에 生甲子時하여 甲子, 乙丑, 丙寅으로 丙寅時에

해당한다.

●甲己日生— 甲子時

(甲己合化土를 甲木이 剋土로 시작)

●乙庚日生— 丙子時

(乙庚合化金을 丙火로 剋金으로 시작)

●丙辛日生— 戊子時

(丙辛合化水를 戊土가 剋水로 시작)

●丁壬日生— 庚子時

(丁壬合化木을 庚金이 剋木으로 시작)

●戊癸日生— 壬子時

(戊癸合化火를 壬水로 剋火로 시작)

주체를 이루고 있는 지구가 태양을 향하여 1자전하는 동시에 우주 각 항성들과의 대좌(對座)에서 이루어지는 시차적(時差的) 변화에 육십운기를 12단계로 구분하여 배설한 표시이다. 이것은 달이 태양을 중심으로 1주하는 12개월과 같이 지구가 태양과 각급 항성을 1자전하는 주기를 12시간으로 구분 설정해 놓은 육십운기라는 뜻이다.

그러나 月의 설정은 시두(始頭)를 寅日로부터 기산했으나 時는 子時(전날 오후 11시 28분~당일 새벽 1시 28분까지)로부터 가산하는

○시간과 시주(時柱)표

일 / 시간 / 주	전일 11~1 당일	오전 1~3	오전 3~5	오전 5~7	오전 7~9	오전 9~11	오전 11~ 오후 1	오후 1~3	오후 3~5	오후 5~7	오후 7~9	오후 9~11
甲己日	甲子	乙丑	丙寅	丁卯	戊辰	己巳	庚午	辛未	壬申	癸酉	甲戌	乙亥
乙庚日	丙子	丁丑	戊寅	己卯	庚辰	辛巳	壬午	癸未	甲申	乙酉	丙戌	丁亥
丙辛日	戊子	己丑	庚寅	辛卯	壬辰	癸巳	甲午	乙未	丙申	丁酉	戊戌	己亥
丁壬日	庚子	辛丑	壬寅	癸卯	甲辰	乙巳	丙午	丁未	戊申	己酉	庚戌	辛亥
戊癸日	壬子	癸丑	甲寅	乙卯	丙辰	丁巳	戊午	己未	庚申	辛酉	壬戌	癸亥

점이 다르다.

또한 태양과 달은 태양의 대화작용(對化作用 : 甲己合化土를 달이 相生 火生土)을 하는 데서부터 시두를 삼았으나, 지구와 각급 항성좌와의 상대는 이와 달리 지구의 대화작용(甲己合化土를 相剋 木剋土)으로부터 시두를 삼은 것이 다르다.

⑤ 대운(大運)을 정하는 법

사람은 태어남과 동시에 우주운동의 일원으로서 우주운동에 참여하여 살아가는데, 그 행로가 어떠한 진로로서 움직이는가를 밝히는 것이 대운법(自轉運 : 자기만의 길)이다.

대운은 生年의 천운문자(天干)에 음양을 가리어 生月을 기준하여 정하여지는 것이다.

陽男陰女는 月柱前 一位로 順行하고

陰男陽女는 月柱後 一位로 逆行한다.

生月을 기준하여 양남음녀는 순행하고 음남양녀는 역행하여 대운을 세운 간지 일주(一柱)가 십 년을 관장한다고 한다.

대운은 왜 월주를 기준하여 설정하며 일주가 십 년을 관장하는 것일까. 지구는 태양계에 속하게 되고 월은 지구의 위성이 되므로 이 三星은 우주운동의 한 단위체로 태양과 지구는 종적 선상에 있고 달과 지구의 상호인력 관계는 횡적 선상에 해당한다. 지구는 이와 같이 태양과 달의 종·횡 인력관계를 유지하면서 자기(自己) 순환궤도의 질서를 정확히 지켜나가는 것이다.

이와 같은 운동과정에서 지구와 달의 인력관계는 66.5°의 경사도가 이루어져 四時 사계절의 변화가 이루어지고 지구상의 온갖 변화작용이 이루어지는 것이다.

기상학(氣象學)의 변화요인이 태양에도 있음이 틀림이 없지만 지구가 태양을 1년 만에 1회전 공전하는 동안 사계절의 변화 등 온갖 변화현상을 일으키는 것은 월의 작용에 더욱 크게 기인하기 때문에 달을 기준한 월령(月令)의 변화에 따라 대운을 설정하여 그 사람의 자전궤도로 한 것이다.

인간이 우주운동을 1회전하는 데는 120년이 소요된다. 이 120년을 1년으로 축소하면 1년은 춘하추동의 사계절이 있고 12개월로 나누어지고 12개월은 24절후로 다시 세분된다.

1년을 12개월로 나눈 것이 한 달에 해당하고 120년을 12로 나눈 것이 10년이 되고 10년이 곧 한 달이 되는 고로 이렇게 변화되어 대운 일주는 인간운명의 10년을 관장하는 자전궤도가 되는 것이다.

㈎ 대운(大運)의 행운세수(行運歲數) 결정법

행운세수란 양남음녀는 순행 미래절(未來節)로 대운을 설정하고 음남양녀는 역행 과거절(過去節)로 대운을 설정하는데, 설정된 대운이 몇 세부터 몇 세까지에 해당되며 작용하는가를 정하는 것이다.

세수산출은 양남음녀는 태어난 날〔生日〕로부터 다음(다가오는 入節) 절입날짜까지의 수를 계산하여 나온 날짜를 3으로 나누어 2가 남을 때는 1을 더하여 주고 1이 남을 때는 계산에 넣지 않는다.

남자 양남〔乾〕(※ 편의상 四柱八字는 종서로 쓴다.)

1978년 음 5월 16일 오전 4시

(순수절로 월을 기준으로)

時	日	月	年
甲	甲	戊	戊
寅	寅	午	午

癸亥	壬戌	辛酉	庚申	己未
四六	三六	二六	十六	六

위의 양남은 태어난 날부터 다음 절기 소서(小暑)까지 헤아리면 17일이 된다. 이를 3으로 나누면 17÷3＝5…2가 된다. 나머지 2는 1을 가하여 완전 1로서 5＋1＝6이 되므로 행운 세수는 6으로 결정되었

다. 이와 같이 음남양녀는 태어난 날부터 과거절기까지 헤아려 나온 수를 위와 같이 산출하면 된다.

㈏ 대운〔自己〕과 세운 작용을 간추려 설명하면, 대운은 地支가 더욱 중요한 역할을 하는 것이며 천이 5년 지가 5년이라고 하지만 지지가 중요한 만큼 20% 정도를 가산하여 보는 것이 작용에 도움이 될 것으로 본다. 그러나 천과 지가 상생하느냐, 상극하느냐, 天地同이냐에 따라서 동일시될 수는 없는 것이다.

⑥ 소운(小運)을 정하는 법

사주의 운로(運路)를 살피는데 대운을 중심으로 생각하여 각 개개인의 행로를 파악하게 되나 행운세수 결정 숫자인 9나 8과 같이 나왔을 때 그전의 운명은 어떻게 판단할 수 없다. 그러므로 대운세수 전의 운명을 판단할 수 있도록 세우는 것이 소운인 것이다.

대운은 월을 기준으로 하여 양남음녀는 순수미래절기로 순행하고 음남양녀는 역수과거절기를 찾아 역행한다. 이와 같이 소운도 시를 기준으로 하여 월과 같이 시주가 甲寅이었으므로 年양남이므로 순수미래절기로서 甲寅 다음 乙卯, 丙辰, 丁巳 순으로 대운 세수 뒷자리까지 나열하고 보면 乙卯1은 1살, 丙辰2는 2살로서 세수를 살펴 판단한다. 본체와 대운(소운), 세운, 월운의 순으로 살펴 나가면 된다(주체〔日主〕와 객체간의 상생상극의 십신대조).

제**6**장
상대성 원리와 변화론

1. 오행 (五行)의 생극제화 (生剋制化)와 십신

심명공식, 즉 四柱에 배속된 생년, 월, 일, 시 중 日의 천운이 주체 (主體)요, 나머지는 객체 (客體)이다. 주체와 객체간의 상생상극의 작용이 십신 통변이다. 상대성에는 문자 그대로 상대와 대상인 주체와 객체가 확립되어 비교의 원리와 법칙이 따르게 마련인 것이다.

주체와 객체의 비교대상의 원리는 오행 상생상극 작용의 진리가 기본이요, 상대적 법칙과 비교치에서 변하고 화하는 데서 얻어진 결과가 현실생활의 상태인 것이다. 어떠한 물체든 그 뿌리〔根本〕가 강해야 그 활동력이나 생능(生能)이 활발한 것이다.

(I) 오행의 생극제화
○하도 : 생의 법칙　　　　　　　　○낙서 : 극의 법칙

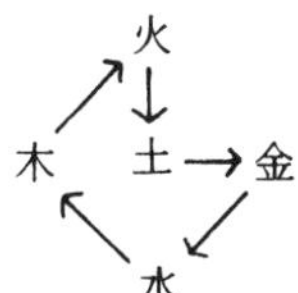

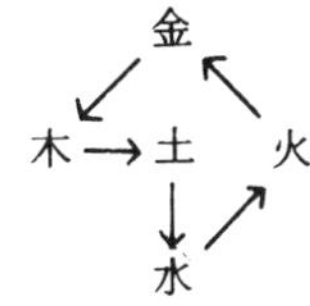

102

(2) 생극희기론(生剋喜忌論)—古書 : 日柱를 보고

① 인성(印星) 과다의 해(害)

●金賴土生 土多金埋

金이 土의 生함을 받으나 土가 많으면 金이 매몰된다.

●土賴火生 火多土焦

土가 火의 생함을 받으나 불이 많으면 흙이 열로 인하여 못쓴다.

●火賴木生 木多火熄

火가 木의 생함을 받으나 木이 많으면 불이 꺼진다.

●木賴水生 水多木浮

木이 水의 생함을 받으나 물이 많으면 떠내려간다.

●水賴金生 金多水濁

水가 金의 생함을 받으나 金이 많으면 물이 탁해진다.

② 식상다설(食傷多泄)의 해(害)

●金能生水 水多金沈

金이 水를 생하나 물이 너무 많으면 금이 물에 가라앉는다.

●水能生木 木盛水縮

水가 木을 생하나 木이 너무 많으면 물이 말라버린다.

●木能生火 火多木焚

木이 火를 생하나 불이 너무 많으면 나무가 다 타버린다.

●火能生土 土多火熄

火가 土를 생하나 흙이 너무 많으면 불이 꺼진다.

●土能生金 金多土變

土가 金을 생하나 金이 너무 많으면 土가 못쓰게 된다.

③ 신약재다(身弱財多)의 병(病)

●金能剋木 木多金缺

金이 木을 剋하나 木이 매우 강하면 金이 일그러져 마모된다.

●木能金土 土重木折

木이 土를 剋하나 흙이 많으면 木이 꺾어진다.

●土能剋水　水多土流

土가 水를 剋하나 물이 많으면 흙이 무너져 흐트러진다.

●水能剋火　火多水熱

水가 火를 剋하나 불이 강하면 물이 말라버린다.

●火能剋金　金多火熄

火가 金을 剋하나 金이 강하면 불이 꺼진다.

④ 신약관살(身弱官殺)의 병(病)

●金衰遇火　必見銷鎔

金이 약한데 왕성한 불을 만나면 金이 녹아버린다.

●火弱逢水　必爲熄滅

불이 약한데 왕성한 물을 만나면 불이 꺼진다.

●水弱逢土　必爲淤塞

물이 약한데 왕성한 土를 만나면 물이 흙에 흡수되어 버린다.

●土衰過木　必遭傾陷

흙이 약한데 왕성한 나무를 만나면 흙이 무너진다.

●木弱逢金　必爲砍斫

나무가 약한데 강한 金을 만나면 나무가 꺾어지거나 쪼개진다.

⑤신왕(身旺)한데 설기함은 좋다.

●强金得水　方挫其鋒

金이 왕성한데 물을 만나면 강함을 설기하여 좋다(의욕적 생산).

●强水得木　方泄其勢

水가 왕성한데 木을 만나면 세력을 설기하여 좋다(활기 생산).

●强木得火　方化其頑

木이 강한데 火를 만나니 활력에 통명(通明)으로 이롭다(문명).

●强火得土　方止其焰

불이 왕성한데 흙을 만나면 열기를 제지한다(통제, 안정).

104

●强土得金 方制其害

흙이 많은데 金을 만나면 좋은 전답이 된다(비옥).

⑥ 신왕할 때 관성을 보면 좋아진다.

●金旺得火 方能成器

金이 왕성할 때 火를 만나면 좋은 물품이 이루어진다.

●火旺得水 方成相濟

火가 왕성할 때 水를 만나면 조화를 형성, 기제(旣濟)로서 공(功)을 얻는다.

●水旺得土 方成池沼

물이 왕성하여 물결쳐 흐를 때 土를 만나면 연못, 저수지 등을 이루어 공(功)을 얻는다.

●土旺得木 方能疏土

土가 왕성한데 木을 만나면 소통(疏通)의 공이 된다.

●木旺得金 方成棟樑

木이 왕성한데 金을 만나면 좋은 재목으로 이루어진다.

(3) 통근법(通根法 : 本體가 힘을 얻을 수 있는 星)

통근이라 하는 것은 천간(天干)이 지지(地支)에 뿌리를 박음(안착)을 말하는 것으로서, 일주(日主)가 약한가 강한가를 살피는 데 있는 것이다.

① 甲乙木

木은 정월〔寅〕·2월〔卯〕·10월〔亥〕·11월〔子〕에 통근되고 3월〔辰〕·6월〔未〕에도 통근된다.

寅卯는 木旺地라 하고 亥子를 木의 생원(生原)이라 하여 상지(相地)라 부르며 寅卯월은 木왕절인 봄이고 木의 건록 제왕지이므로 木氣가 연중 제일 강할 때이다.

辰월은 3월로 봄의 계절에 해당하여 土 중에 木氣가 왕성하며 6월

〔未〕은 木의 고(庫)지로서 卯나 亥가 있으면 木국을 이루어 木의 기운이 왕성해지는 것이다.

10월〔亥〕은 木의 장생지이며 生의 기운을 받아 크고, 11월〔子〕은 水왕으로 生木하지만 동절(冬節)의 한랭기이므로 木을 생조(生助)해 주는 힘은 약하다.

② 丙丁火

火는 4월〔巳〕·5월〔午〕·1월〔寅〕·2월〔卯〕에 통근되고 6월〔未〕·9월〔戌〕에 통근된다. 巳, 午는 火旺地라 하고 寅卯는 火를 生하여 준다 하여 상지(相地)라고 한다.

巳午월은 火왕절 여름이고 火의 건록, 제왕지이므로 火의 기운이 제일 왕성하다.

6월〔未〕은 火 방향인 여름철이므로 土 중에 火가 왕성하여 조토(燥土)라 한다. 9월〔戌〕은 火의 고(庫)지가 되며 午나 寅이 있으면 火국을 이루어 火의 기운이 왕성해진다.

寅은 火의 장생지로서 丙火를 안고 있는데 절후의 깊이를 살펴야 하며 卯는 태양이 떠올라 빛과 그림자가 뒤섞이듯이 힘의 생조(生助) 받음이 미약하다.

③ 戊己土

土는 3월〔辰〕·6월〔未〕·9월〔戌〕·12월〔丑〕에 통근되고 4월〔巳〕·5월〔午〕에 통근된다. 土는 火에 의지하기 때문에 寅에 장생하고 申과 亥에도 土氣가 있다.

辰戌丑未는 土왕절이나 사고지(四庫地), 사계지(四季地)로서 양계절과 접촉되는 천간 문자에 따라 고장(庫藏)의 역할을 하기 때문에 잘 펴야 한다.

未土가 4土中 土기가 가장 왕성하다고 하고 辰土는 水의 고지(庫地)인 동시에 土의 고지도 된다.

④ 庚辛金

金은 7월〔申〕·8월〔酉〕·3월〔辰〕·6월〔未〕·9월〔戌〕·12월〔丑〕에 통근되고 4월〔巳〕은 庚金이 장생되므로 金의 통근지가 된다.

申酉월은 金왕절인 가을이고 金의 건록, 제왕지이므로 金의 기운이 연중 제일 왕성하다.

丑辰土는 습토(濕土)로 生金하며 戌未土는 조토(燥土)로서 火의 기운이 왕성하여 金을 오히려 녹여 못쓰게 하기도 한다.

巳는 火왕지이나 金을 용광로에 넣어 제련하는 것으로 巳가 酉와 만나게 되면 金局을 이루어 왕성해진다.

⑤ 壬癸水

水는 10월〔亥〕·11월〔子〕·7월〔申〕·8월〔酉〕에 통근되고 3월〔辰〕·12월〔丑〕에 통근된다.

亥子는 水왕지라 하고 申酉는 水를 생(生)하여 준다고 하여 상지(相地)라고 한다.

亥월 子월은 水왕절인 겨울이고 水의 건록, 제왕지로서 水의 기운이 일년 중 가장 왕성하다.

丑월은 12월로 동방(冬方) 동계(冬季)에 해당하며 土 중에 水기가 왕성하며 辰월은 3월로서 水의 창고〔庫〕가 되며 子水나 申金이 있으면 水국을 이루어 水의 기운이 왕성해진다.

申은 7월로서 水의 장생지가 된다.

○통근(通根) 관계표

오 행(五 行)	통 근 (通 根)							
木	寅	卯	亥	子	辰	未		
火	巳	午	寅	卯	未	戌		
土	辰	戌	丑	未	巳	午	寅	申 亥
金	申	酉	辰	戌	丑	未	巳	
水	亥	子	申	酉	丑	辰		

왕상휴수사(旺相休囚死)

왕상휴수사란 주체〔日干〕가 생월을 보고 생하여 주는 월을 상지(相地)라 하고 비견, 겁재, 록, 왕지를 왕지(旺地)라 한다. 상지, 왕지는 주체를 강하게 하는 곳이기 때문에 신왕(身旺) 또는 신강(身强)이라고 한다.

식신(食神), 상관(傷官)이 되는 월은 주체〔日干〕의 기운을 설기한다고 하여 휴(休)라고 하며 월지가 정재(正財), 편재(偏財)가 되는 것은 주체가 극하여 이길 수 있는 곳으로 수(囚)라고 한다. 수(囚)는 주체〔日〕에서 재(財)가 된다. 월지가 정관(正官), 편관(偏官)이 되는 것은 주체가 극을 당하는 곳으로 사(死)라고 하며 사는 주체의 관(官)이 된다.

휴, 수, 사는 주체를 약하게 하는 것으로 신약지라고 한다. 월을 제강(提綱)이라고 하고 왕상휴수사는 주체의 근원에 강약을 판별하는데 중요한 역할을 하는 것이다.

○오행과 계절의 비교 왕약표(旺弱表)

節季月 \ 區分	旺		弱		
春　正月·二 1.2	火	木	土	水	金
夏　四月·五 4.5	土	火	水	金	木
秋　七月·八 7.8	水	金	土	火	木
冬　十月·十一 10.11	木	水	土	火	金
四季　九·十二 三·六 3.6 9.12	金	土	火	木	水

○주체와 월의 왕상휴수사(旺相休囚死) 분류표

五行＼强弱	旺	相	休	囚	死
甲乙木	比肩寅　劫財卯	正印綬亥　偏印子	食神巳　傷官午	正財辰丑　偏財戌未	正官申　偏官酉
丙丁火	比肩巳　劫財午	正印綬寅　偏印卯	食神辰丑　傷官戌未	正財申　偏財酉	正官亥　偏官子
戊己土	比肩辰丑　劫財戌未	正印綬巳　偏印午	食神申　傷官酉	正財亥　偏財子	正官寅　偏官卯
庚辛金	比肩申　劫財酉	正印綬辰丑　偏印戌未	食神亥　傷官子	正財寅　偏財卯	正官巳　偏官午
壬癸水	比肩亥　劫財子	正印綬申　偏印酉	食神寅　傷官卯	正財巳　偏財午	正官辰丑　偏官戌未

위와 같이 사람의 운명을 판단함에 있어서 본인(주체)의 힘이 강해야 활동적이고 상대방과의 대적에서 힘이 있어야 방어도 하고 또한 강해야 이길 수 있는 근원을 먼저 찾아야 하는 것이다.

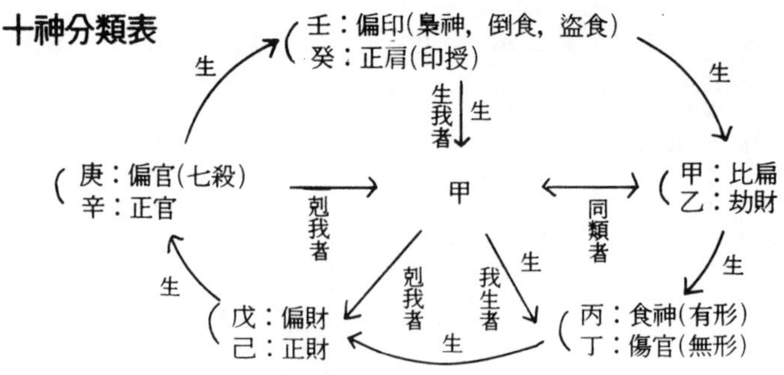

十神	日主(干)	（甲）　　　　六　　　　親（親族關係）
比肩	甲	男 : 형제, 친우, 동창생, 동서, 선후배 女 : 동서간, 형제, 친우, 동창생, 선후배
劫財	乙	男 : 동생, 여동생, 누나, 이복형제, 동서 女 : 동생, 남동생, 이복형제, 동서, 시아버지
食神	丙	男 : 손자, 조카, 장모 女 : 아들, 딸
傷官	丁	男 : 외손자, 장인, 처가식구, 조모 女 : 딸, 아들, 조모
偏財	戊	男 : 처, 아버지 형제 女 : 시어머니 형제
正財	己	男 : 부, 첩, 처의 형제 女 : 부친, 시어머니
偏官	庚	男 : 아들, 사촌형제 女 : 남편, 남편친구, 간부(奸夫)
正官	辛	男 : 아들, 딸, 질녀 女 : 남편
偏印	壬	男 : 계모, 이모, 유모, 조부 女 : 계모, 이모, 유모, 조부
正印	癸	男 : 모친(생모) 女 : 모친(생모)

○십신조견표(十神早見表)　　※ 양(+), 음(-)

客 ＼ 主	1 甲 (+)	2 乙 (-)	3 丙 (+)	4 丁 (-)	5 戊 (+)	6 己 (-)	7 庚 (+)	8 辛 (-)	9 壬 (+)	10 癸 (-)
1 甲 寅 (+)	比肩	劫財	偏印	印綬	七殺	正官	偏財	正財	食神	傷官
2 乙 卯 (-)	劫財	比肩	印綬	偏印	正官	七殺	正財	偏財	傷官	食神
3 丙 巳 (+)	食神	傷官	比肩	劫財	偏印	印綬	七殺	正官	偏財	正財

客 ＼ 主	1 甲 (+)	2 乙 (−)	3 丙 (+)	4 丁 (−)	5 戊 (+)	6 己 (−)	7 庚 (+)	8 辛 (−)	9 壬 (+)	10 癸 (−)
4 丁午 (−)	傷官	食神	劫財	比肩	印綬	偏印	正官	七殺	正財	偏財
5 戊辰戌 (+)	偏財	正財	食神	傷官	比肩	劫財	偏印	印綬	七殺	正官
6 己丑未 (−)	正財	偏財	傷官	食神	劫財	比肩	印綬	偏印	正官	七殺
7 庚申 (+)	七殺	正官	偏財	正財	食神	傷官	比肩	劫財	偏印	卯綬
8 辛酉 (−)	正官	七殺	正財	偏財	傷官	食神	劫財	比肩	印綬	偏印
9 壬亥 (+)	偏印	印綬	七殺	正官	偏財	正財	食神	傷官	比肩	劫財
10 癸子 (−)	印綬	偏印	正官	七殺	正財	偏財	傷官	食神	劫財	比肩

1 : 1 비견　1 : 2 겁재　1 : 3 식신　1 : 4 상관　1 : 5 편재
1 : 6 정재　1 : 7 칠살　1 : 8 정관　1 : 9 편인　1 : 10 인수

● 십신(十神)의 배속과 작용

비견 〔比衆〕	사교성, 거래, 교제, 유대, 낭비, 지출, 소모, 공동, 협동, 공익사업, 공동분배, 회우(會遇), 배경
겁재 〔劫衆〕	손재(損財), 패망, 채권, 기강(紀剛), 실패, 낭비, 부족상한(不足常恨), 자존 (自尊), 기벽(氣癖), 고통, 불만, 잔인, 군중합세, 배경, 수하보호
식신 〔食生〕	의식주　물자, 양명지물(養命之物), 식신(食神), 비대, 후덕, 경영, 번영, 지 발생산(智發生産), 증식, 발명, 개척, 창조, 사육, 양육, 손명, 실리, 취업
상관 〔脫氣〕	언행, 발성, 필설, 문화, 도탈(盜脫), 해출(咳出), 좌천, 손명(損名), 중간역 할, 교육, 실귀(失貴), 발표, 연구, 실물(失物), 방뇨, 낙제(落第), 구설, 필 설지화(筆舌之禍)
편재 〔欲財〕	과욕, 낭비, 투기, 재물 부정횡취, 요행, 일확천금, 경쟁, 모험, 폭리지심(暴利之心), 과대망상, 애욕, 횡재

정재 〔正得〕	신용, 근면, 검소, 수입, 보수, 인색, 정확, 현금, 충실, 저축, 양심, 애정
칠살 〔强權〕	위험, 고통, 관형 (官刑), 질병, 공포, 부채, 강제, 권위, 용기, 희생, 엄숙, 의협, 용기, 부자유, 강금, 전쟁, 망신, 구타, 복종
정관 〔正法〕	정치, 충성, 발령, 준법, 관료, 솔선수범, 행정, 명령, 자격, 진급, 정의, 근면, 응시합격
편인 〔變機〕	배신, 실직, 믿음배신 (신부족상 : 信斧足傷), 사기, 가식, 도벽 (盜癖), 임기응변, 악습, 인기예능, 기술, 지연 (遲延), 신경성 소화기질병, 천재지변, 용두사미
인수 〔攝生〕	문서, 진리탐구, 신앙, 계약, 허가장, 자연생산물, 기억, 지혜, 장상수혜 (長上受惠) 양심, 유가증권, 자격증

2. 십신 (十神)의 변화원리와 사물변증

고서 (古書)에 묘재통변 (妙在通變)이요, 통변여신 (通變如神)이라는 말과 같이 통변인 변화원리를 정확히 파악해야 사물과 사건의 동정을 살필 수 있는 것이다.

상리철학의 핵심이자 근간을 이루는 이론의 하나가 십신통변이라는 변화원리에 있다.

십신이란 자연수 십수가 문자화한 甲乙丙丁戊己庚辛壬癸 십운 (十運)이 주체가 되어 다시 십운을 각각 상대하는 십종 (十種)인 십단계의 변화작용을 하는 것이다. 우주전체와의 상대에는 필히 주체대 객체와의 구분이 정립되면 주체가 객체를 상대로 한 능동작용이 객체로서는 수동작용에 해당하며 객체가 주체를 상대로 한 능동작용은 주체로서는 수동작용에 해당한다.

이러한 내용은 다음과 같다.

(1) 태극으로부터 주체와 객체로 분류되어 상대의 세계로 발전한다.

(2) 주체의 능동적 작용이 객체의 수동작용으로 변하고 화하는 작

용이 시작된다.

(3) 주체의 능동적 활동에는 발동작용과 취욕(取欲)작용이 있다. 발동작용에 속하는 식신〔食生〕은 마치 농부가 농사를 짓는 것과 같아서 먼저 씨앗을 뿌리고 김을 매주며 곡식물을 가꾸는 물심양면의 일과 같으며 또한 의식생활에 필요한 자원을 생산하는 각종 수단이며 이에 따른 모든 행위에 해당한다.

상관〔脫氣〕은 주로 무형의 정신적 사고나 언어행동과 같이 정신분야에 해당하는 작용으로서 마치 건축을 하기 위한 사전 설계를 하거나 기사나 기능공이 되기 위하여 연구 및 기술을 배우는 일에 속한다. 또한 학자나 교수가 학문을 가르치는 행위나 사회를 선도하기 위한 성직자들의 설교나 종교활동, 문화생활, 정서적 순화 생활을 위한 오락, 예술 행위가 이에 해당한다.

이렇게 식생 탈기의 두 작용은 주체 자신이 능동적인 노력으로서 외부를 향해 육체적, 정신적 활동과 작용을 함으로써 객관의 세계(人類社會)에 물심양면으로 기여하는 일에 해당한다.

능동적인 취욕(取欲)작용은 물질이나 재화 또는 본능적 색욕(色欲)을 자기 소유로 충족코자 하는 취득작용에 해당한다. 특히 욕물작용(欲物作用)은 부정이나 편법을 감행해서라도 재화나 기타 욕구대상을 취득하는 작용이요, 정득(正得 : 정재)작용은 정상적인 생활을 위하여 정당한 근로의 대가로서 받는 보수나 월급, 기타 정당한 거래로서 취하는 소득에다가 본능적 발정(發情)과 이에 따른 결혼생활 등이 해당된다.

이 두 작용은 일상적 사회활동에서 거래되고 있는 현금, 현물, 재화 등 직접적 취욕의 대상이요, 아울러 남자는 본능적 색욕과 정상적 부부생활을 여기에서 찾을 수 있다.

(4) 객체의 수동적 작용은 주체가 상대로 한 자연계 현상과 사회, 그리고 모든 외부나 타방(他方)과 관계되는 작용이다. 즉, 자연의 창

조적 진리로부터 사회생활상 필요한 온갖 규범이다. 좀더 자세히 말한다면 주체의 사회적 존립과 공공생활상 필수 불가결한 도덕적 규범과 강제적 법률이 이에 속한다. 그리고 태양이나 공기, 토지나 물과 같이 생명을 서식케 하여 무조건 생부(生扶)해 주고 있는 천부적 자연의 섭리도 마땅히 상대적 수혜조건으로 간주해야 한다.

이보다 중요한 것은 객체가 주체를 통제하는 제반 규범으로서 사회 공동생활을 위한 강제적 의무인 납세, 병역, 준법의 의무나 근로, 교육, 윤리적 의무 등이 모두 여기에 속한다.

생조작용〔印綬〕 중 섭생의 원리는 부모가 자녀를 무조건 양육하는 것과 같이 자연계가 온갖 만물을 창조적 진리에 의해 무조건 생육하고 있는 작용이다. 태양 광선이나 열기, 공기와 물 등이 이에 해당한다. 그 밖에 한랭의 질서, 윤리와 도덕적 체통, 천부적 지능 등이 생조(生助)작용에 해당한다.

변기(變機 : 偏印)작용은 계모의 위정(僞情)과도 같아서 자연계의 변칙적인 진리이다. 적당한 비와 바람은 필요하나 태풍이나 홍수와 같은 풍수해, 천재지변 등은 오히려 피해를 주는 생조작용에 해당한다. 그래서 표리가 부동한 위선행위를 비롯 변태, 배신, 도실(盜失), 가의(假意) 등의 작용과 인기, 예능, 오락, 잡기(雜技) 등의 작용도 이에 해당된다.

강권(強權 : 七殺)작용은 객체가 주체를 통제하는 가장 강력한 강제적 규범으로서 국토방위의 의무, 납세의 의무, 근로의 의무 등 불가피한 희생이나 천재지변, 자연계의 엄격한 질서 등이 여기에 해당된다.

정법(正法 : 正官)은 윤리와 도덕을 비롯, 마땅히 지켜야 할 사회적 규범과 법률, 노력과 직책, 권위와 명예, 행정 공무 등 정당한 통제와 보호가 여기에 해당한다.

(5) 중앙의 주체(일주)와 비등(比等 : 비견) 동격 작용은 곧 범인류 사회며 본인 자신과 동등한 자격을 가진 인간이며 사회전체 대상인물

이다. 가까이는 형제·자매·동기로부터 동창생, 동료, 동직인(同職人), 상사, 부하, 각급사회 대중이다. 특히 분취(分取 : 劫財)는 아우나 누이동생과도 같아서 무조건 혜택을 베풀어야 할 청소년, 노약자, 그리고 이익과 권리를 무조건 분탈해 가려는 속성과 행위이다.

인류사회는 인간대 인간의 거래와 교제로 이루어지고 있느니만큼 무엇보다도 인간 상호간의 문제인 비중(比衆 : 비견)과 겁중(劫衆 : 겁재)론이 중요하다.

※ 이와 같이 십신분류에 의해 사물의 변화를 파악함으로써 사물변증에 적중률이 크다는 것을 알아야 한다.

3. 십신통변(十神通變)과 응용방법

〔1〕비견〔比衆〕

(1) 비견의 특성

비견은 인간을 존중하고 상호 유대와 거래를 위한 교제와 사교성을 특징으로 하고 있다. 단체나 각종 조직에서 협동심이 강하며 교우간에 동정심이 있고 군중심리에의 호응도가 높은가 하면 사회대중에의 적응력이 투철하다. 또한 조직인 군중이나 단체에 편승해 경쟁이나 투쟁에 따른 승부벽에 집착하여 사회의 공익을 위해 앞장서거나 배경을 조성하거나 의지하는 마음이 두드러진 편이다.

항상 사리사욕을 배제하고 물질적인 양보심과 우의를 도모한다. 그리고 재용불석(財用不惜)으로 선용후불(先用後拂), 비재낭비(費財浪費), 애욕억제 등으로 가정생활에 다소 희생이 따른다.

또한 동기·동료, 조직이나 단체를 위해서는 강성한 기벽심(氣癖心)으로 망진(忘進)하는 경우가 있으며 때로는 금전의 독촉이나 현금상 압박으로 초조심이 따르는 것도 특징의 하나이다.

교우나 사교가 활동의 신조이며 공적인 직장을 갖거나 합작 경영하는 데 인연이 생겨 항상 단독적인 고정업보다는 사회의 공익이 크고 광범위한 편에 치우치게 되는 것이 특징이다.

(2) 비견 참조

비견은 남성에게는 처를 극하는 별이고 여성에게는 내조를 방해하는 별이다. 남자가 비견이 많으면 도산(倒産)하거나 처의 연이 변하기 쉽고, 여자는 혼사에 어려움을 당하고 남편의 사랑을 받기 어렵다. 비견이 많으면 고집이 강하고 고독하게 된다. 너무 지나치면 자의식이 강하여 타인과 충돌, 불화, 분리(分離)의 뜻을 갖는다.

(3) 비견의 배속

① 인사(人事) : 인류·종족·민족·국민·시민·일반대중

○남 : 형제·누나·상사·직장배경·선배·동창·동료·부하·회원·친지·동업자·거래인·경쟁자·채권자·채무자

○여 : 형제·오빠·동서·시모·첩·자부(子婦)·남편관련인. 이외는 남성과 동일

② 사물 : 정당·사회단체·조합·동창회·각종 모임·사회 공공시설물·사회 복지시설·언론·여론계통·회의장·공원

③ 학문 : 인류학·인구학·사회학·정치학·정당론·단체문제연구·노동문제연구·채무채권학·선거론·사회사업론·인권문제·여론 및 언론학 등

(4) 명위(命位)

① 년비견 : 신상형제·선배·직장 배경·사회동료·직장인·상사〔여자는 시모(媤母), 시형제〕

② 월비견 : 형·선배·상사·직장 배경·부친의 유고(有故), 결혼

관계(연)

③ 일지비견 : 심복 부하·비서·종업원·형제유정·여자(가정부)·
부부관련(동주 대립성)

④ 시비견 : 동생·후계자·부하·운전기사

(5) 비견이 원명〔四柱內〕에 있을 때

① 형제와 동기가 있으며 친구나 동창생의 배경이나 유대가 많다.

② 사교성이 좋으며 서로 나누어 쓰는 데에나 거래에 인색치 않고
너그러운 편이다.

③ 고집이 강하고 친구나 타인과 어울리기를 좋아하며 다소 낭비하
는 편이다.

④ 재물이나 금전 관계에 있어서는 모으기보다 쓰기에 바쁜 편이고,
동정심이 많아서 타인에게 베풀기를 좋아하고 남의 궂은 일을 잘 봐주
고 공공생활과 협동정신이 강한 것이 특징이다.

⑤ 고집과 오기를 부리면 손해를 보는 일이 많다.

⑥ 평소 베푸는 일이 많아서 친구나 동지들과의 교류와 상부상조가
많아서 외롭지 않다.

⑦ 공직이나 공공사업에 투신함이 특징이며 단독사업은 실패가 허다
하다.

(6) 대운〔自轉軌道〕에서 올 때

① 우연히 사람과 교제할 인연이 맺어지고 동지나 동업자를 만날 기
회가 생긴다.

② 이 운에서 직장을 가지면 좋으나 사업을 벌이면 비용 지출이 많
아져 적자를 면치 못하고 채무독촉 등으로 경영상 부진하며 실패하는
경우가 많다.

③ 어릴 때는 친구를 지나치게 좋아하여 시간 낭비가 많아 정신적인

해이(解弛)로 공부에 지장을 가져온다.

④ 혼기에는 남녀가 모두 자존심과 대립, 고집 등으로 결혼이 지연된다.

⑤ 공직자는 경쟁자가 많아서 암투와 시기가 일어나고 고민이 많아진다.

⑥ 경제나 금전관계는 쓰는 일이 많아 저축하기가 힘들고 쪼들리기도 한다.

⑦ 여자는 시부모나 형제를 거느려야 편하다. 그렇지 않으면 남편에게 외정이 생기는 경우가 있으며 경제면은 항상 부족을 면치 못한다.

⑧ 자주 이사를 하게 되며 많은 사람과 유대를 갖는다.

⑨ 부친이 유고(有故)하거나 작별하는 일이 생긴다.

⑩ 투기성을 가진 사람은 실패를 거듭하며 삶의 의욕을 상실할 경우가 있다(사주에 편재, 정재가 많고 충파가 겹칠 때).

⑪ 여러 일에 이해관계로 얽혀 경제상 압박을 느끼며 채무독촉 등으로 상심하여 질병과 구설 등으로 복잡다난하다.

(7) 세운(歲運 : 公轉軌道)에서 올 때

① 사회성을 띤 일이거나 타인과의 인연으로 거래상 유대를 맺는 일이 생긴다.

② 새로운 동지를 만나거나 오래도록 떨어져 있던 동창이나 친구, 형제를 만나거나 상호 이해관계를 맺게 된다(사회단체나 친목회 등).

③ 사업인의 경우 동업자가 생기거나, 확장으로 자금의 압박을 받거나 채무독촉으로 어려움이나 손해가 따른다.

④ 직장인은 강력한 경쟁자가 나타나 진급에 지장이 생기거나 반대로 동지를 만나 배경세력을 구축하는 수도 있다.

⑤ 금전상 지출이 많아지며 체면을 지키기 위하여 물질적인 희생이 따른다.

⑥ 학생은 친구와의 교제로 시간을 낭비하고 정신적으로 해이해져 성적이 좋지 않다.

⑦ 혼기에 이른 남녀는 자존심과 고집으로 혼인이 지연된다.

⑧ 가정주부는 시부모 등의 치다꺼리와 봉사로 지출이 늘어나 가계부에 적자를 면치 못한다.

⑨ 동창이나 친구 또는 타인과의 만남으로 지출이 늘어난다.

⑩ 부친이나 웃어른들의 유고로 희생이 따르며 채무독촉 등으로 상심되어 질병까지도 유발할 수 있다.

(8) 월운에서 올 때

① 친구나 타인과의 유대가 생겨 지출이 늘어난다.

② 사업가나 상인은 자금 부족과 지출의 과다로 적자가 예상되며 채무독촉이나 경쟁자(같은 업자)의 출현으로 심신이 불안하다.

③ 직장인은 인사이동이 아니면 강력한 경쟁자의 출현으로 심신이 불안하며 곁들여 낭비도 생긴다.

④ 미혼 남녀는 이성교제는 할 수 있으나 타인의 방해나 자존심 등으로 혼사의 성립이 잘 이루어지지 않는다.

⑤ 주부는 지출과다로 적자생활을 하게 되며 동기나 친지와의 유대로 외출이 잦으며 타인을 위한 봉사활동 등으로 실리는 없다.

⑥ 학생은 친구와의 교제가 늘어나 시간을 낭비하고 군중심리에 휩쓸려 학업이 소홀해진다.

〔2〕 겁재〔分取〕

(1) 겁재의 특성

겁재도 비견과 같이 다른 사람을 존중하고 유대와 거래를 위주로 한 교제와 사교생활이 특징이다. 각종 조직단체에 참여하고 군중심리에 편승하여 전체 목적과 사회 공익성을 강조하며 나서는 것이 또한 특성 중 하나이다. 공사간(公私間)에 동료·동창·친구·친지 또는 사회인과의 신의와 의리를 고수하고 전체 이익을 명분으로 개인적인 희생을 자처하는 경우가 많다.

동기·동창·친구·친지와의 교류와 거래, 적응의 배경을 조성하며 물질보다 인간위주의 생활철학을 가지고 있다(사람 나고 돈 났다는 식). 특히 금전상의 동정(대여, 보증, 중간 소개)으로 인하여 피해나 희생을 당하면서도 물질보다 인간 상호간의 정의와 유대를 더욱 중하게 여겨 그들과 단절하지 못하는 것이 흠이다. 완강한 기벽(氣癖)과 강력한 고집으로 과감한 행위를 함으로써 마침내 의지를 상실하고 각종 사고 및 질병 등을 초래한다.

이것은 주로 일상생활에 있어서 사고와 행동의 부조화로 인하여 일어나는 것으로 오류(主觀, 客觀性 포함)·수술·낙상·피격·구타·살상·충돌·투쟁·교통사고·현금피탈·상실·손해(사람 및 재산)·모험·희생 등을 들 수 있다.

기벽성과 잔인성으로써 정의와 명분, 공익과 의리를 위해 단호히 맹위를 발휘해 적을 공격 살상하는 일이나, 법관이 형량을 언도하는 일, 의사가 수술하는 일, 도살자가 가축을 살상하는 행위는 모두 겁재의 특성이다.

(2) 겁재 참조

자존심, 고집, ¨기벽으로 질병이나 사고의 원인이 된다. 억강부약(抑强扶弱)·경쟁이나 시비·투쟁·집단조직·협동·희생·사회교류·교우관련·분배·군세호응·흉포·맹렬·무자비·의협심·금전불석(金錢不惜)·낭비·금전상한부족(金錢常恨不足)·성욕인내·물경인애(物輕人愛)·가정희생·처자억압·공익공리위주·의처증, 금전독촉으로 인한 초조감·관공법률불외(官公法律不畏)·여자의 불감증·인물수려·

처가재산 탐욕·미색취처(美色娶妻)·여자는 시모, 시누이 등 동기의 간섭·남편의 첩이나 외도로 근심·대가족 능임가업(能任家業)·정의·희생·의리·명분·위해·타인살상·제재능력 발휘 등이 특성이다.

(3) 겁재의 배속

① 인사 : 비견과 같음. 불량 청소년·흉포자·폭력배·강도

○남 : 형제(주로 弟, 妹)·누나·이복형제·자부(子婦)·하급생·후배·부하·친구·동료·동업자·거래인·경쟁자·채권자 혹은 채무자·원호대상자·사회교유

○여 : 동생·동서·시어머니·시누이·첩·남편 종사원. 이외는 남자와 동일

② 사물 : 정당·조합·협회·동창회·학회·각종 단체조직·사회공공 시설물·사회복지 시설물·사회공익 사업계통·언·여론관련

③ 학문 : 예술·언어학·군사업·청소년문제·고용문제론·노사문제·인력연구론·투자개발론·외교학·인사론·채권채무론·범죄론·신문방송학·의학

(4) 명위

① 연월상 겁재 : 신상형·이복형제·직장상사·사회동료·배경·선배(여자는 시모·시누이·첩·남편의 종사원) 및 일반 사회교우·부하·종사원·채권채무자·도탈자·경쟁자. 어려서 가세가 기우는 것은 조상의 음덕(陰德)이 없음을 의미하며 부모형제 덕이 없음을 뜻하기도 한다.

② 일좌 겁재 : 심복부하·비서·종사원(여자는 가정부)·운전기사, 처덕이 없고, 재산과의 인연이 희미하다.

③시대 겁재 : 심복부하·부하·운전기사. 이복형제, 혹 형제로 후견.

(5) 겁재가 원명에 있을 때

① 자존심과 의협심이 강하며 사교성이 좋아서 친구나 동료가 많이 생긴다. 따라서 군중심리에 편승하여 본인이 희생을 당하는 일이 많이 생긴다.

② 때로는 고집이 오기를 불러 사고를 내기 쉬우며 살기(殺氣)가 있어 자제가 요구된다.

③ 경쟁심과 승부벽이 있으며 시비에 참여하고 남의 궂은 일을 잘 보아주는 것이 특징이다. 낭비벽이 있어 지출이 수입을 초과하며 또한 질병 수술이나 과감한 성격은 자신이나 타인까지 상해하는 위기를 겪게 한다.

④ 이타(利他) 또는 애타(愛他) 등으로 봉사 정신이 강하며 군중심리에 동승하여 사회에 참여하기를 좋아하는 반면 집안일에는 소홀한 경향이 많다.

⑤ 처의 희생을 강요하며 질병으로 인해 상처(喪妻)하거나 재혼하는 경우가 많고, 아니면 처의 외정(外情)으로 가정 파탄이 생길 수 있다.

⑥ 학생은 친구와의 교제로 시간 낭비가 많아 학업에 지장이 올 수 있다.

⑦ 사업이나 실리 생활을 위한 직업은 적성에 맞지 않으며 공직이나 사회공익에 상응한 직업이 적당하다.

⑧ 여자는 대가족 생활을 할 운명이며 이를 기피하면 남편의 외정이 생긴다.

⑨ 남녀간 결혼 문제는 자존심과 오만으로 또는 형제의 장애로 지연되며 이성감정(異性感情)의 둔화 내지 이성 배척으로 만혼 아니면 가정생활이 원만치 못하다.

(6) 대운에서 겁재가 올 때

① 재산의 손실과 처궁의 질병이 따르며 또한 타인으로 인한 피해가 아니면 천재지변을 당하는 수가 있다.

② 타인, 친지와의 교류나 거래로 동업을 하거나 금전거래를 하게 되는데 가급적이면 이를 피하는 것이 손해를 막는 길이다.

③ 사업은 경영부진 및 경기후퇴로 적자를 면치 못하며 지출과다 및 수입 감소로 채무증가 또는 부도를 면키 어렵다.

④ 금전이나 이해관계로 관재구설(官災口舌)이 따르며 자금압박이나 질병이 생긴다.

⑤ 직장인은 동료나 타인의 방해로 승진에 지장이 많으며 중상모략 등으로 고전을 면치 못한다.

⑥ 여자는 대가족으로 힘들거나 남편의 외정이 생겨 학대를 받아야 한다. 또는 친정이나 타인과의 금전 거래로 부부생활에 불화가 생겨 더 심하면 가정 파탄이 있을 수 있다.

⑦ 학생은 친구와의 교제로 낭비벽이 생기고 군중심리에 휩쓸려 학업이 태만해져 진학에 막대한 지장을 초래케 된다.

⑧ 혼기의 남녀는 고집과 자존심으로 배우자 선택의 기회를 놓치는 수가 있고 타인의 방해로 혼사 성립이 안 되는 수가 있다.

(7) 세운에서 겁재가 올 때

① 의외의 친지나 동료들과의 유대가 생기거나 타인과의 동업 등 인적관계가 새로 등장한다.

② 특별히 돈 쓸 일이 생긴다. 부득이한 인간관계로 인하여 손실이 생기거나 처 또는 본인의 신상에 질병이 생길 수도 있다.

③ 금전상의 압박이나 채무의 독촉 등으로 관재구설이 생기지 않으면 예기치 못한 공격과 모략을 받는다.

④ 실업가(實業家)는 사업확장과 경영부진으로 자금의 압박을 받아

적자가 누적되어 부도나 도산의 위기까지 몰고 올 수 있다.
　⑤ 처가 질병으로 수술하지 않으면 본인에게 질액(疾厄)이 오거나 과다한 지출로 손재를 면할 수 없다.
　⑥ 주부는 친구·동기간으로 인한 지출과다나 거래상의 잘못으로 채무독촉을 당하고 남편의 외정으로 부부불화까지 생길 수 있다.
　⑦ 학생은 친구와의 교제로 시간 낭비와 성적 부진을 초래한다.
　⑧ 혼기의 남녀는 고집과 오만으로 혼기를 놓친다.
　⑨ 직장인은 타인으로 인해 승진이 좌절되거나 주위의 모략 등으로 상사와 언쟁까지 일으킬 수 있으니 조심해야 한다.

(8) 월에서 겁재가 올 때

　① 동료나 친구간에 거래가 이루어지면 손해가 따른다.
　② 지출이 과다하며 구설(口舌)이 생기거나 시비가 따른다.
　③ 부득이한 이사나 금전독촉으로 어려움을 겪는다.
　④ 직장인은 부하를 조심해야 한다. 타인과의 교제나 동료와의 암투를 조심해야 한다.
　⑤ 사업가는 경영부진으로 부도나 구설수가 따른다.
　⑥ 주부는 동기간이나 친구들로 인한 과다지출로 부부간에 불화까지 생길 수 있다.
　⑦ 학생은 친구와의 어울림이 지나쳐 학업이 부진해진다.
　⑧ 결혼기의 남녀는 고집과 자존심으로 혼기를 놓친다.

〔3〕 식신〔食生〕

(1) 식신의 특성

　식신은 물심양면의 근로로부터 비롯된 생산성으로 인간생활을 위한 자원을 연구 개발해 실용생활에 풍요와 안정,·편의와 안일을 제공하는 물질생활에 해당한다.

남자는 생산성 있는 근로가 식신인 데 비해 여자는 주로 자신이 직접 생산하는 자녀들이 식신에 해당하므로 생식기능과 양육계통이 식신에 속한다. 생산적 계승성과 번식성이 바로 식신의 원리가 된다. 식신은 창조적 생산성과 건설적인 계승성에 의해 번식과 발전을 거듭하는 까닭에 인류 물질문명의 뿌리가 된다.

식신은 호식적(好食的)인 경향과 낙천적 쾌락과 풍후(豊厚)한 물질생활에 취미를 갖고 가급적이면 편의와 안일, 호의호식 등 현실 생활을 더욱 중요시하는 편이다.

(2) 식신 참조

식신은 재물을 얻기 위한 육체적 활동이 중심이 되는 경제활동이므로 주로 생산적 의욕에서 연구, 발명과 개발, 창조와 건설, 풍요와 낭만, 자유와 건강, 진취와 번영, 자애와 관용, 희열과 낙천 등 인간 생활의 실리적 면을 추구하는 것이 특징이며 따라서 학문·교육·예술·식품 등이 식신으로서 작용되는 것이다. 또한 자연자원으로는 태양·공기·물·불·흙·열·광선 등이며 정신자원으로서는 문명의 이기(利器)를 위한 연구와 발명이 식신으로서 이루어지는 것이다.

또 식신은 칠살[病]을 방어하는 귀한 별이다. 사람의 고통·질병·재난·전쟁 등이 발생하는 경우, 평화·식량·의약품·자원개척·개발·재난을 막아주는 것 등이 식신의 작용에 해당된다.

(3) 식신의 배속
① 인사

○남 : 장모·처가식구·농민·사업가·약사·의사(특히 치과)·연구가·발명가·특허권자·생산업자·제조업자·식객(食客)·요식업자

○여 : 자녀·조카·유모·양모·산부인과 의사·요식업자·식당종사

원·산모·임신부·산파

　② 인체 : 영양계통·소화기계통(口, 肛門)·뇌신경·시력 (여자 : 생식기 계통, 유방)

　③ 사물 : 태양광선·공기·열·에너지·곡식·약품·식품·연료·목재·토목건축·자재·원료·자원·의류(생활 필수품)·주류·목장·각종생산공장·농토·과수원·임야·공사장·상공·건설부·특허국·과학원·각 종합시장·제과점·병원·약국·연구실·학교·학원, 여자는 산부인과·탁아소·유아원·학교

　④ 학문 : 경영학·경제학·산업관계학·식품영양학·의학·약학·양육학·사육학(飼育學)·임학(林學)·자원학·수학·물리학·화학·실과학(實科學)·토목공학·산부인과학·치과학

(4) 명위

　① 연상식신 : 장모·사업가·의식주관계. 생왕하면 사업가나 여유 있는 가정출신. 여자는 일찍 자식을 갖고 집안이 잘 된다. 사절공망이면 선대의 얼룩진 생활이나 흥망을 짐작하고 파란만장을 살필 수 있다. 또한 어려서 의식주에 어려움이 보인다.

　② 월식신 : 생왕하면 부모형제가 함께 융성하고 청년기에는 의식주의 혜택이 따른다. 장모 덕도 있다. 사절공망이나 파·극되면 의식주에 고통이 따르며, 청소년기에 부모의 유고로 가업이 어렵다.

　③ 일좌식신 : 남자는 처가 및 장모의 배려가 있으며 현처를 볼 수 있다. 여자는 자녀 애중과 그 복이 가장 소중하다.

　④ 시대식신 : 여자는 자녀자리이며 생왕하면 귀자를 보며 건강하다. 남자는 사업계통의 종사원 또는 사업으로 말년까지 이끌어간다.

(5) 식신이 원명에 있을 때

　① 주로 물질의 실리생활을 위주로 한 생산성에 관심을 가지게 되어

연구개발하여 새로운 발명으로 건설과 개척, 근면과 생산으로 풍요한 생활을 갖는다.

② 의식주 생활에 안전을 기하며 명랑과 관용을 신조로 여유 있는 문화생활을 위한 노력이 강하다.

③ 교육과 문화를 실생활에 직결하여 항상 새로운 것을 추구하고 추진하는 집념이 강해진다.

④ 두뇌가 명석하여 기억력과 추리력이 뛰어나 공부를 잘하고 학문에 열중하여 학위까지 받을 수 있다.

⑤ 공직자는 창의력을 발휘하여 업무상 능률을 높여 물심양면으로 권익을 높일 수 있다.

⑥ 학생은 항상 공부에 열중하므로 좋은 성적을 유지할 수 있으며 특히 과학이나 경제과는 물론 일반 문과에도 소질이 풍부하다.

⑦ 사업가가 되기를 원하며 재산이 축적되어야 안심하는 사람이다. 주로 생산성 사업을 원하며 우선 의식주를 중심으로 하는 사업에 성공이 많고, 타사업에도 인연이 있다.

⑧ 여자는 자녀의 양육에 관심이 많고 또한 음식 솜씨도 좋은 점이 특징이다.

⑨ 음식을 즐기며 우선 잘 먹는 것에 관심이 크고 건강하며 살이 찌는 편이다.

(6) 대운에서 식신이 올 때

① 직장에 있던 사람이 사업 종류를 바꾸거나 생산성 있는 실리생활을 원한다. 근면해지고 무엇이든지 하면 이루어질 것 같은 뜻이 생겨 활동이 활발해진다.

② 고생을 면하고 앓던 질병도 치료된다. 가난으로 불편한 생활을 면코자 하는 마음과 동시에 여건이 조성되며 이때부터 생활이 좋아지며 몸도 불어난다.

③ 사업 종목은 식품·약품·의류·주택건립 등에 적합하며 주로 문화생활에 필요한 재산증식 사업에 성공을 기한다.

④ 직장인은 제조 및 생산부서에 배속되거나 업무상 새로운 창안으로 큰 성과를 거두고 인정을 받아 진급이 순조롭다.

⑤ 학생은 학구열과 기억 및 추리력의 향상으로 우수한 성적을 거두어 각종 시험에 합격하고 나아가 알찬 생활을 추구하게 된다.

⑥ 주부는 자녀 양육과 가재(家財)의 증식에 보람을 느끼며 몸도 불어난다.

⑦ 성년 남녀의 결혼문제는 애로가 없으며, 여자는 특히 생산성욕이 앞서 결혼을 서두른다. 남자는 장모나 처가와의 유대가 선행되어 결혼하는 수가 있다.

⑧ 식신 운에서 주택을 장만하거나 건축에 좋으며 재산을 취득하는 좋은 시기이다.

(7) 세운에서 식신이 올 때

① 생활향상을 위하여 무엇인가 의욕이 생겨 크게는 사업, 작게는 장사를 해서 이익을 추구한다.

② 주택의 이동이나 개량·증축, 또는 생활 필수품의 구입 내지는 교환활동이 이루어진다.

③ 오랜 고질병의 완치나 치아의 치료, 소화기, 신경계통의 질병치료에 효과를 거둔다.

④ 먹을 복이 있어서 주연에 초대받는 일이 자주 생기며 몸이 부해지며 의식주의 혜택이 따른다.

⑤ 공직자는 연회의 기회가 자주 생기며 업무상의 공로 진급이나 영전의 기회가 따른다.

⑥ 학생은 학업성적이 오르며 심신이 모두 건전하여 자신감을 갖게 된다.

⑦ 사업가는 경영에 능률이 오르고 사업의 확장과 증설로 상승의 길을 걷게 된다.

⑧ 주부는 자녀출산으로 귀여움을 받는 해가 된다.

⑨ 성년 남녀는 좋은 배필이 나타나는데, 특히 여자는 출산성(出産性)의 충동으로 결혼을 재촉하는 경우가 많다.

(8) 월에서 식신이 올 때

① 생활필수품이나 식품업종에 인연이 생기거나 크게는 주택의 증·개축이나 이동으로 거래상에 이득이 따른다.

② 사업상에 인연이 생기거나 계약 및 거래로서의 유대가 생겨 실리를 얻는다.

③ 공직자는 주연이나 선물이 생길 수이며 업무가 순조롭고 영전 등의 토대를 이룬다.

④ 질병을 치료하거나 이〔齒〕를 해 넣을 수도 있다.

⑤ 사업가는 상품의 거래가 잘 되고 자금유통이 순조롭다.

⑥ 주부는 자녀에게서 기쁨이 생기고 생활필수품의 장만 등으로 보람을 얻는다.

⑦ 학생은 공부를 잘하며 성적이 오르고 새 의복을 얻거나 학용품 등에 여유 있는 혜택을 받는다.

⑧ 성년의 남녀는 결혼에 좋은 달이며 이성 교제에 교정(交情 : 밀착)이 따를 수 있다.

〔4〕 상관〔脫氣〕

(1) 상관의 특성

상관은 무형(無形)의 발성지기(發洩之氣)가 생조(生助)하는 득(得)과 정도(正道)를 상(傷)하게 하는 해(害)가 특성이다.

무형의 생조지기는 예리한 시력에 의한 관찰력과 사고, 추리와 연구, 음률과 독서, 연설과 강의, 교수와 습득, 중간 역할, 모리(謀利), 환롱(換弄)과 조작, 화술과 설득, 예감·예언·직감·투시 등이 좋은 반면, 실언·과언(過言)·언행무례(言行無禮)·자만불손(自慢不遜)·자부심·필화(筆禍)·설화(舌禍)·언행불합(言行不合)·손명(損名)·손실 등 해로운 점이 특성이다.

(2) 상관 참조

여자는 관성이기 때문에 관성을 극하는 상관을 가장 두려워한다. 정관이나 칠살이란 여자에게는 애정이며 보호신(保護神)이며 귀물(貴物)이다. 이것을 무참히 극상함은 애정을 잃고 귀여움을 상실케 하여 천박해지며 보호자인 남편을 잃게 되어 일락천장격(一落千丈格)이 된다. 또한 상관은 자녀인 까닭에 자녀의 일로써 희비가 엇갈리는 경우가 있다.

상관은 관재(官災)나 송사(訟事) 시비·언쟁·질병·단명·요사(夭死) 등 흉의(凶意)를 품고 있다. 상관은 교육과 지도, 중간 역할, 중매와 설득, 소개, 안내, 습득과 교수 행위, 정보와 홍보, 선전과 광고, 출판과 조명(照明) 등 이로움도 따른다.

○상관분류
●水木 상관 다능다예(多能多藝) 재관을 喜한다.
●木火 상관 명랑다지(明郞多智) 관왕을 喜한다.
●火土 상관 학덕청수(學德淸秀) 관성을 忌한다.
●土金 상관 다예다능(多藝多能) 관성을 忌한다.
●金水 상관 박학다문(博學多文) 관성을 喜한다.

(3) 상관의 배속
① 인사

○남 : 조모·처가식구·교육자·학자·작가·시인·음악가·화가·가수·연사(演士)·성우·언론인·매파·소개업자·종교인·설계사·안내인·점술가·학생·변호사·계리사·영사인·사진사·역학자·배우

○여 : 자녀·조카·조모·산모·조산원(산파), 이외에는 남과 동일.

② 사물 : 각종 파장(波長), 오로라 현상·악취·광원(光源)·음파·가스(일산화탄소)·살인광선·이상기온·인체의 시력·악기·안경·사진촬영기·책·필묵·펜·녹음기·조명기구·광고물·전축·도서출판물·계산기·간판·각본·복덕방·소개업소·학교·학원·교육기관·기상대·극장·신문사·방송국·강연장·강의실·인쇄소·문방구점·도료(塗料)·염료·변소·산부인과·정신과 병원·여론 정보기관·정신문화원·안과병원·혈액원·이비인후과·비뇨기병원

③ 학문 : 교육학·교육심리학·언어학·음악에 대한 학문·기상학·철학·언론학(신문방송학과)·체육학·관광안내학·통신학·전자공학·웅변·무역학·이수학(理數學)·미술학(각종 분야)

(4) 명위

① 연상 상관 : 조모, 선대의 망령(亡靈), 선영(先塋), 여자는 조생지자녀(早生之子女), 상부(喪夫)(상관이 입묘(入墓)), 명궁형파 조사요망(早死夭亡), 남자는 장자와 불화 혹은 사업에 실패하거나 명리불구(名利不久)

② 월상 상관 : 조모 혜택, 부모형제덕이 없다. 여자는 자녀로 인해 부부작별, 불화, 남자는 공직 생활 어렵고, 자녀에 근심 따른다.

③ 일좌 상관 : 조모 숭상, 학문 유념, 여자는 자녀소중, 슬하(膝下)를 위하므로 부부갈등, 남자는 현처 얻기 힘들다.

④ 시대 상관 : 남자는 자식과 사별하든지 자식과 인연이 나쁘고 불행, 고독하다. 선조 유해(有害), 여자는 남편과 별거, 이혼하고 자식에 의지하는 수가 있다.

※ 명위에 상관은 조상의 망령(亡靈)으로 인해 해로움이 많다.

(5) 원명에 상관이 있을 때

① 정신적인 무형의 언어, 시각 등을 통한 선천적인 재질로 발표력이 강하며 직언·다언(多言)·실언 등으로 언행에 장단점이 많다. 교육, 문화 방면에 인연이 깊고 사물을 연구·탐색·구명하는 데 소질이 있어 언어(변론)·언론·문화·색소 등에 소질이 있다.

② 중간역할이나 소개 등으로 성사하는 업무에 인연이 깊다. 종교·예술·홍보·오파상 및 각종 서비스업, 문인(文人)·가수·코미디언·변호사·보험업·금전소개 등의 업종에 적성이다.

③ 실업가로서는 적성이 안 맞고 주로 중간소개로서의 재능과 소질을 살려 재산증식을 도모할 수 있다.

④ 교육자가 되거나 언론문화계통에 종사하면 능력을 발휘할 수 있다(때로는 사업 및 정보업도 가능함).

⑤ 언행의 실수로 관재구설이 따르기도 하고 자존심 또는 오만불손으로 몸이 상하게 되거나 질병으로 단명할 우려가 있으므로 조심하여야 한다. 얼굴에 흠이 있거나 오관(五官 : 耳·目·鼻·皮膚·舌)상의 질병도 조심해야 한다.

⑥ 여자는 남편운이 불길하다. 자녀 출산 후 부부 작별의 흉운이 따라다닌다.

⑦ 교육이나 학문연구에 재질이 있으며 발표력이 강하고 직감력과 추리력이 있어 아는 것이 광범위하게 많으나 반면에 시험성적이 불량하고 노력에 비하여 결과는 좋지 못한 편이다. 구변이 좋아 다변으로 타인의 통제를 싫어하므로 환영을 받지 못한다.

⑧ 일반적으로 언쟁·시비·관재구설이 자주 생겨 미움을 받지 않으면 천시당할 수가 있다.

⑨ 남자는 자녀와의 인연이 없거나 자식을 상하게 하는 운이다.

(6) 대운에서 상관이 올 때

① 공직자는 현재의 위치가 흔들리거나 낙직 또는 퇴직 등으로 직장을 잃게 된다.

② 관재구설·소송관계·시비·원망 같은 불미스러운 일이 생기며 타인의 통제나 억압으로부터 해방되고 싶어하는 마음에서 좋은 직장도 그만두는 수가 있다.

③ 공적인 일은 되는 일이 없고 천대와 멸시를 받는 수가 많다. 이 경우 중간 소개역할이나 매개작용에 해당하는 서비스 등의 직업 이외에는 적당치 못하다.

④ 여자는 남편을 잃게 되거나 아니면 남편의 일이 잘 풀리지 않는다. 자녀에게는 온갖 정성을 다 기울이나 남편의 덕은 없는 편이다.

⑤ 일반적으로 얼굴에 흠이 생기거나 상처를 입는다. 오관(五官)이 삐뚤어지거나 천해 보이며 질병과 형액(刑厄), 구설 등의 불상사가 생기거나 체중이 줄고 출혈·도한(盜汗)·해수(咳嗽)·혈압·방노 등으로 고생한다.

⑥ 학생은 노력에 비해 성적이 오르지 않고 따라서 시험운이 없다. 낙방의 쓰라림과 진학의 좌절로 재수는 불가피하다. 또 선생과 부모의 통제가 싫어서 방종하거나 학업을 중단하기도 한다. 사춘기에는 언어가 불순해지고 윗사람에게 반항하며 패륜아로 전락하는 경우도 있다.

⑦ 남자는 자녀를 잃거나 작별하는 등 슬하에 유고가 생겨 망신을 당하는 수가 있다.

⑧ 일반적으로 중간모리나 재산활용을 하게 되고 사업은 주로 배경을 가지고 중간역할의 방향으로 전환한다.

⑨ 이사를 하게 되는데 그 원인은 재산의 증식을 위해 활용하는 방법을 취하며 낙직으로 인한 이사가 자주 있다.

(7) 세운에서 상관이 올 때

① 공직자는 바른 말과 행동을 조심해야 한다. 거만하게 보이거나 실수하는 일로 상사와 불화를 자아내며 자의건 타의건간에 직장에서 물러나는 일이 생기지 않으면 구설로 한때 어려움을 겪는다. 또는 타인의 청탁을 처리하다 생기는 구설과 후유증에 조심해야 한다.

② 여자는 남편궁에 구설이나 기타 사고가 생기지 않으면 남편이 미워질 일이 생겨 불화되거나 자녀로 인해 부부간에 불화가 잦다.

③ 일반적으로 생활을 위해 청탁이나 중간역할로 이득을 도모하든가 또는 부동산의 활용으로 부득이 이사문제 등이 생기기도 한다.

④ 대체로 관재구설을 조심해야 한다. 설화(舌禍)나 필화(筆禍) 등의 사고가 아니면 교통사고나 질병 등 몸으로부터 질병이 생기며 혈액유출〔脫盡〕을 조심해야 한다.

⑤ 남자는 자녀와의 작별이 아니면 슬하의 유고나 출혈이 생기게 된다.

⑥ 사업가는 중간역할을 하는 업종이 생긴다. 자금투자는 가급적 피해야 하고 자기 주택이라도 환용(換用)하여 이득을 도모하게 된다.

⑦ 학생은 성적이 떨어지고 타락하는 경우가 많다. 또한 대학시험에 떨어져 재수하는 수가 있다.

⑧ 혼기에 이른 남녀의 경우 여자의 결혼은 불길하고 남자도 만족한 결혼이 못된다.

(8) 월에서 상관이 올 때

① 직장인은 구설이 생기며 업무상 일로 신경을 쓰고 언쟁이 따르는

134

수가 있다.

② 공직자는 권태증이 생기거나 직언으로 상사와 불화가 생겨 불편한 관계가 된다.

③ 타인의 청탁을 받거나 중간 역할을 해 주어야 하는 일이 자주 생긴다.

④ 남자는 여자로 인하여 상심하거나 구설이 따르지 않으면 자녀를 미워하는 일이 생긴다.

⑤ 관공서를 상대로 하는 일은 성사되지 않는다. 이때 중간 역할이나 청탁을 받는 등으로 하여 구설이나 시비가 생기는 수가 많다.

⑥ 주부는 남편과의 애정이 소홀해지거나 미워지며 언쟁 등으로 잠시 별거하는 수도 있다.

⑦ 학생은 노력에 비해 성적이 오르지 않으며 시험 등에는 실수하는 예가 많다.

⑧ 혼기의 남녀는 결혼 성립이 힘들고 결혼식을 올리면 이혼할 염려가 많다.

〔5〕 편재〔偏財〕

(1) 편재의 특성

편재는 활동의 원동력으로서 야심과 욕망이 모험과 투기성을 조성할 뿐 아니라 의협심과 동정심에 의해 좌강부약(挫强扶弱)하는 성격이 특성이다.

반면에 현금이 떨어지면 실망과 실의에서 수단과 방법을 가리지 않는 편법으로 사기·횡령·도박·증권·절도 등 온갖 사회악을 조성하기도 한다. 욕재는 배금사상과 황금만능의 기세를 생의 최고가치로 삼고 있는 까닭에 부호나 권리 앞에서는 자존심을 버리고 굴종하여 비굴해지는 것이 특성이다. 황금을 위해서라면 어린 아이에게까지 절을 하고 아부하며 이익을 위해서는 자존심, 체면, 예의나 도덕을 버리고 수단과 방법을 가리지 아니하며 부정과 모리에 앞장 선다. 이익을 목적으로 한 교제에 있어서는 후(厚)하고 일반적인 사교상 거래에서는 인색하다.

그러나 금전의 위력을 과시할 때나 약자에게 동정을 베풀 때는 주저하지 아니하고 희생도 감수한다. 때로는 자신의 사생활을 위해 검소하고도 근면하며 소탈한 것이 또한 특성이다.

적은 돈은 과소평가하고 하찮게 여기는 편이다. 큰 재물이나 큰 돈에만 관심을 가지며 항상 큰 것만을 취하고자 하는 과욕 때문에 사업에서의 실패가 빈번하여 불안과 불만에서 헤어나지 못한다.

(2) 편재 참조

편재는 강제성·투기성·모험성·의협심·의도(義盜)성·도박성·낭비성·부정·횡취심·경쟁심·방탕성·도벽성·사기성·과장성·이권탐욕·재궁실망(財窮失望)·실의염세·다행요행심(多幸僥倖心)·과대망상 등이며, 이 밖의 작용으로는 주로 투기성에 따라 일확천금코자 하는 경제성이나 광산·어업·증권·경마·부동산·매점독점(買占獨占)·밀수·부정수뢰(不正受賂)·부정대출·이권개입·부정불하·오락·복권·축첩·가출·선심·희사(喜捨)·엽색(獵色) 등이다.

※ 甲의 주체가 戊년을 만나면 편재가 된다. 특히 태세(太歲)는 신성불가침의 원칙에 따라 재화(財貨)를 취득하기 앞서 상역(上逆)이나 이신벌군(以臣伐君), 항명(抗命) 등 충돌로 인한 죄를 받아야 하는 견책이 있다. 이때 상역을 하지 못하게 하는 제어장치가 있을 경우는 오히려 횡재한다.

(3) 편재의 배속
① 인사

○남 : 부(父)·백부(伯父)·고모·첩·투기사업·무역업자·대기업가·현금예금수령자·증권대주주·광산·밀수·도박자

○여 : 부(父)·시모·아버지 형제, 이외는 남과 동(同)

② 사물 : 현금·금은보석·유산·천연자원·증권·복권·부친의 재산·첩의 재산·각종 투기 사업장·오락장

③ 학문 : 경제학·재정학·무역학·사회학·사회사업학·토목·조선산업·건축·금속·기계·자원·공학·부동산학·화폐론

(4) 명위

① 연주 편재 : 부(父) 또는 부의 형제, 선대의 유산

② 월주 편재 : 부 또는 부의 형제, 선대의 유산, 충(冲)·형(刑)·파(破)되면 부친의 사업 실패, 낭비벽, 부의 유고

③ 일좌 편재 : 부친과의 인연이 깊고 장자 또는 장자 대행하고 재화에 인연 좋고, 애처가이며 정재가 있으면 의처증에 첩을 더 사랑한다.

④시상 편재 : 남자는 재혼을 하거나 첩을 거느리고 여인을 다수 접촉한다. 편재가 시상 일위(一位)에 생왕하면 재화나 권위의 귀인이 된다.

(5) 편재가 원명에 있을 때

① 취욕(取欲 : 物慾을 취함)의 원리에 의하여 과감한 투기성으로 탐욕이 발동하여 재물이나 여색을 취하고자 하는 야욕이 생겨 매사에 능동적인 활동을 하게 된다.

② 일확천금코자 하는 모험성과 투기성, 그리고 요행심리로 도박성이 따른다. 따라서 과욕과 의협심으로 진취성을 불러 일으켜 활동을 하게 된다.

③ 어렸을 때에는 부친의 덕으로 성패를 가늠하며 성장해선 엉뚱한 물욕이 생겨 모험성을 띤 투기사업에 관심을 갖게 되어 학업에 지장을 초래한다.

④ 일찍부터 돈과 여색을 탐하여 돈을 잘 쓰는 낭비벽으로 부모와 충돌을 일으켜 학업을 등한시하고 타락하는 수가 있다.

⑤ 편재가 정당하게 정립된 사주는 재계의 중진이 되거나 대업을 수임할 수 있는 인물이 된다.

⑥ 편재가 사용되면 기업체나 실업계통으로 진출한다. 재경(財經)과 기업이 천부적인 인연이므로 공직이나 봉급생활은 거의 어렵다.

⑦ 여자는 손이 크고 너그러우며 살림을 잘 한다. 그러나 금전거래상의 실패로 가정불화를 일으켜 불우한 경우가 생기는 수도 있다.

⑧ 남자는 재혼할 위험성이 있고 외정(外情), 외도(外道)가 항상 의식의 주위를 맴도는 성격이므로 이를 조심하여야 한다.

⑨ 직장인의 경우 윗사람의 통제를 받지 않으면 금전사고를 일으킬 수 있다(물욕이 많은 성격임으로 해서).

(6) 대운에서 편재가 올 때

① 재물과 권위에 욕심이 생겨 사소한 돈은 안중에도 없으며 일확천금코자 하는 욕심으로 매사를 추진한다. 이때 남녀간에 모두 배짱이 생긴다.

② 소상인은 기업을 꿈꾸며 학자나 종교인까지도 욕심에 사로잡혀 금전은 물론 여색에까지 접근하는 수가 있다.

③ 일반적으로 횡재(요행심)와 여색에 인연이 생겨 투기사업이나 외정을 추구하는 경우가 많다. 이에 증권·복권·경마·부동산투기·도박성 있는 거래에 참여한다.

④ 직장인은 보직이 재정에 관계 있는 자리로 전보되거나 뇌물과 불법 취리(取利)에 관계 있는 직책으로 가게 되는데, 이때 여색에 특별히 조심해야 된다.

⑤ 사업가나 상인으로서는 최고의 해다. 의외의 횡재수가 있거나 경기 상승으로 대성을 도모한다.

⑥ 학생은 공부보다 돈에 관심이 있어 쓰고자 하는 낭비벽이 생길 뿐 아니라 여자와의 교제나 오락에 빠져 타락할 염려가 있다.

⑦ 주부는 마음과 배짱이 커져 물욕이 생기고 부동산투기, 계조직 및 고리대금업이나 증권투자, 도박 등에 참여할 수 있다. 이로 인하여 가정불화가 유발된다.

⑧ 성년 남자는 이성과의 교제가 자주 생긴다. 또한 변칙적인 애정이 강력하게 다가와 결혼에 고민하는 수가 있다(양손에 떡을 쥔 격).

⑨ 돈을 많이 벌어 오래 된 고질병을 고치거나 부친의 도움으로 고통을 면하게 되는 수도 있다.

(7) 세운에서 편재가 올 때

① 부모나 상사와 충돌할 수 있고, 의외의 횡재수도 있다. 그러나 충돌, 충격(교통사고)이 있을 수 있다.

② 공직자는 직속상관이나 최고 책임자와 의견충돌로 인하여 불편한 관계가 되거나 퇴직하는 수가 있다. 이권관계, 재물관계로 생기는 일 등이다.

③ 일반적으로 투기성 있는 밀수·증권·경마·도박 등 법령을 어기는 범법행위가 생기거나 각종 충돌사고·낙상·질병 등이 일어난다.

④ 사업가나 상인에게는 이권이나 영업상 의외의 횡재가 생겨 큰 재산의 증식을 도모할 수 있다. 투기사업이나 여색에 빠지게 되면 재수가 막혀 횡재수가 무위로 돌아간다.

⑤ 남자는 잠시 부인과 이별하거나 아니면 처궁에 질병이나 재산상 손해를 볼 수 있다.

⑥ 주부는 남편과 불화가 생기거나 부친이나 시부모 사이에 충돌로 불편한 관계가 되거나 아니면 의외의 횡재수가 있다.

⑦ 학생은 부모에 반항하지 않으면 선생이나 상급생에게 불손한 언행으로 화를 입는 수가 있다. 남학생은 이성과의 교제로 낭비벽이 따

르고 학업은 부진해진다.

⑧ 성년 남자는 여자와의 갑작스런 교제로 일어나는 충격이 있을 수 있고 여자는 웃어른과의 대립으로 결혼에 지장이 생긴다.

(8) 편재가 월에서 올 때

① 일반적으로 의외의 횡재가 있거나 재물이 생겨 투기성 있는 금전거래에 관계하는 수가 있다.

② 직장인은 상사와 다소의 불화는 있으나 의외의 횡재가 생길 수 있다.

③ 사업가나 상인은 부진하다가 호경기를 누리고 실수입이 늘어난다. 여색은 금물이다.

④ 남자는 변칙적인 애정(外情)이 생길 수 있고 이로 인해 가정불화가 일어나므로 조심해야 한다.

⑤ 학생은 부모 외의 친척이나 웃어른들로부터 돈이 생기는 수가 있음으로 하여 공부에 지장을 초래한다.

⑥ 여자는 정상수입 이외에 횡재수가 있으며 때로는 임시변통하는 금전일 수도 있다.

⑦ 성년 남자는 여자와의 교제를 하나 성립되기는 어렵고, 여자는 금전거래 관계로 남자와의 인연이 생길 수 있다.

〔6〕 정재〔正得〕

(1) 정재의 특성

정재의 본성은 정당한 취욕이다. 우주만물의 상호인력의 원리가 정재의 원리와 같다고 했으며 그 특성은 우주순환운동이 지극히 정확한 것과 같이 지공무사(至公無私)한 정확성에 있다.

또한 우주운동이 항구성을 지니고 있는 것과 같이 정재의 원리에 따른 결과도 항구성을 지니고 있는 것이 특성인 까닭에 남자가 여자를 향해 갖는 본능적인 애정이 곧 인간을 항구적으로 존속시킬 수 있는 특성임에 틀림없다. 즉 생활을 위해 한 톨의 쌀알, 일전(一錢)의 돈도 소중하고 귀하게 생각하는 애착심이 바로 정재의 원리이다.

강제성을 띤 취욕 수단인 욕재에 반해 정재는 합법적이고 합리적인 취득작용인 까닭에 정득(正得)이라고 했다. 이것은 수입의 원천이 정당한 노력의 대가인 까닭에 검소와 절약으로 용전(用錢)이나 비전(費錢)에 인색한 반면 축적하는 특성에 의해 저축함으로써 재벌이 되어 부를 누리는 수가 있는가 하면 그 재산이 대를 계승해 사회와 후손에게 공헌할 수도 있다.

정재는 인내성과 집착력과 지구력이 강해 시종일관 집념을 가지고 노력하며 가급적이면 고정된 수입으로 안정된 기본 생활에 정착하는 것이 특성이다. 여기에서 부모에게 효도하고 국가에 충성하는 바탕이 이루어지며 정확한 신용도와 피나는 노력을 생의 가치와 지상의 사명으로 생각한다. 화려한 낭비생활과 분수에 넘치는 사치생활, 허례허식과 허영 등을 배격하며 매사에 실리적인 실용생활을 추구하고 소탈하고도 보수적인 관념이 또한 특성이다.

실천력이 강하고 이익을 목적으로 하는 일에는 끈질기게 노력하는 지속적인 성품을 보이며 물질에의 애착으로 보관이나 관리 등에 세심한 주의를 기울여 아껴쓰고 영구보전코자 하는 성품도 있다.

(2) 정재 참조

정재의 특성이 정의심·양심·도덕심·예의, 대의 명분에 입각한 희생정신 등의 바탕을 이루고 있다. 즉 성실·근면·근무·봉사·연구·근로·직무·사물애착·정당취욕·노력진취·충효, 생활안정·매매·현금거래·절약·타산·검약·수전노·신용·정확·성욕·성행위·연애·결혼·지속·인내·저축·준법·약속·실천·적소성대(積少成大)·

일상생활 취사(取事) 등이다.

(3) 정재의 배속

① 인사

○남 : 정처·애인(첩)·고모·삼촌·금융인·현금출납자(각 직장의 경리)·사세직(司稅職) 종사자·현금소지자·증권가 고리대금업자·보험인·사업가·상인·부자·은행가·계리사·회계사·세무사

○여 : 백부·고모·삼촌·시모·이외는 남과 동(同).

② 사물 : 공기·음료수·자연의 정상적인 취물(取物), 현금·재화·보석·유가 증권·재산·물자·세금·채권·통장·상품(현금화가 가능한)·금융업체·각급기관의 경리부·은행·세무서·월급·처가집·여성단체·곡식·정상(정당)으로 얻어지는 재물 등.

③ 학문 : 경제학·재정학·경리학·세정학(稅政學)·계리학·통계학·국어·수학·역사 등, 경영학·통화론(通貨論)·상법·채무법·성연구학(性研究學)·여성문제연구론·애정론·근로문제연구론·실학(實學) 등.

(4) 명위

① 연상 정재 : 처(妻 : 早年 娶婚), 선조유산 또는 경제부유, 고모·삼촌·백부

② 월상 정재 : 처·고모·숙부·백부·유산·부모 경제안정〔財貨〕

③ 일좌 정재 : 처·고모·숙모·매부·예금·보관금 소지자

④ 시상 정재 : 처·처제·처의 형제·유산·자녀·배우자·학자금·자녀가 정직 성실하고 부부 만년 해로한다.

(5) 명위에 정재가 있을 때

① 매사에 근면 성실하고 집념과 신용이 투철하며 정당한 노력의 대

가만을 추구하는 특성이 있다. 경제와 사물에 애착심이 강하고 능동적인 활동과 실리 생활을 위주로 하여 저축·검소·정확·인색함이 지나쳐 원만하지 못하다는 평가도 받을 수 있다.

② 사람으로서의 정도를 걸어가면서 성실·검소·저축·적금 등으로 재산을 늘리는 알찬 생활을 근본으로 한다.

③ 경제계통의 행정직이나 교통계통의 직장에 인연이 있다. 일정한 고정수입으로 만족하며 안정된 생활을 원한다.

④ 사고나 의식이 건전하고 약속과 신용에 투철하며 실리와 타산에도 분명한 거래를 한다. 주로 상업이나 사업에 인연이 있으며 안전한 기반을 구축한 연후에 기업을 확장하는 식으로 빈틈없는 경영을 함으로써 대성을 기한다.

⑤ 남자는 처덕이 있으며 애처가로 가정에 충실하다. 여자도 살림살이가 알뜰하고 남편과 자녀 중심으로 생활하며 현모양처의 표본이다.

⑥ 학생은 모범생으로 성적이 우수한데 머리가 좋다기보다 집념이 강한 노력형이다. 사고와 추리로써 매사를 정확히 판단함으로써 실수를 범하지 않으려고 노력한다.

(6) 정재가 대운에서 올 때

① 생활에 안정을 기할 수 있는 조건과 환경이 이루어지며 근면 성실한 노력과 실리를 목표로 생활하게 된다.

② 우선 취업(취직이나 영업)으로 가정의 안전을 기하며 적소성대하는 생활을 이루며 타의 모범이 되고 정당한 보수나 이익으로 적금이나 현금이용 등에 관심을 갖는다.

③ 사업가와 상인은 신용과 약속을 신조로 사업을 경영하므로 기업의 성공률이 높다.

④ 남자는 주로 현금과 여자가 인연이 되어 혼기에 들면 양처(養妻)를 만난다.

⑤ 여자는 주로 현금에 인연이 되어 취업이나 현금거래(계·은행이자·돈놀이·부동산 투기)로 재산을 늘린다.

⑥ 직장인은 현금이나 재무 관계나 진급·영전 등으로 인해 보수가 오른다.

⑦ 학생은 꾸준성으로 성적이 오르고 추리·판단력이 강해진다.

(7) 정재가 세운에서 올 때

① 현금과 애정(남자)에 인연이 있고 근면과 성실, 능동적인 활동이 된다.

② 사업가나 상인은 확장운이 된다.

③ 직장인은 타의 모범이 되는 상명하복의 착실한 자세로써 승진될 수 있다.

④ 남자는 결혼시기이다.

⑤ 여성은 절약과 저축으로 재산을 늘린다.

⑥ 학생은 인내와 성실, 근면으로 실력을 향상시킨다.

(8) 정재가 월에서 올 때

① 재물과 애정에 인연이 있어서 정상적인 수입 이외의 부수입이 생긴다.

② 직장인은 신용과 성실을 인정받아 수당을 받거나 진급 가능성이 보인다.

③ 사업가는 확장 또는 이전이 따른다.

④ 남자는 결혼의 달이다.

⑤ 학생은 이성교제가 있을 수 있고, 실력 향상, 시험 등에 좋은 성적을 얻는다.

〔7〕 칠살〔强權〕

(1) 칠살의 특성

칠살의 특성은 객관적인 상대로부터 받는 강제적인 억압과 부담, 의무의 공격인 까닭에 이것을 감당하기 위해 스스로 책임의식이 우러난다. 책임감에서 용기와 과단성이 생기며 때로는 의협심에 흉포한 투지와 인내, 자비와 희생과 봉사정신이 따르고 권위의식과 명예욕이 뒤따른다. 따라서 성정(性情)은 침착하고 엄숙하며 근중하게 처세케 되어 마침내 사회적으로 충직하고 용감하며 진실하다고 인정받는다. 그러나 칠살이 과강하게 작용했을 때는 공포와 위축 그리고 내성적인 경향이 두드러지게 표현된다.

이와 같이 외부로부터 받는 자극이나 공격에 대처하기 위한 성정이므로 주로 수세형(守勢形)에서 공격형으로 성정이 발전하는 까닭에 과묵한데다 무언실천(無言實踐)하는 성품을 지니고 있다.

또한 좌강부약(挫强扶弱)하는 의협심에서 어려운 일에는 책임지고 앞장 서는 특성이 있으며 의로운 일에는 신명을 다 바쳐 충성심을 앞세워 희생과 봉사를 자처하는 무관(武官)의 대표적 성격이다.

적에 대항하기 위해 때로는 잔인하고 포악하며 유사시에는 맹렬한 공격으로 승세맹진(乘勢盲進)한다. 이와 같이 이루어지는 행위와 작용은 극과 극에서 나타나는 경우가 허다하다.

예를 들어 견디기 어려울 정도의 가난으로 무서운 고통 속에서 고생하는 노동자가 있는 반면에 백만대군을 거느리는 지휘관인 고급장성으로 권위와 명예를 누리는 사람도 칠살에서 이루어지는 작용으로 그 차가 심한 것도 특성이다.

(2) 칠살 참조

근로와 노동, 노력과 의무, 권위와 책임, 병력의 의무인 군복무,

상명하복, 국가에의 충성, 군기확립, 강제적 승복, 인고단련, 납세의무의 부담, 체납의 독촉과 차압, 과세과중, 연대보증에 따른 책임이행, 기타 일반적인 명령과 복종, 통솔과 기압, 억압과 구속, 득세와 권력, 압박과 공포, 인내와 무언, 묵묵실천과 확장, 긴장과 주의, 준법과 충효, 감금과 확대, 재판과 선고, 관형(官刑)과 복역, 구설과 구타, 폭행과 투쟁, 상해와 피격, 기갈과 위축, 긴축과 동결, 긴급배치와 계엄령, 전쟁과 파괴, 부자유와 억압, 부진과 불성, 패망과 절망, 고극(孤魁)과 사망 등이 특성으로 작용된다.

(3) 칠살의 배속

① 인사

○남 : 자녀 · 외조모 · 조카 · 군인 · 경찰 · 법관 · 형무관 · 수사관 · 민의원 · 감사관 · 세관원 · 정보원 · 실권자 · 기관원 · 집달원 · 책임자 · 수위 · 경비원 · 노무자 · 노동자 · 흉포인 · 도둑 · 죄인 · 환자 · 시체

○여 : 남편 · 정부 · 형부 · 시숙 · 제부

② 인체

○남 : 생식기능

○여 : 애정 · 감수기능

③ 사물 : 폭염 · 폭서 · 혹한 · 태풍 · 홍수 · 해일 · 무기 · 흉기 · 타봉 · 노동기구 · 도인지물(刀刃之物) · 자침 · 위험물 · 고문기구 · 구속영장 · 소환장 · 고소장 · 군인소집영장 · 차압집행영장 · 세금고지서 · 각종 채무증서 · 사법부 · 국방부 · 입법부 · 법원 · 검찰청 · 세무서 · 경찰서 · 세관 · 정보기관 · 군수사대 · 형무소 · 병원 · 군부대 · 강제수용소 · 노동청 · 집단농장 · 공사장 · 전쟁(일선) · 경비초소 · 수위실

④ 학문 : 형법 · 국방과학 · 군사학 · 노동문제연구 · 청소년 문제 선도 등에 관한 학문, 의학 · 질병의학 · 병균학 · 세정학

(4) 명위

① 연상 칠살 : 세덕부살 조생자녀(歲德扶殺 早生子女), 부모에 무조건 복종, 여자는 일찍 연애하거나 결혼, 남자는 장자의 출산을 의미한다.

② 월상 칠살 : 월에 양인이 같이 있으면 아버지는 있고 어머니가 없으며 월중에 살을 만나고 삼형(三刑)하면 어머니는 있고 아버지가 없다. 남자는 자녀이고 여자는 남편이나 다른 남자(정부)와의 관계를 말한다.

③ 일좌 칠살 : 남자는 자녀를 사랑하고 귀하게 여기며 점잖고 신중하고 말이 별로 없는 편이다. 여자는 남편을 최선으로 여기며 사랑을 받는다.

④ 시대 칠살 : 남자는 자녀가 정상적이고 여자는 정부를 두거나 재혼을 하거나 늦게 결혼해야 한다. 그러나 사주 중 칠살이 시대에 하나만 있으면 시상일귀격이라고 하여 귀한 자식[貴子]을 두고 말년에 복이 많다.

(5) 건강과 질병

칠살은 고통과 질병, 재난을 주는 가장 무서운 별이다. 아픔으로 인한 고통과 상해는 물론 극도에 이르면 사망까지 당한다.

어린시절에는 잔질로 여러 번 사경을 헤매야 하며 노년기에는 흔히 질병으로 인해 사망하거나 어려운 고비를 당한다.

질병은 빈혈·고혈압·저혈압·졸도·두통·한열·염증·낙상·탈기·타박상·구타상·차사고·충돌사고·외부감염으로 인한 질병(의칭)

관형으로 인한 공포, 놀람, 사물로 인한 공포증, 허약, 우울증, 채무로 인한 번민이나 자살, 상심(어린시절에는 경기, 간질병, 노년에는 빈혈, 고혈압), 과식·과음·무리인내(無理忍耐)

(6) 칠살의 작용 참조

① 좋은 점 : 신왕하고(통근·착근·인수＝知慧) 합살(合殺 : 부하를 얻는다. 一名 化殺), 식신제살(食神制殺 : 무기·장비), 양인(羊刃 : 무기·총탄)의 책임을 맡아 권위직으로 살권(殺權)을 행사한다. 비겁적살(敵殺)＝ 군중친지(群衆親知)

② 나쁜 점 : 신약(의타할 곳이 없음), 재생조살(財生助殺 : 돈이 칠살을 강하게 함), 관살, 오귀(五鬼), 관살혼잡(官殺混雜), 형충(刑沖), 동살(動殺), 입묘(入墓).

칠살이 시상일위(一位)는 귀격(貴格)이며 천원좌살(天元座殺)하면 발복한다.

※ 칠살을 편관, 오귀, 장성(將星), 고극성(孤極星)이라고도 한다.

(7) 원명에 칠살이 있을 때

① 권위의식과 의협심에서 앞장을 선다는 용감한 기질이 생긴다. 본인이 희생함으로써 국가사회에 투신코자 하는 마음이 있으며 가난과 고통에 처해 있는 사람을 구제하는 데 힘쓴다.

② 명예와 권위 그리고 책임과 사명감에서 신명을 바쳐 공을 세워 훈장을 받는 것 등을 삶의 보람으로 삼는다.

③ 군인이나 법관과 같은 권위직을 원하며 집권의식과 충성심에서 국가치정(治政)에 참여코자 하는 잠재의식이 내재되어 있다.

④ 직장은 권위직이 적성이나 사주에서 칠살을 감당할 수 없을 때에 평생 동안 고통을 면치 못하는 노동생활을 하며 단명과 고질병으로 고생한다.

⑤ 사업가나 상인에게는 칠살이 이롭지 못하다. 항상 사업의 확장이나 경영부진 또는 세금이나 채무독촉으로 고전을 면키 어렵다. 칠살을 감당치 못할 때에는 직장생활이 좋다.

⑥ 남자는 대체적으로 직장에서 중요한 직책을 맡아 업무과다로 분

주하다.

⑦ 질병과 관형지액(官刑之厄)의 불씨를 품고 있다. 어린시절에는 잔병으로 사경을 헤매게 되는 수가 많다.

⑧ 여자는 정관이 있는데 칠살이 있으면 정부(情夫)를 보게 되거나 재혼할 위험이 따른다. 이때 직장을 가져 외부 활동을 하면 면한다.

(8) 대운에서 칠살이 올 때

① 관재구설, 언쟁시비, 공격을 당해 받게 되는 피해나 상처 등 각종 사고가 따라다니며 질병을 조심해야 한다. 의협심과 영웅심리가 발동하여 희생을 당하는 수가 있다.

② 직장은 군인이나 권위직을 원하며 정치투쟁이나 정당사회단체의 활동이나 별정직, 공무원 등의 공직이 적성이다.

③ 매사에 권위의식과 명예욕부터 앞서서 고통과 위험을 무릅쓰고 선두에 나선다.

④ 사업가나 상인은 영업부진과 무리한 확장으로 어려움을 당하고 관형지액이나 이사를 자주 하게 된다.

⑤ 공무원이나 직장인은 중요한 직책을 맡는 반면에 과다업무로 시달림을 받게 되며 대우도 만족치 못하다.

⑥ 질병이나 외부 상처를 입기 쉬우며 수술이나 절단 등의 위험이 따른다.

⑦ 남자는 군에 입대하거나 구설수로 시련을 겪게 된다. 또는 각종 시험에 합격과 자녀 출산 등으로 가장으로서의 책임이 무거워진다.

⑧ 가난과 고통에 시달리며 질병 등 생사의 기로가 있다.

⑨ 여자는 정관이 원명에 있으면 정부나 질병으로 고통을 당하며, 미혼여성은 강압적인 결혼을 하는 수가 있다.

⑩ 학생은 가정이 어려워지거나 질병으로 공부가 부진하거나 퇴학하는 수가 있고 시험응시에 어려움을 겪는다.

(9) 세운에서 칠살이 올 때

① 관재구설과 송쟁(訟爭) 또는 외상(外傷), 질병 등을 조심해야 한다. 또한 업무과다로 질병이 오는 수도 있다.

② 직장인은 중책을 맡게 되거나 진급이 되거나 전보되는 수도 있다. 그러나 과다한 책임과 업무로 시달리며 상명하복하는 일로 관재구설, 형액 또는 질병으로 고통을 받게 된다.

③ 사업가나 상인은 경영부진에다 채무증가나 세금의 과다 등으로 고전하게 된다. 또는 유가증권이나 사기를 당하는 수도 있고 질병도 조심해야 한다.

④ 학생은 위축된 상태를 풀고 꾸준히 노력하여야 하며 기량을 의외로 발휘할 수도 있다.

⑤ 주부는 외출을 삼가야 하며 외정이 생길 수도 있고, 길이나 골목에서 폭행을 당하거나 질병과 경제난으로 생활난을 겪는다. 여성의 사주에 칠살이 남편일 때는 진급이나 영전이 엿보인다.

⑥ 성년 남자는 군에 입대하거나 시험에 응시할 일이 생긴다. 또는 자녀의 출산이나 진학 등으로 경제적 부담이 늘어난다. 때로는 교제하는 여성이 임신하여 결혼하는 수도 있다.

⑦ 여성은 정열적인 상대방의 구애로 결혼하게 되거나 직장에서 일하거나 가사를 돌보는 사이에 과로로 질병을 얻는 수도 있다.

(10) 월에서 칠살이 올 때

① 의협심이 생겨 부담스럽고 책임지는 일에 앞장 서거나 맹종으로 희생당하는 일이 생긴다.

② 사업가나 상인은 경영이 부진하여 어려움이 따르고 관재 구설수도 일어날 수 있다.

③ 직장인은 업무가 과중하여 야근까지 하게 된다. 상사의 압력을 이겨내면 중책에 진급하거나 타인의 업무까지도 떠맡게 된다.

④ 학생은 위축된 심리로서 공부가 안 된다. 안정된 마음가짐이 필요하다.

⑤ 주부는 남편의 일이 부담스럽거나 관재구설로 심려되는 일과 질병 아니면 외정의 유혹 등으로 심신이 불안하다.

⑥ 성년 여성은 결혼을 강요당하거나 급속적인 구애로 결혼하는 수가 있다. 남성은 군입대나 직장관계로 결혼이 지연되거나 교제하는 여성이 임신하여 부득이 결혼하는 수가 있다.

〔8〕 정관〔正法〕

(1) 정관의 특성

인간의 생활은 시종(始終) 질서와 규범 속에 영위되고 있다. 생태계의 위계질서인 부모와 자녀라는 천륜과 사회조직상 필수불가결한 통치자와 국민 등은 억고불변(億古不變)하는 질서이며 사람들이 아침이면 일어나고 식사 후 각자의 일터로 나가 활동하는 것이 하루의 생활 질서이다.

일상 생활에 있어서 윤리와 도덕을 지키고 예의와 법을 준수하며 각자 맡은 소임을 충실히 실행하는 일이 질서를 유지하고 사회를 영위하는 일이다. 이렇게 인간생활의 기강(紀綱)이 되는 모든 규범이 정관의 특성이다.

준법정신과 책임감이 투철하며 명예욕이 따른 사상과 공정무사한 결백성과 정의감과 의협심에서 부정과 부패를 척결하여 질서와 기강을 확립하여 상명하종하여 관기(官紀)를 존중하고 충성심과 공익정신, 관료적 공명심과 권위의식, 우월감과 강직성, 자존심과 체통 등은 모두 정관의 특성이다.

매사 판단과 관찰, 시행적응, 결과에 있어서 정확하며 약간의 보수적 사상과 명예나 체통을 앞세워 가문의 명성과 일신의 영달을 위해

치중하는 것도 정관의 특성이다.

특히 범법행위를 혐오하고 규율을 지키지 않거나 공부를 못하거나 적당히 부정으로 처세코자 하는 사람을 멸시하며 실력을 토대로 하여 독선적 지배의식을 가지고 제압 통솔코자 한다.

물질적 우세를 배격하며 명예욕과 입신양명하는 출세욕이 보다 앞서는 까닭에 어린시절에는 학교 성적에 치중해 열심히 공부하며 돈보다 위신과 자존심을 내세워 명예를 손상케 하는 일에는 결사코 항거하며 치명적 오욕으로 생각하는 것이 특성이다.

(2) 정관 참조

여자의 심명공식(사주)에는 남편이라는 존재가 제일 소중한 까닭에 여자는 우선 관성(官星)의 기세(氣勢) 여부부터 살펴야 한다. 관성은 애정이요, 남성에 대한 존경심이자 부부생활의 즐거움인 까닭에 이를 중시해야 한다.

정관은 충효·공정무사·청렴결백·준법수례정신·정의명분·상명하복·솔선수범·일벌백계·정치지도·행치지도·행정명령·공무집행·귀기총애(貴氣寵愛)·공임냉정(公臨冷靜)·입신정신·책임존중·명예·욕망·자율자제(自律自制)·진급천직(進級薦職)·수임중책(受任重責)·책임완수·성적우수·취직시험합격·공인·관인·관허·관공서 수속관계 일체 성립·공무집행·공사처리(公事處理)·명성양명(名聲揚名 : 신문방송 등)

(3) 정관배속

① 인사

○남 : 자녀(女)·조카·외조모·행정관리·기타 공직원·회사·사(私)기업에 종사하는 직장인

○여 : 부군(夫君)·남자·애인·형부·제부·이외 남과 동일

② 사물 : 자연의 운기(正氣), 자연의 인력(統制力·調和力), 한랭의 조절, 공기 중의 산소(O_2)는 재관(財官)에 해당함. 단 관(官)은 탄산가스(CO_2)를 배출해 인간의 호흡조절을 해주는 작용을 함. 공문서·자격증·주민등록증·각종 관허문서·호적·발령장·임명장·영주권·선거권·행정부처·기타 직장

③ 학문 : 국어·영어·수학·사회학(사학)·철학·법학·행정학·정치학·상법·민법

④ 질병 : 오관(五官)·혈관·두부(頭部)·생식기계통·수족 신경질환·오장(五臟) 기능질환

(4) 명위

① 연상 정관 : 장자·조생자녀(早生子女), 일찍 시집간다. 일찍 사회활동을 하며 공직자가 많다. 조상의 업을 계승한다. 정통파(正統派)

② 월상 정관 : 차녀, 부친은 공직자, 남편은 공직. 월급, 형제 명예위주

③ 일좌 정관 : 공직자, 처직업, 효자, 책임과 명예를 중하게 여기는 사람. 처는 어질다. 여자는 어질고 남편 사랑 중요시

④ 시주 정관 : 귀자녀(貴子女). 자녀는 영달하고 공직자는 늦게까지 공직생활을 한다.

(5) 원명에 정관이 있을 때

① 명예와 권위, 정의와 공익, 충성과 효도, 집권과 정치, 공정과 무사 등의 마음으로 정도(正道)로 사는 것을 생의 신조로 한다.

② 관료주의 성격과 실력을 바탕으로 입신양명하여 부정과 부패를 척결하고 청렴결백하게 사는 것을 보람으로 안다. 그러므로 꾸준히 노력하여 뜻을 이룬다.

③ 매사에 신중을 기하므로 신임을 받고, 고급관리로서의 책임을 수행한다.

④ 공적인 일에는 일이 순조롭게 진행되며 무난히 공직의 녹(祿)을 취득한다.

⑤ 여자는 남편덕과 애정이 원만하여 부부생활에 만족한다.

⑥ 사업가나 상인도 항상 관공서와 공적인 유대로 특혜를 받아 이익을 도모한다.

⑦ 학창시절은 공부를 잘 하며 각종 시험에 합격한다.

⑧ 차녀라도 장자의 역할을 하게 되고 가문과 국가, 공공단체의 번영을 염원하게 되며 그런 길로 처세한다.

(6) 대운에서 정관이 올 때

① 관공서를 비롯해 공공기관과의 관계가 이루어진다. 놀고 있던 자는 취직 및 취업이 되고 직장인은 승진 등의 경사가 있다.

② 정부 및 공공기관과의 인연이 닿아 이권을 얻거나 각종 시험 등에 합격하거나 이름이 널리 알려진다.

③ 아우나 형과 이별하는 일이 생기거나 본인의 실력으로 가문의 전통을 빛내거나 자신의 출세도 기약할 수 있다.

. ④ 사업가나 상인은 정부의 시책이나 시대성에 맞추어 업종이나 품종을 생산 개발하여 관이나 공공기관과 거래함으로써 이득을 얻거나 수의계약 또는 납품, 불하 등의 특혜를 받는다.

⑤ 학생은 공부를 잘 해서 각종 시험에 합격한다.

⑥ 주부는 남편의 출세나 진급 등으로 기쁨을 맛본다.

⑦ 미혼여성은 좋은 남성을 만나 결혼한다. 남자는 자녀를 보게 되거나 성공 및 공적 배경의 보호를 받아 근면 성실한 생활을 하게 된다.

(7) 세운에서 정관이 올 때

① 정부나 공공기관에 참여하는 일이 생기거나 이권이나 명리에 관한 일이 이루어질 수 있다.

② 일반인은 취직이나 취업, 각종 시험에 합격된다.

③ 관공서를 상대로 한 허가를 얻거나 자격증 취득 등의 승인이 순조롭게 이루어진다.

④ 의외의 명예스러운 일이 생기거나 귀인을 만나 공적인 미해결 사건 등이 해결된다.

⑤ 직장인은 업무상 능률을 올려 승진, 영전 등의 기쁨이 있다.

⑥ 학생은 학업성적이 좋아 입시 및 각종 시험에 합격된다.

⑦ 주부는 남편의 승진, 영전으로 기쁨을 느낀다.

⑧ 미혼여성은 결혼하게 될 것이요, 일반가정은 자녀 출산 및 행복이 넘친다.

(8) 정관이 월에서 올 때

① 명예와 이권이 따른다. 공적인 배경으로 대소사를 막론하고 덕을 입을 수 있다.

② 각종 시험, 허가·인가·등록 등에 기쁨과 허락이 온다.

③ 사업 및 상업을 하는 사람은 공적 배경의 도움으로 은행 융자나 세금 및 각종 혜택을 받을 수 있으며 특히 정부의 시책에 발 맞추어 병행하면 이익이 따른다.

④ 공직자는 영전, 승진의 기쁨, 공로로 표창 등을 받는다.

⑤ 학생은 성적이 좋아 입시에 합격한다.

⑥ 주부는 남편이 직장, 업소 등에서 진급이나 이득을 얻는 경사가 있다.

⑦ 미혼여성은 교제하는 남성이 생겨 결혼까지 연결될 수 있다.

〔9〕 편인〔變機〕

(1) 편인의 특성

편인은 올빼미〔梟鳥〕나 계모에 비유해 추리한 원리가 가장 적합하게 부합한다. 매사에 있어서 변칙적인 괴이지사나 변화불측(變化不測)한 변태성을 특성이라 할 수 있다.

권태감이 생기는 일이나 난사(難事)를 회피하고 비열한 방법으로 임기응변과 권모술수로써 처세하거나 기민한 지략으로 모리를 도모코자 하나 호사다마로 유시무종(有始無終), 사다불성(事多不成)하는 일이 또한 특성이다. 또한 실리면에서는 반드시 방해가 생겨 시작은 좋으나 끝에는 망하고 만다(始盛無敗). 인기와 외도, 오락과 잡기 면에는 다능하나 성공하는 것은 별로 없다. 의심과 망설임, 불안과 초조, 권태와 변심, 탐식과 편식, 공상과 가상의 특성을 지니고 있으며, 인기를 위주로 한 선전이나 비밀을 간직한 탐색 등에 따라 교육·문화·종교·인술(仁術)·예능 등 부문은 물론 탐정·정보·취재·수사 등에도 특성을 발휘한다.

(2) 편인 참조

첫째, 귀중한 식신(食神)을 탈식(奪食)한다.

둘째, 재산과 욕망을 극탈(剋奪)하는 겁재(劫財)를 도와준다.

셋째, 권위·명예와 규범을 관장한 정관(正官)을 도탈해 현란케 한다.

넷째, 현금과 재산인 정·편재의 안정을 요동케 하여 재산과 가정에 간접적으로 불안을 조성한다.

효신은 객관적인 생조 작용인 까닭에 주체에 따라 각각 다르다. 주체가 강왕하면 객체가 가의(假意)로 대하기 어려우나 주체가 약할 때는 가의로 상대하게 된다.

효신인 올빼미의 생태가 타동물과는 반대인 까닭에 밤에는 활동하고 낮에는 잠을 자는 데서 효신(편인)작용이 질병으로 나타날 때는 먼저 불면증부터 온다. 밤에는 잠이 오지 않고 낮에 졸리는 현상이 생겨 신경쇠약증이 병발(併發)하며 입맛을 잃어 편식을 하게 되므로 영양 부족이나 소화기 계통에 질환이 발생 합병증이 되어 불면증, 소화기 계통 질환, 감기, 기타 감염이 발생한다.

심리적으로는 계모와 같아 표리부동하여 외면이나 형식적으로는 훌륭하고 좋아 보이나 내면이나 실제로는 독소를 품고 있으며 임기응변, 호도지책(糊塗之策)으로써 넘어가는 사례가 허다하다. 가면을 쓰고 상대하여 사기성이 따르며 소중도리지상(笑中刀裏之象)이다. 감언이설에 현혹되기 쉽다. 그리고 판단착오, 계획과 결과에 차질이 생기며 약속이나 희망에 좌절이 생기며 처음에는 부지런하나 끝에는 권태로 유종의 미를 거두지 못한다.

아침에 생각한 것을 저녁에 바꾸어 버리는 변태심 때문에 모든 일에 변화가 많으며 방해, 착각, 애매와 의혹, 억울한 누명, 모순 등에 함입된다.

항상 진가(眞假)를 분별하기 어려운 생활을 한다. 불안과 초조, 이유없는 불쾌감에 권태증이 생긴다. 편인은 객관적인 생조작용이면서 해를 끼치는 원리에 해당하므로 공기 중 이로운 산소는 정인에 해당하며 편인은 탄산가스와 같은 일산화탄소(CO), 이산화탄소(CO_2), 메탄가스(CH_4) 등에 해당된다.

이 밖에 자연의 혜택인 태양·물·바람·토지 등이 편인의 작용일 때는 천재지변에 해당한다.

편인은 변칙적인 위선·가장·허위·선동적인 인기유인(人氣誘引)·허례·허강(虛講)·권모술수·모략중상·날조·배신·기만 등이 모두 이로부터 기인되는 것이다.

더욱 계모가 사회의 이목이나 남편의 체면이 두려워 형식적으로 아이들을 보살피는 의미나, 혹 최선을 다해서 자녀를 생육한다 할지라도 자녀들이 이를 그대로 받아들이지 아니하고 먼저 의심하거나 이유 없이 반항, 적대감을 품거나 무조건 거부하는 부정적인 사례와 같이 의심과 경계, 혐오와 저주, 초조와 불안이 따른다.

이것은 바로 삼국지에서 조조(曹操)가 자기에게 돼지를 잡아주려고 가는 칼을 자기를 살해하려고 하는 것으로 착각, 의심하여 선량한 주인을 살해한 예와 같은 것이다.

모든 일에 의심, 착각, 실수를 범해 시험볼 때 처음에 옳은 답을 쓰고도 나중에는 의심으로 틀린 것으로 착각하고 고쳐 쓰는 일도 모두 편인으로부터 작용되는 것이다.

편인은 다양한 작용을 하는데 다음과 같다.

특기를 습득(각종 예기, 오락), 교수·인기·선동·선전·배우·작가·비서·연기·이동·변화·정보·취재·의료·최면·안내·기교·친인작별(親人作別)·위약(違約)·기만·괴변·사기·배신·위조·손해·모략·중상·도난·실물·모함·실권(失權)·지연·차질·착각·실수·부진·조령모개(朝令暮改)·도박·유흥·외도·잡기·도둑·소매치기·억울함·울분(배신으로 인한)·인색·용두사미·대실 소득(大失小得)·악습·태만·시비·구설·구타·은반위구(恩反爲仇)·흉몽(凶夢)·건망증·각종 천재지변·증오·위증(憎人)·방정·간사·공포·고독·불효·누명·호사다마·재승덕박(才勝德薄)·박복·단명 등

(3) 편인의 배속
① 인사

○남 : 계모·편모(偏母)·서모(庶母)·조부·아주머니·모친의 형제(外三寸)·이모·각종 기술자·연예인·교육자·배우·작가·비서·의사·점술가·철학가·보도인·각종 오락잡기·상주(喪主)·도박꾼·소매치기·병자·불구자·중독자(아편·대마초·환각제 등)

○여 : 편모·계모·서모·조부·아주머니·시어머니·모친의 형제, 이 외는 남과 같음.

② 인체 : 구규(九竅 : 아홉구멍 ; 耳·目·口·鼻·肛門·尿道)·맹장· 신상반점·상처·곰보

③ 사물 : 천재지변(홍수·화재·낙뢰·폭풍·태풍·해일·지진·혹한서·한발(旱魃)·장마)·괴변·각종 문화예술품, 서화·골동품·오락기구(각종물)·승마·권투 및 각종 운동기구, 악기·카메라·TV·비디오·영화촬영기·도서출판물·각종 광고물·교재·의료기·각종 기계류, 각종 불순물 및 도구, 영구차·오물차·쓰레기통·변소·가스통·표구·병원·학교·학원·문화관·선거유세장·극장·경마장·증권·시장·고아원·양로원·골프장·기원·곡예장·도박장·이발소·미장원·각종 경기장·장의사·상가·산부인과 병원(낙태)·유산 등

④ 학문 : 이공계·교육·예체능·각종 기능기술·공학·의약(치과 포함)·인기위주 학문(영화·연극·음악·체육·미술 등)

(4) 명위

① 연상 편인 : 선조의 명이 끝났다. 유산을 빼앗기었거나 탕진되었다. 어릴 때 재난이 일어나고, 어머니를 잃거나 부친이 첩을 두거나 바람을 피우고 계모나 양부모(養父母)가 있다(원명에 편재가 있으면 작용이 없다. 사주 순양 효신은 상처하거나 자녀 사별 아니면 편재가 운에서 오면 생모 사망수가 있다).

② 월상 편인 : 계모, 양모, 형제가 많으나 고독하다. 편업(기술·교육자·의사·인기업·배우·탤런트·예기능(藝技能)·체육특기) 계통의 직업이 좋다.

③ 일좌 편인 : 편모·계모·남자는 현처를 못얻고 여자는 좋은 남편을 만나지 못하고 덕이 없다. 질병과 사기를 자주 당한다.

④ 시하 편인 : 여자는 자식이 없고, 있어도 병신 자식이고 말년에

고독하게 지낸다.

(5) 건강과 질병

편인은 질병을 끌어온다. 원리상으로는 탈식·겁조(劫助)·탈관(脫官)·살용(殺容)·재릉(財凌) 등의 작용이 곧 질병의 원인이다. 음식물을 섭취해 소화시켜 영양으로 흡수하는 계통질환으로서 신경성비위(脾胃)·대소장(大小腸)·구(口)·치(齒)·아(牙)·설(舌)·식도(食道)·항문(肛門)의 질병·식중독·약물중독·숙체(宿滯)·구토·편식·폭식·결식(缺食)·신수(身瘦) 혹 비대, 신상방어 및 해독기능의 질병, 영양결핍증·빈혈(저·고혈압)·출혈·허약·도한·입맛을 잃는다. 불식(不食 : 유아시는 젖을 토하고, 편식·경기(驚氣)·정신 신경질환으로서 피부병(皮膚病)·알레르기·건망중·불면증·의심초조·사숭(邪崇 : 鬼神病)·잡신감염·간질병·정신이상·착란증·외감(外感)으로 생기는 질환·감기·가스중독·수화상(水火傷)·신상탈기(身上脫氣)·흠점(欠點)·곰보·흉터·악습·유산(流産)·유종(乳腫)·생리병(生理病)·불구질환·교통사고 등이 유발된다.

(6) 편인이 원명에 있을 때

① 예능적인 재질과 취미가 있으며 변태성 심리로 지구력이 부족하다. 권태중이 빠르게 일어나 인내력이 부족한 반면에 영리하고 임기응변에 능한 편이다. 육체의 어느 곳인가에 흉터나 점이 있게 되며 악습이 아니면 각종 신경성 질병을 가지고 있으나 끝을 맺지 못하는 것이 가장 나쁜 악습이다.

② 생일에 효신이 있으면 편업(偏業 : 의사·각종 기사·철학·교수·예능인·연예인 등)을 하는 사람이다.

③ 오락, 도박성이 생겨 복권·증권·경마·바둑·장기·당구·등에 취미를 가지거나 문예 및 연예방면에 특기를 가져 인기가 높은 것

이 특징이다.

④ 일반적으로 고독을 면치 못하며 모든 일이 첫번에 선뜻 되는 일이 없으며 지연되다가 성취되는 경우도 있다.

⑤ 보편적으로 교육적인 심성과 문예적인 방면에 다능하나 변태성이 강하여 이중성격으로 편협적인 사기성과 도박성, 허위성이 있고 때로는 초초, 불안, 감상적이며 공상과 의구심 그리고 착각과 실수 등으로 방해되는 일이 많다.

⑥ 때로는 의외의 괴이한 일을 당하는 수도 있으며 도난·실물·천재지변·배신·사기 등으로 손해를 입게 된다.

⑦ 사업은 절대로 불안하다. 용두사미격으로 마지막에 꼭 실패하게 된다.

⑧ 각종 기능업이나 인기업으로서 교수·문화인·연예인·예술인 등이 적성이다.

⑨ 직업은 주로 이공계와 예·체능계가 적성이며 진학시에 일차 실패하기 쉬우니 각별히 유의하여 착각을 일으키지 않아야 한다.

⑩ 여성은 부부생활이 원만하면 자녀로 인해 고통이 따른다. 사정에 따라 부부가 별거하거나 친가나 시가로 인하여 곤궁하지 않으면 신상에 질액이 따른다. 특히 산모는 유산을 조심해야 하며 산후 조리에도 신경을 써야 한다.

⑪ 항상 이권이나 실리에는 호사다마격으로 무엇인가로 꼭 지장을 받게 된다.

(7) 편인이 대운에서 올 때

① 변동과 괴이한 일로 착각과 배신 등 불안, 초조로 현재까지 해오던 직업이나 신상위치에 자의건 타의건 부득이 변동이 오게 된다.

② 심신에 변화가 일어난다. 이유없는 불안 또는 노이로제로 인하여 신경성 질환이 생기지 않으면 하는 일에 이상이 생겨 배신, 손해, 질

병, 구설 등으로 고통을 당하며 모든 일이 순조롭지 못하다.

③ 사업가나 상인은 경영부진과 종업원의 배신·사기·도난·수표부도, 종업원 사고 등으로 실패가 따른다. 특히 음식, 식품업은 불리하다.

④ 직장인은 직책 여하를 막론하고 변동이 있다. 면직되거나 권태증으로 자의로 물러나거나 좌천, 승진의 기회에서 탈락되거나 수모를 받는다.

⑤ 학생은 마음의 변화로 학업이 부진하고 불안, 초조에서 신경성 질환이나 낭비벽이 생기고, 이에 도벽까지 생겨 가출하여 타락하는 수도 있다.

⑥ 주부는 심경에 변화가 생겨 고통과 허탈감으로 이유없는 불안, 초조, 공포감과 슬픔에 사로잡히는 등 삶에 회의를 느끼며 자녀를 미워하는 병 아닌 병으로 심신(心神) 피로의 병을 앓을 수도 있다. 때로는 자녀의 질병이나 작별, 금전의 손실, 남편의 배신 등이 따른다.

⑦ 혼기의 남녀는 결혼이 어려우며 교제를 잘 해도 오해와 이상한 일이 일어나 성사가 어렵다.

⑧ 효신(편인)운에는 실리나 이권을 위주로 하는 직업은 절대로 성공 못한다. 변칙적인 인기업에 속하는 문예 및 연예계통으로 진출하거나 공부하는 등 비실리적인 일에 취미를 가지고 전념하면서 남을 가르치는 길을 택하면 무난하다.

⑨ 신경성에 의한 각종 질환이 생겨 소화기계통과 뇌신경계통의 질환 또는 악습이 생기고 유아시에는 도벽으로 고통을 겪을 수 있다. 또한 선후가 도착(倒錯)되고 하는 일이 불순하여 지연되므로 실기(失氣)되고 또한 착각으로 고역을 겪는다.

(8) 세운에서 편인(효신)이 올 때

① 심경에 변화가 생겨 죄진 일도 없고 큰 탈도 없는데 이유없이 불

안하고 초조하여 가슴이 두근거리고 깜짝깜짝 놀라는 일이 생기며 신경이 날카로워 쓸데없는 공상과 공포로 불면증과 신경질환에 걸린다.

② 믿었던 사람에게 배신당하거나 도라지를 인삼으로 착각하는 식의 실수로 물심양면에 피해가 크다. 또는 억울한 누명을 쓰거나 오해를 받아 각종 구설수와 손해를 당하고 화병까지 생길 우려가 있다. 사기·도난·실물·도박·오락·잡기·교통사고 등의 피해가 따른다.

③ 직장인은 변동 또는 이동하고자 하는 마음이 생기며 중상모략으로 진급에서 누락되거나 업무상 과실로 견책 또는 면직당하는 일이 생긴다. 권태증으로 직장을 옮기거나 실직당하는 수가 있다.

④ 사업가나 상인은 영업부진으로 싫증이 나서 변동코자 한다. 수표·어음 부도나 거래상 차질과 배신으로 피해를 입거나 종업원의 횡령으로 손실을 당하여 위기에 처하기도 한다.

⑤ 학생은 이유없는 불안 초조와 권태증으로 학업에 취미를 잃고 성적불량으로 타락하거나 시험시 착각을 일으키는 수가 많다.

⑥ 주부는 심경변화로 우울해지고 허무감과 불안 속에서 살림에 싫증을 느끼거나, 자녀도 미워지며 남편도 증오하게 되어 밖으로 나다니게 되며 이로 인해 만나게 된 사람의 배신·피해·손해나 자녀의 유고, 남편의 배신 등이 생기고 신경성 노이로제로 소화불량·두통·피부병·치통 등의 질병이 야기된다.

⑦ 혼기의 남녀는 결혼이 어렵고, 하게 되어도 장래가 불안하다.

⑧ 실리나 이권에 관한 욕심을 가져서는 안된다. 그러나 인기를 위주로 한 방면에는 무난히 지난다.

⑨ 편인〔盜食·倒食〕은 효신(梟神)으로서 밥그릇(사업·직장·학문·전공)을 빼앗기거나 믿는 도끼에 발등을 찍히는 격의 배은망덕, 은인원수로 당하는 신(神)으로서 모든 일이 지연되고 속을 태우는 것이 계모나 서모와 같아서 겉과 속이 다른 이중성격이 드러난다.

(9) 편인이 월에서 올 때

① 변화와 이동의 기미가 있고 매사에 속지 말고 서두르지 말아야 한다.

② 매매나 금전 및 대차(貸借) 거래는 불안전하다.

③ 도난·실물·사기·배신 등이 따르며 착각, 실수로 인해 손해가 온다. 또한 구설·송사·건강·교통사고도 보인다.

④ 사업가나 상인은 수표, 어음 및 상품거래에 실수나 착오가 따르고 거래관계에 오해·배신·도난 등이 뒤따른다.

⑤ 공직자는 업무상 과오를 하고 청탁, 보증 등에 문서상의 착오로 진급·영전·이동에 손해를 볼 수 있다.

⑥ 주부는 자녀문제로 신경쓰거나 의외의 지출이 늘어나거나 친구와의 금전거래에 배신이 뒤따른다. 또한 신경질환을 잘 살펴서 안정해야 한다.

⑦ 성년 남녀는 혼담이 있어도 어렵다. 성립되면 후회가 온다.

〔10〕 정인〔印綬〕

(1) 정인의 특성

자연이 만물을 성장시키거나 부모가 자녀를 양육하는 진리에 따라 윗사람이나, 혹은 유력한 사람으로부터 혜택을 받거나 무조건 도움을 받아 어려움을 해결하고 또한 권익을 보장받는 일들이 생긴다.

인수작용으로 받은 혜택이나 도움은 조건이 없으므로(父母受惠之象) 각박한 현실 사회에서 이해하기 어려울 정도로 인수의 특성이 나타난다. 따라서 항상 혜택을 받고자 하는 의식과 장상인(長上人), 선배, 상사를 존경하고 이들로부터 무엇인가 도움이 있기를 기대하는 관념이 있어서 이기심이 강하고 타인에게 베풀기에 앞서 받기를 좋아하는 경향이 있다.

참다운 모성애와 천륜으로 이어진 애정과 인간성 그리고 진실을 바탕으로 한 애호와 육성, 전통의 계승과 조상숭배, 또한 멸(滅)에서 생(生), 무에서 유, 고(苦)에서 낙(樂), 병에서 건강, 가(假)에서 진(眞)을 찾는 것이 특성이다.

인수의 특별함은 무지를 퇴치하고 지식을 개발하는 학문에 있다. 학문을 숭상하는 까닭에 부보다 귀를, 힘보다 지혜를 으뜸으로 생각하며 금력, 권력의 위세를 은근히 증오하고 진리와 도덕을 바탕으로 지성을 갖춘 학자나 식자(識者)를 우러러 평가한다.

가정교육과 예의, 교훈과 극기, 악습과 시정, 계율과 준수 등이 인수로부터 발생되는 까닭에 위험한 탈선행위나 무례, 오만불손한 짓은 안 하며 스스로 구함을 받는다.

(2) 정인 참조

정인은 사물 본연을 확인한다는 뜻이므로 이는 진리를 상징한다고 할 수 있다. 이에 작용되는 것은 창조적 개발, 진리의 탐구, 계시, 올바른 생각, 학문 연구와 교육문화, 저서와 논문발표, 시험합격, 자격고시 합격, 특허권 취득, 인허가 취득, 등록, 증명 확인증 등 취득, 문서계약, 약정 등 성립, 재산상 권리취득, 각종 이공적상 등재(호적, 주민등록), 공문서·문서·발령·사령장(辭令狀)·유가증권·상장·신문게재·보도·숭신·신앙·현몽·성묘·수련·수도·기도·제사·역사숭배·성현숭상·신비숭상·인물신봉·효행·유산·훈계·격언·교훈·계승·후원·양육(養育 : 生助)·양생(養生 : 健康)·질병자연치유·식수번식(植樹繁殖)·구제·애호·보존·자선·독선·독창·보수·재하압제(在下壓制)·이기(利己)·자연보호·자연사물 애착, 자연산업(영농·조림·육영)·이장·족보사업 등이다.

(3) 정인의 배속

① 인사

○남 : 모친·외손녀(혹 조부모)·웃어른·성현·선생·선배·은인·귀인·성직자·철학가·도인·협조인·후원인·학자·교육자·관리·문필가·언론인·의사·학생·저자·농민·창업자·발명가

○여 : 모친·손자녀·사위·산모·이외는 남과 동일

② 사물 : 태양(열, 광선)·공기·월·성진(星辰)·물·불·대지·임야·산원(山原)·강하·바다·호수·농토·곡물·각종 종자·풍우·자연자원(광산·어장) 일체, 각종 문서·서적(고서)·종교성전·역사·국어·각종 증명서 및 허·인가증 등, 유가증권·광고물·사령장·훈장·각종 표시, 선대유물 및 유산·유적지·선영묘소·교육의 전당·도서관·인허가 관공청·각종 시험장·사당·측량표준점·신문사·방송국·법원·등기소·교회·사찰·원호청

③ 학문

㉠ 자연 과학 계열 : 식물학·동물학·미생물학·수학·물리학·화학·천문지리학·기상학·해양학·농학·임학·축산학·임산가공학·원예학

㉡ 인문사회 계열 : 국어·역사·철학·고고학·정치외교학·심리학·윤리학·인류학·법철학·교육학

(4) 명위

① 연상 인수 : 선조의 전통성, 선영 정기 덕택, 선조의 음덕, 모친, 웃어른·은인·유산·학문

② 월상 인수 : 모친·상사·웃어른·은인·은사·재산·문서·권리(인·허가)·유산·학문, 여자는 손자·사위·저서·호적

③ 일좌 인수 : 모친의 배려, 모친 장수·각종 문서·보관 소유·학문, 남자는 처와의 관계가 원만치 못하다.

④ 시하 인수 : **후세 유산·외손녀·문하생·학문·후계자·저서**를 남긴다. 여자는 사위.

(5) 인체와 건강

인수는 질병을 치료하고 건강을 보전한다. 원리는 칠살을 설기(洩氣)하고 상관을 제복(制伏)하며 주체를 생조하므로 보약이 위주로 된다. 명의를 만나 효과를 보고 자연의 도움으로 치료된다. 모친의 간호와 웃어른의 도움, 또 투약으로 효험을 얻어 치료된다. 물리정신요법·기도·신앙·단전호흡·선(禪)

인수가 많을 때는 인수로 해를 입는 병(太過, 實症), 즉 목기태과 생조(木氣太過生助)=간질증, 위산과다. 수기생조지기(受氣生助之氣) 과잉으로 생긴 병=당뇨와 같은 경우가 생긴다.

(6) 정인의 좋은 것, 나쁜 것의 작용
① 喜 : 食神·天月兩德·七殺以官爲引
② 忌 : 刑冲·傷官·死墓·財剋·魁星

(7) 인수가 원명에 있을 때

① 보수적이며 양심적인 인간성을 갖춘 자이다. 조상과 웃어른들을 존경하고 역사와 전통을 중요시하며 자연과 진리와 학문의 탐구에 보람을 갖는다. 창조의식이 강하고 또한 업적을 남겨 사후에 이름을 남기고자 하는 욕망이 강한 편이다.

② 자연과 진리, 학문과 전통문화를 따르며 조상을 위하고 민족과 국가관이 강하므로 전통과 유산을 이어받는다. 또한 사경(死境)에 처했을 때는 귀인이 나타나 도우므로 살아나는 운이며 선조의 현몽 등으로 신비스러울 정도로 보이지 않는 신의 가호를 받는다.

③ 자연의 혜택(日月星辰 山河大地)을 받으며 윗사람이 무조건 돌

보아주는 등 곤경(질병, 위기, 고통)에서도 타개해 주는 귀인을 만나게 되어 신기하게 해결되는 것이 인수의 힘이다.

④ 조상의 돌봐줌이 있어 각종 사건 때마다 현몽으로써 계시를 받는다(조상을 잘 모심 : 제사와 선영 보호).

⑤ 현금보다는 부동산, 유가증권 등의 문서로서의 재산을 늘리고 골동품·유물·임야·토지·자연자원 등과 문화재를 존중하는 성품이다.

⑥ 수도와 수련 등으로 심신을 단련하거나 기도 등 자연의 정기를 받아 진리를 체득하는 천부적 재능과 인연이 있다.

⑦ 조상이나 부모의 유산이 아니더라도 웃어른이나 귀인의 무조건적인 도움을 받는 일이 있다.

⑧ 비리와 부정, 패륜과 부도덕을 증오하고 이권과 색욕을 자제하여 가능한 한 정도를 걷고자 노력한다.

⑨ 국가 및 공공기관에서 시행하는 각종 시험에 응하여 자격이나 인증을 받는다.

⑩ 종교적 신앙의 힘과 철학적인 인식 능력의 개발로 질병의 자연치유나 모든 소망사를 순리적으로 해결하는 능력이 있다.

⑪ 타인의 혜택을 은근히 바라는 마음과 이기심이 때로는 단점으로 드러나 원만한 대우를 받지 못하는 경우가 생긴다.

(8) 인수가 대운에서 올 때

① 선조나 부모로부터 재산이나 이권을 상속받거나 이에 따른 제반 절차문제가 일어난다. 평상시 윗사람의 총애와 도움을 받거나 아랫사람으로부터의 대우를 받는 것이 특징이다.

② 가문의 전통에 대한 족보와 선영(先塋)의 관리, 호적 정리, 기타 행사에 대한 제반 문제가 생긴다.

③ 국가나 공공기관으로부터 공인된 제반 이권에 대한 증서를 구비하게 된다.

④ 부동산이나 주택 등을 확장하여 증설함으로써 문서 및 금전거래가 이루어진다.

⑤ 우연히 명의를 만나거나 은인을 만나 고질병을 치유하고 악습과 각종 어려움이 풀린다.

⑥ 웃어른이나 은인을 만나게 되어 지식과 학문을 넓히고자 한다.

⑦ 공직자는 각종 시험에 응시하고 진급이나 자격증을 획득한다.

⑧ 사업가나 상인은 부모의 유산이나 귀인의 유가증권 등의 보증으로 경영이 무난하며 정부나 공공기관의 계약이나 납품, 불하, 융자 등의 혜택을 받는다.

⑨ 주부는 유산의 혜택이나 귀인의 도움으로 재산상의 문서가 자기 명의로 등재된다.

⑩ 혼기의 남녀는 부모나 윗사람의 중매로 좋은 결혼을 할 수 있다.

(9) 인수가 세운에서 올 때

① 가정과 주택의 이동이나 재산상의 매매거래가 이루어진다. 이때 증설, 확장 등으로 재산이 증식된다.

② 윗사람의 도움으로 물심양면의 이득을 얻게 된다. 사경에서도 귀인의 구제와 보호를 받게 되거나 명의를 만나 고질병을 치유하며 가난 속에서도 재산의 취득과 융자 혜택 등의 도움을 받을 수 있다.

③ 각종 자격증 취득 및 시험 합격으로 취직이 되거나 표창과 상을 받는다.

④ 직장인은 영전이나 진급의 기회가 오며 표창과 상을 받는 일이 생긴다.

⑤ 사업가나 상인은 계약이나 문서상의 이권 등으로 이득을 도모하며 부동산의 취득과 이용(담보융자)이나 윗사람의 도움을 받는 수가 있다.

⑥ 학생은 학문에 취미가 생겨 학업이 우수하고 모친의 보살핌으로

각종 시험에 인연이 깊다.

⑦ 주부는 웃어른이나 남편으로부터의 사랑과 도움을 받아 재산상의 거래가 성립되어 권리가 공무상에 등재된다.

⑧ 혼기의 남녀는 부모나 윗사람의 중매로 혼담이 성립된다.

(10) 인수가 월에서 올 때

① 웃사람을 만나 어려움에 도움을 받게 되거나 유가증권 및 매매거래 등 청탁을 하는 일에 협조를 얻게 된다.

② 이권에 속하는 문서나 각종 증서를 취득해야 할 일이 생긴다. 이때 부동산의 이동, 주택의 이사 및 각종 인허가 신청사항 등의 용건이 해결된다(계약 및 약정).

③ 직장인은 진급이나 영전이 거론되면 이루어진다. 또한 각종 서류에 의한 해결, 시험 등에 혜택이 많다.

④ 사업가나 상인은 유가증권 등의 활용으로 실리를 얻거나 윗사람의 도움으로 부동산을 취득한다. 또한 이권 계약 등의 활용으로 실리를 얻고 윗사람의 도움으로 어려운 일이 해결된다.

⑤ 학생은 공부에 전념하여 성적이 좋아지며 입시생일 경우는 시험합격률이 높다.

⑥ 주부는 웃어른과 남편의 사랑과 도움으로 이권에 명의를 얻거나 선물을 받는다.

⑦ 미혼 남녀는 웃어른의 중매로 좋은 혼담이 있어서 교제가 이루어진다.

제7장
십이순환법칙론

우주현상계는 상대인 세계인 까닭에 능동적인 십운과 수동적인 십이기(十二氣)의 엄격한 변화와 순환법칙 아래 운행되고 있다.

수동적인 지구는 고정좌표와 일정한 경사도를 유지하면서 태양의 위성으로서 자전과 공전운동을 하고 있는 까닭에 일자전과 일공전의 순환질서와 이에 수반한 법칙은 항구불변의 절대진리인 것이다. 1일 십이시(十二時 : 24시간)로서 1자전, 1년 12개월(24절기)로서 1공전의 순환법칙은 변함없이 반복된다.

이와 같이 수동체의 순환법칙에는 하등의 변함이 없으나 매일, 매년의 기상을 비롯한 사물의 환경변화는 일정치 아니하다. 언제나 다른 이유는 천운(天運)에서 이루어지는 것이다.

천운은 성간공간(星間空間)의 운행인 까닭에 상대적 대화작용(甲己合化土)으로서 변화운동을 반복하며 영구성으로 본체의 통일과 유지를 자보(自保)하고 있으며 지기(地氣)도 일정한 순환법칙을 유지하면서 천운의 변화를 수동적으로 받아들여 현상계를 유지하고 있다.

수동적 지기는 좌표에 의하여 고정되어 있으나 능동적 천운은 운동에 의해 변화하고 있는 데서 십이순환법칙은 천운이 지기에 미치는 순환의 원리이며 변화의 법칙인 것이다.

1. 십이순환의 순서

십이순환이란 생로병사(生老病死)의 차례로서, 태어나면 자라고 다 자라면 병들고 죽는다는 것이나 생장성멸(生長成滅)로서 태어나면 자라고 자라게 되면 결실을 맺고 결실을 보게 되면 모체(母體 : 그 뿌리)는 없어진다는 법과 같은 것으로 불교에서는 십이인연법(十二因緣法)으로 설명한다.

주체〔日主〕로부터 객체를 보는 것으로 운명철학〔四柱〕은 지기의 12지〔支〕 변화과정에 응용을 하는 것이다.

絕(胞)→胎→養→長生→沐浴→冠帶→建祿→帝旺→衰→病→死→墓(葬)

胞를 絕이라고도 하며 또는 절처봉생(絕處逢生)이라고 하여 모든 인연이 끊어지는 자리에서 새로운 인연이 다시 生한다는 뜻이요, 하나가 끝나면 또 하나가 그 자리에서 생겨난다는 이치이다.

이렇게 생겨난 것이 마치 모태에서 생명이 태동하는 것과 같아서 胎라고 하며 이어 태아(胎兒)는 양육되어 10개월이 되면 출생한다. 이 기간을 養이라고 한다. 이처럼 출생한 생명을 長生이라고 하며, 절태양(絕胎養) 3단계를 거쳐 출생한 생명, 즉 장생은 沐浴이라는 5단계에 들어서 외부와의 접촉과 시련을 처음 겪는다. 이어 6단계인 冠帶는 성장하여 모자(帽子)를 쓰고 띠를 띠는 정도로 자란 상태이다. 이때는 국민학교, 중·고등학교를 거쳐 대학시절이 된다.

이렇게 자라 사회의 일원으로서 직장을 갖고 일정한 월급을 받고 사는 사회의 중추세대를 건록(建祿)이라고 한다. 이어 제왕(帝旺)은 기세가 최강의 위치에 이른 것을 뜻한다. 만물의 기세가 극성(極盛)하면 과강(過剛)한 결과를 초래하여 차츰 변해지게 마련이다. 산도 정상에 오르면 다시 하강하는 것과 같이 만유사물이 극한점에서부터는 물극즉변(物極則變)하는 진리에 입각해 변화하기 시작한다. 즉, 절태양생욕대록왕(絶胎養生浴帶祿旺)까지 8단계에 이르면 자연수의 진리대로 상승세는 일단 극한수에 이르러 끝나고 하강세로 접어드는 것이 衰의 위치이다.

衰는 문자 그대로 사람이 40대를 지나 갱년기에 접어들면 의욕이나 시력, 체력 등에 그 현상이 뚜렷이 나타나며 病에 들어서면 활동이 위축되고 정적인 생활로 접어들며 자주 질병을 앓기도 하여 노쇠현상이 더욱 드러난다. 死에 이르면 마치 잠자리에 들거나 겨울철을 맞아 활동이 정지상태에 다다르거나 휴식을 취하는 경우와 같아서 외부와의 교제나 접촉은 없는 상태다. 끝으로 묘고(墓庫)는 사망한 시체를 이장하는 것과 같은 뜻을 내포하고 있으며 일단 종지완료되는 순간이다.

이와 같이 십이 단계의 순환법칙은 생명을 지닌 어느 것이든 절대적으로 어길 수 없는 지상의 법칙이며 만고불변의 진리인 것이다.

2. 십이순환의 순역(順逆)과 기생(起生)

태극의 원리에서 부음이포양(負陰而抱陽)이라 하여 상이(相異)함을 나타내고 있듯이 음은 양을 위에 싣고 양은 음을 감싸안는다는 뜻이니 남녀가 성행위를 할 때 이 관계가 잘 표현되고 있다. 또 사람이 물에 빠져 죽을 때를 보면 남자는 등을 보이고, 여자는 배(앞)를 보이고 반듯이 누워 죽는다. 이것이 음양의 순환을 잘 알려준다고 생각한다.

이로써 천운의 양은 순순(順循)하고 음은 역순(逆循)하며 장생기점이 각각 다르다. 양천은 장생처에서 음천운이 사하였고, 음천운 장생처에서 양천운이 사하여 음양의 생사가 교차되어 있다는 것을 알 수 있다.

(1)십이운성 (十二運星)의 도표

十二運 ＼ 天干	甲	乙	丙	丁	戊	己	庚	辛	壬	癸
長 生	亥	午	寅	酉	寅	酉	巳	子	申	卯
沐 浴	子	巳	卯	申	卯	申	午	丑	酉	寅
冠 帶	丑	辰	辰	未	辰	未	未	寅	戌	丑
建 祿	寅	卯	巳	午	巳	午	申	卯	亥	子
帝 旺	卯	寅	午	巳	午	巳	酉	辰	子	亥
衰	辰	丑	未	辰	未	辰	戌	巳	丑	戌
病	巳	子	申	卯	申	卯	亥	午	寅	酉
死	午	亥	酉	寅	酉	寅	子	未	卯	申
墓	未	戌	戌	丑	戌	丑	丑	申	辰	未
絶(胞)	申	酉	亥	子	亥	子	寅	酉	巳	午
胎	酉	申	子	亥	子	亥	卯	戌	午	巳
養	戌	未	丑	戌	丑	戌	辰	亥	未	辰

(2) 음양간 십이운성 비교표

陽	長 生	沐 浴	冠 帶	帝 旺	死	墓
陰	死	病	衰	祿	長 生	養
陽	建 祿	衰	病	絶(胞)	胎	養
陰	帝 旺	冠 帶	沐 浴	胎	絶(胞)	墓

(3) 십이운성 순환표

壬庚丙甲 戊 絶生祿病	壬庚丙甲 戊 胎浴旺死	壬庚丙甲 戊 養帶衰墓	壬庚丙甲 戊 生祿絶絶

巳	午	未	申
癸辛丁乙 己 胎死旺浴	癸辛丁乙 己 絶病祿生	癸辛丁乙 己 墓衰帶養	癸辛丁乙 己 死旺絶胎
壬庚丙甲 戊 墓養帶衰	水絶（胞）於巳午	金絶（胞）於寅卯	壬庚丙甲 戊 浴旺死胎
辰			**酉**
癸辛丁乙 己 養墓衰帶			癸辛丁乙 己 病祿生絶
壬庚丙甲 戊 死胎浴旺	火絶（胞）於亥子	木絶（胞）於申酉	壬庚丙甲 戊 帶衰墓養
卯			**戌**
癸辛丁乙 己 生絶病祿			癸辛丁乙 己 衰帶養墓
庚壬丙甲 戊 絶病生祿	壬庚丙甲 戊 衰墓養帶	壬庚丙甲 戊 旺死胎浴	壬庚丙甲 戊 祿病絶生
寅	**丑**	**子**	**亥**
癸辛丁乙 己 浴胎死旺	癸辛丁乙 己 帶養墓衰	癸辛丁乙 己 祿生絶病	癸辛丁乙 己 旺浴胎死

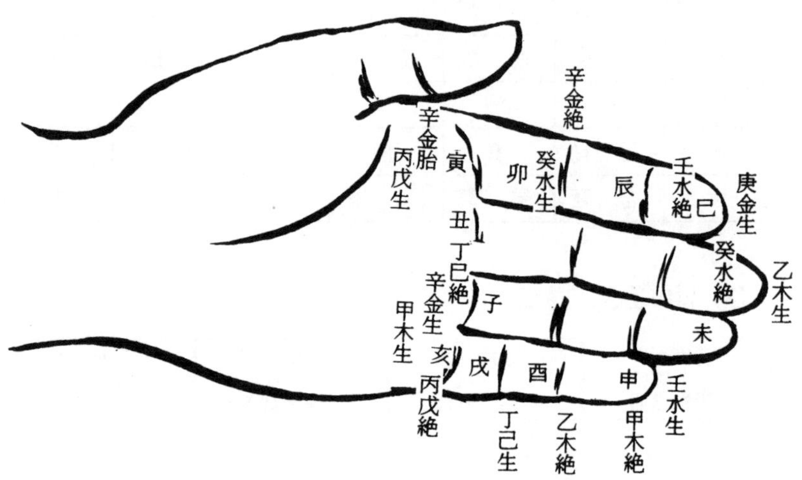

(4) 수지 (手指) 십이운성도 (十二運星圖)

수지에 의해서 육십 甲子에 모든 신살(神殺)을 암기 작용할 수 있다. (P.174그림 참조)

3. 순환법칙 (循環法則)의 개요

먼저 十二氣를 자세히 살펴보면 크게 나누어 시중말(始中末) 3단계 순환운동을 반복하고 있다는 것을 알 수 있다.

이것을 四孟(寅申巳亥), 四仲(子午卯酉), 四季(辰戌丑未)로 나누어 四孟은 발생지국이라 하여 사물에 대한 창의와 창조, 계획과 설계, 발명과 개발, 발상과 시발 등이 특징이다. 四仲은 四正 또는 사패지국(四敗之局)이라 하며 四正이란 기세의 순수한 정기를 뜻하며 四仲은 시중말로 보아 中에 해당하므로 仲이라 하며, 사패지국은 오행의 기세가 子午卯酉에서 패(敗:沐浴)세를 당함을 뜻한 것이다.

주로 사물에 대하여 현실 위주인 까닭에 실권진행과 당면진행을 담당하고 있으며 특히 화려한 유행과 행위의 첨단을 만족으로 한다.

四季란 하나의 계절(春夏秋冬)을 마치는 달(寅月, 卯月, 辰月의 春令에 辰月)을 뜻한 것이요, 四庫四墓라는 것은 거두어들인 곡식을 창고에 저장하거나 죽은 시체를 무덤에 이장하는 것과 같은 뜻이다. 이것은 사물의 종료와 수장, 보관과 흡수, 종합과 조화의 뜻을 갖고 있다.

이와 같이 만유사물의 운동과 순환질서가 초중말(初中末), 예산, 집행, 결과(結果:決算) 등의 원칙을 반복하고 있으며 이에 따른 시간·장소·질량·형태·양상 등이 구명됨으로써 사물을 완전히 파악할 수 있는 것이다.

4. 십이순환법칙의 해설

〔1〕절 (絕 : 胞)

(1) 개념

절을 포라고도 한다. 만물이 땅 속에 있을 때 형체가 없는 것과 같이 어머니의 태(胎) 중에서 형성되지 않은 것과 같이 최초로 태식(胎息)을 갖게 되는 순간이다. 이를 절처봉생(絕處逢生)이라 한다.

이때는 지극히 정적인 상태이며 안정과 침착을 요한다. 내성적인 편에다 설계와 사색에 치우치고 외적인 활동과 적극적인 참여의식이 부족하며 외부의 자극에 동요되기 쉽다. 또한 내적으로 사리 정연하면서도 발표력이 부족하며 과묵과 신중, 주의와 소심으로 인하여 큰일에 부닥치면 약간 주저하게 된다. 인정과 의리, 감정과 의협심에서 실리적인 경쟁에서 항상 양보함으로써 경제면에 약하고 인정에 좌우되어 여자는 쉽게 정조를 잃고, 남자는 돈을 떼이는 경우가 많다.

(2) 행위

절처봉생격, 잠재의식의 작용, 연구와 사색, 개척의욕과 행동불과감(行動不果敢), 마음이 약함. 온화유순, 착실인정, 감상적, 난사회피(難思廻避), 사후처리 부족, 의타심과 타인에 이용당함. 임사(臨事)회피 및 정면 대충에 도망·책임회피·신앙·기도·순종, 여자는 정조 약함.

(3)직업

교육·작가·철학가·종교인·학자·연구가·사색가

(4) 십신에 적용

① 재가 절이면 재산의 어려움과 남자는 처의 질병, 또는 사별 등의 일이 생긴다.

② 관이 절이면 여자는 남편 인연이 박하고 남자는 자녀의 연이 박하다. 또한 공·직·관에 직위가 없는 사람이다.

③ 식신이 절이면 의식주 생활이 어렵고 활동면에도 장애가 많다. 여자는 자녀 갖기가 어렵고 있어도 훌륭한 자녀가 못된다.

(5) 명위(命位 : 생년월일)와의 적용

① 연지 절이면 육친무덕에 인연이 박하고 조업을 승계하지 못하고 타향에서 생활한다.

② 월지 절이면 육친무덕에 변화 많고 형제 고독하며 매사에 손실이 많다.

③일좌 절이면 부모의 인연이 약하고 장남이라도 타향살이를 하고 주관성이 없어 남의 꼬임에 빠지기 쉽고 호색으로 인한 망신, 부인의 인연이 좋지 않다. 여자는 甲申, 辛卯일에 태어나면 성질이 급하고 부부궁이 좋지 않다.

※ 남녀 공히 원명에서 합이 되든지 부부가 합으로 이루어 형성되면 무난하다.

④ 시지가 절이면 자녀 인연이 좋지 못하다.

〔2〕 태 (胎)

(1) 개념

수양(受養)과 보호를 받는 상태에서 장래 희망과 발전을 항상 꿈꾸고 있다. 현실 적응력이 약하며 실천에 과감성이 부족하다. 지능과 사색, 연구와 기억력은 우월하나 외향적 활동과 외교술과 처세가 부족하다.

특히 어린 생명을 사랑하며 화초나 종자, 묘목 등에 관심이 많으며 언어, 사교수단과 음성적인 면에는 능하나 양성적인 외향성을 띤 경쟁에는 약한 편에 속한다.

권력이나 세도에 정면대립을 피하고 아부나 종세(從勢)로써 이득을 도모한다. 타인의 억압과 구속에 은근히 항거하면서도 적극적인 대항심이 부족한 편이다. 자유와 안정을 원하며 주위로부터 혜택을 받으면 부담을 느끼며 스스로 노력하여 분수에 맞는 생활을 원하는 편이다.

(2) 행위

애착과 소중심, 자애와 적소성대(積小成大), 절약과 보호, 근면과 성실, 연구와 사색, 난사회피, 복잡한 것을 싫어함. 이해 타산이 빠르고 각박하지 못함. 구조설계(構造設計)에 능하나 주체성이 약하여 안착성(安着性)이 부족하고 의타심이 강하다. 남녀간 색정문제(色情問題) 야기 등

(3) 직업

산부인과 · 소아과 · 탁아소 · 아동보호소 · 화원 · 종묘재배

(4) 십신의 적용

① 재성이 태지면 의식생활의 상승세를 보이며 여자는 임신 소식이 있다.

② 식신이 태지면 처가 잉태하거나 재산이 불어난다.

③ 관살이 태지면 공직상 전망이 보이며 자녀 임신 소식이 있다.

④ 인성이 태지면 학문, 연구생활에 발전과 진전이 따른다.

(5) 명위와의 적용

① 연지가 태위면 조상은 발전하였으며 부모는 어렸을 때 변화가 많았었다.

② 월지가 태위면 30년에 직업 변화가 많고 계획과 행동방침이 자주 바뀐다.

③ 일좌가 태면 어릴 때 잔병이 많고 어려움으로 사경을 헤매는 수가 있으나 청년기로 들어서면서 건강해지며 부모 형제의 연이 박하고 직업이 자주 바뀐다. 한 가지에 매달리지 못하나 중년 이후는 좋아진다.

여자는 고부간에 불화가 많고 특히 丙子, 乙亥日生은 가정 불화가 많으나 합이나 부부조화가 잘 아루어지면 무난한 편이다.

④ 시지가 태면 자식이 부모의 유업을 변경한다.

〔3〕 양 (養)

(1) 개념

양은 보호와 양육에 있으면 투쟁 없이 안정과 성장에만 힘쓰는 상이다. 착실하고 온건하며 낙천적인 데 특색이 있다. 의타심이 있고 유산이나 유아적인 혜택을 은근히 원하며 자기 능력의 부족함을 알아 타에 의한 보육을·바라며 독창성이 미약하다. 미래를 향한 설계와 희망, 협조와 노력에는 능하지만 앞장 서서 과단성 있게 지도하기에는 부족하다.

(2) 행위

신중하고 불급불완(不急不緩). 봉사적 기질이나 난사에 봉착하면 후퇴하며 고생과 환경의 어려움을 심히 두려워한다. 침착성, 건전, 사전준비, 모험을 삼가며 최선 완전 방법의 선결, 재권불탐, 세밀한

계산과 정밀한 기술문제는 싫어한다. 양자(養子)의 명으로 유산이나 재산을 보고 뛰어드는 약점이 있다.

(3) 직업

양로원·탁아소·요양소·양자·양성소·각종 양육장·사육장·양어장 등

(4) 십신의 적용

① 비·겁이 양위면 이복형제가 있거나 형제들이 온순 선량하다.

② 식신이 양위면 가축사육으로 성공한다. 세균, 효소 배양 등으로 생활면에 적합하고 남자는 처가나 장모의 배려가 따른다. 상관이 양위면 조모 슬하에서 양육되는 경우가 많다.

③ 편인이 양위면 이복형제나 계모 슬하에서 양육되는 수가 있다.

(5) 명위와의 적용

① 년지가 양위면 아버지가 양자를 하였거나 본인이 양자로 가거나 분가를 한다.

② 월지가 양위면 중년에 호색으로 파산이 보인다.

③ 일좌가 양인이면 어릴 때 생모 아닌 사람에게 양육되는 수가 많다. 남자는 호색으로 가정 불안 또는 재혼하는 경우가 있다. 여자는 일주 양인이면 행복하고 어진 자녀를 둔다.

④ 시지가 양이면 늙어서 자녀의 효도를 받는다.

〔4〕 장생 (長生)

(1) 개념

장생이란 만유생명이 탄생하여 비로소 지상의 일원으로 출생하여 일

보하는 상이다. 신장과 발전을 기약한 희망과 의욕은 건전하다.

시발은 했을 뿐 아직 어린 까닭에 타(他)와 투쟁하거나 공격을 받는 일은 피하며 본래의 설계를 실천하기 위해 전진한다. 자성(資性)이 온건 명민하고 개척과 전진에 기세가 치우치며 창의와 창조, 시발과 개척, 학문과 예기(藝技)에 특징이 있다.

(2) 행위

후퇴는 없으며 전진과 발전, 능률과 실질, 창의와 창조에 따른 개발과 전진이다. 발명과 연구, 학문과 예능에 취미를 가지며 자존심과 진취력이 욱일승천(旭日昇天)하는 상으로 사물의 신개발과 발전을 촉진한다. 준비성, 예산과 계획, 능률과 인기, 발견과 개척으로서 타와 다투지 않고 이끌어가는 선두자가 되는 상이다.

(3) 직업

학자·발명가·창조자, 개척자·특허자·박사·석사·입안자·입법자·기획·설계·예산·설립자·신출원(新出員)·새상품·유행품·중책 수임자·운영담당자·사장 등

(4) 십신과의 적용

① 재가 장생이면 큰부자가 된다(肥用萬頃).

② 관이 장생이면 영예스러운 직위에 오르며 남자는 현명한 자녀를 두며 여자는 훌륭한 남편을 얻는다.

③ 인성이 장생이면 문필로써 이름을 얻고, 편인이 장생이면 인기와 예능, 기술로써 이름이 난다.

④ 식신이 장생이면 의식주가 풍성하고 가업이 번창한다.

(5) 명위와의 적용

① 연지 장생이면 선대가 좋았고 복록이 증진한다. 冲, 刑, 破, 空亡이면 복이 감소된다.

② 월지 장생이면 부모형제가 번영하고 인덕이 있으며 윗사람을 잘 모신다.

③ 일좌 장생이면 부부 금슬이 좋고 현처를 얻으며, 차자라도 부모의 혜택이 있으며 언행이 온순하다.

④ 시지 장생이면 귀자를 낳고 말년이 발복하여 가업이 번영한다.

〔5〕 목욕 (沐浴)

(1) 개념

목욕이란 어린아이가 출생 이후 더러운 때를 말끔히 씻어 아름답고 귀엽게 보이나 춥고 떨리는 고생은 고통의 하나이다. 그래서 궁살(窮殺)·도화살·패살·함지살(咸池煞) 등으로 표시하고 있다.

주로 미색과 유행에 치우치며 이성간에 색정관계나 화려한 현실생활에 도취되어 장래나 미래를 위한 저축보다는 일전 만족을 위해 힘쓰는 편이다.

(2) 행위

유행·환락·색감에 힘쓰는 까닭에 재산의 낭비, 노력의 결핍, 신의와 도덕, 덕망과 실용을 외면하고 주색·방탕·낭비·잡기·도박 등으로 재산을 탕진하는 수가 있고 타락하여 방랑을 거듭하는 수가 있다. 권태, 변태성 성욕, 간사와 혼미, 음욕과 사정(私情), 망은과 배신, 사기, 교활과 악덕 등의 행위가 잘 일어난다.

(3) 직업

예술, 특수한 기술, 배우·가수·이발사(미용사)·수영선수(水와 인연)·소방서원·악사 등 물과 인연이 깊고 또한 화려한 직종으로서 유흥업소, 극장 등에 해당하는 것은 동지·하지·춘분·추분의 정점에서 비롯되어 이산과 작별, 배신과 분열이 바탕에서 오는 것으로(子午卯酉 將星) 자극이 크다.

(4) 십신과의 적용

① 재성이 욕지면 가산 탕진의 위험이 따르고 투기를 피해야 한다.

② 관살이 욕위면 직업에 애로가 많고 명예를 지탱하기가 어렵다. 남자는 낭비벽이 많고 여자는 남편이 주색에 빠지기 쉬우며 또한 사치와 바람을 동반한다.

③ 인성이 패위면 어머니가 외정이 있기 쉽다.

④ 비·겁이 욕지면 형제 자매 등이 주색으로 인해 가업을 탕진하기 쉽다.

(5) 명위와의 적용

① 연지 목욕이면 집안은 좋으나 선대에 주색으로 파가(破家)하거나 빈궁한 경우가 많다.

② 월지 욕이면 모친이 재혼하거나 가정환경이 불미하든가 이복형제나 부부운이 바뀌거나 장자와 멀어지는 수가 있다. 한 가지에 집착하지 못하며 끝을 맺지 못하는 수가 많다(龍頭蛇尾).

③ 일좌 욕지면 부모무덕하고 어릴 때부터 고생이 많고 주색 풍파를 조심해야 한다. 사교성은 있으나 덕이 없다. 남자 乙巳생은 덕망이 있고 존경을 받으나 금전 치부하면 병신 되는 수가 있고 바람이 많다. 특히 甲子, 辛卯日생은 고집이 세며 부부 이별의 수가 따른다.

④ 시지 욕지면 처자가 무정하고 말년에 고독하고 가업이 기울어 어

184

려운 처경을 헤매는 수가 있다.

〔6〕 관대 (冠帶)

(l) 개념
관대란 일취월장하여 스스로 모자를 쓰고 띠를 맬 정도로 성장한 과정을 뜻한다. 어린 티를 벗어나는 사춘기에 접어들어 반항의식이 생길 때이다. 자아독존심(自我獨尊心)에 고통을 인내하고 극기하는 마음에 약점을 은폐하고 명예욕과 영웅심리를 앞세워 타인을 제압하고 독선적 승리를 신조로 부정과 불의에 대항에 싸우는 기개가 있다.

(2) 행위
발전과 건설, 진취와 독선, 과묵과 독존, 불굴과 극기, 자립과 무의(無依), 주장과 고집, 간섭 증오, 고통 인내, 명예 위주, 타인 제압, 감상 배척, 고통 불표시, 입장 고집, 의욕, 반항

(3) 직업
실업가, 관리, 군인, 학자, 종교인

(4) 십신과의 적용
① 재가 관대면 가산이 증진하고 처가 주권활동을 한다.
② 식신 관대면 남자는 직장, 직위가 승진되거나 사업확장 등 활기를 보이고 여자는 자녀가 크게 발전한다.
③ 상관이 관대면 지능 발달하나 남자는 직장을 잃게 되고 여자는 남편과 이별, 질병 또는 남편의 하는 일에 장애가 따른다.
④ 관성이 관대면 시험 합격하고 관직 승진하고 관직에 중용된다.
⑤ 편인이 관대면 기예(技藝)의 발전이 있고, 타인으로부터 사기를

당하고 도난, 실물 또는 믿는 사람으로부터 배신이 따르며 여자는 자녀들에게 재난이 따른다.

(5) 명위와의 적용

① 연지 관대면 명문 출신으로 유산을 물려받고 일찍 출세한다.

② 월지 관대면 개성이 뚜렷하고 완고하며 집념과 고집으로 명예와 출세를 위해 수단 방법을 가리지 않는다.

③ 일좌 관대면 형제간에 의리가 있고 준재(俊才)로서 공명을 얻으나 애정이 순탄치 못하고 주소 변동이 잦다.

④ 시지 관대면 자녀가 발복하여 그 덕을 받는다.

〔7〕 건록(建祿)

(1) 개념

녹이란 사회의 일원으로 성장하여 국가와 사회의 일꾼으로서 그 소임을 이행하고 일정한 보수나 대가를 받는 것을 말한다.

인격도야로 국가 사회가 공인한 당당한 자격을 갖추어 공사 분명하고 충실한 마음으로 사회 공익과 국가 번영을 위해 헌신 노력한다. 또한 사적으로는 착실한 가장이요, 공적으로는 직책을 완수하기 위해 사리사욕을 희생하고 부정과 불의를 배격하며 창의와 창조력을 발휘하여 매사에 솔선 수범함으로써 사회의 귀감이 되어 국가에 충성을 하며 개인적으로는 입신양명하게 된다.

녹은 공적인 보수를 뜻하므로 항상 공명정대하고 공사분명하며 사적인 가정, 사리(私利)와 축재를 희생하면서 인격과 책임위주의 생활을 택하며 명예와 체면, 인간과 사교, 상사와 부하를 바탕으로 처세함을 만족해한다.

(2) 행위

공무집행, 국가사회, 공공기업에 취업, 월급생활, 공익과 공업, 명예와 공리, 공정무사, 상명하복, 부하통솔, 주권과 실력행사, 자존심과 사명감, 통솔과 자부심, 지배욕과 득권욕에 따른 관료행위, 공익과 대중성에 영합, 솔선활동, 가정과 개인의 희생감수, 책임완수와 수훈의 영광 기대, 공정판단

(3) 직업

공무원, 제반 공직자, 지휘관, 심복부하, 훌륭한 중견간부 등으로 종사하게 된다.

(4) 십신과의 적용

① 식신이 녹위면 의식주의 풍성과 공직생활에 발전과 연구 개발에 성공이 있다.

② 비·겁이 녹위면 형제 발전하고 배경이 좋다.

③ 재가 녹위면 재물의 풍요로움을 말하며 공직생활에 발전이 있다.

④ 관살이 녹위면 공직생활에 부하를 많이 거느린다.

(5) 명위와의 적용

① 연지 녹위면 선대가 번창하였든가 부친이 자수성가하였다.

② 월지 녹위면 형제가 자수성가하고 자립심이 강하며 고집이 있다. 여자는 맞벌이하거나 혼자서 가정 경제를 책임진다.

③ 일좌 녹이면 독립심이 강하고 건전한 사상으로 성공하지만 남녀 간 애정은 원만치 못하다.

남자는 장남 역할을 하는 수가 있고, 중년 전에 발복한 사람은 중년 이후 가세가 기울고 초년에 고생한 사람은 중년 후 발복한다. 여자는 남편이 첩을 보거나 혼자 되기 쉽고 생활 전선에서 고생한다.

④ 시지 녹이면 귀록(歸祿)이라고 하여 자손이 발복하고 말년이 좋다.

〔8〕 제왕 (帝旺)

(1) 개념

기세가 극왕하여 전진만 있고 후퇴는 없다. 만유사물이 극치점에 이르면 태과즉절(太過則折)하며 만물즉반하는 이치에 따라 차차 그 기세가 쇠퇴하게 되는 것이다.

제왕이란 가장 최고의 강왕기세를 뜻해 과강한 피해를 조심해야 한다. 이때 강왕한 기세가 뚫고 나갈 돌파구를 찾아야 한다.

군인이나 의사와 같이 생명을 좌우하는 직업에 임했을 때 능히 감당할 수 있으며 원래 고집이 강하므로 타인의 조언을 듣지 않으며 좌강부약(挫强扶弱)하는 의협심이 또한 특색이다. 그러므로 불화나 독선을 자초한다.

(2) 행위

강인한 의지, 용감무쌍하며 강자에는 항상 반항심과 적대감을 내포하며 사회공익과 정의지사에는 마음과 몸을 바쳐 희생을 하더라도 투쟁한다.

솔선수범, 중책능임 완수, 자기자해(自己自害 : 手術)가 아니면 타인 살해 위험이 따르고 재리배격(財利排擊), 고집, 자존심 강하고 남의 조언 불청, 과격·과단성·독선행위·무자비·강자반항·현실위주·시비·기벽·호살지기(好殺之氣)·강단·독기, 강인한 체력

(3) 직업

군인·의사·법관·도살업자·재단사·요리사·이발사

(4) 십신과의 적용

① 비견·겁재가 왕위면 과강치상(過剛致傷)으로 나를 해하지 않으면 남을 해친다.

② 관살 왕위면 권위직이나 생살지권(生殺之權)을 갖는다.

③ 식신이 왕위면 경제활동과 기업을 운영하든가 의약업이나 식품업에 인연이 깊다.

④ 상관이 왕위면 남을 해치지 않으면 나를 해친다.

(5) 명위와의 적용

① 연지가 왕위면 선대가 완고한 부귀명문가이고 본인은 자비심이 많다.

② 월지 왕위면 타인을 무시하고 고집이 세며 독립심이 강하고 수완이 좋아 선두자가 된다. 부모형제와의 인연은 멀다.

③ 일좌 왕은 부모와 인연이 박하거나 고향을 떠나게 되고 처와의 인연이 변하기 쉽다. 여자도 자립심과 의지가 강하며 혼전에도 사회활동을 하거나 그렇지 않으면 건강으로 고생을 한다.

戊午·丙午·丁巳·壬子·己巳·癸亥日생은 부부관계가 변하거나 이별 또는 과부가 되기 쉽다. 제왕이 중하면 배우자에게 해롭고 반드시 큰 피해를 입는다.

④ 시지 제왕이면 자녀 발흥(發興)으로 말년이 좋고 학문연구를 좋아하며 가문을 떨친다.

〔9〕 쇠 (衰)

(1) 개념

만물의 성장이나 상승하는 기세에는 반드시 한계가 있어서 극왕한 경지를 벗어나면 차차 쇠퇴하게 마련이다. 모든 사물의 순환이 극왕에 이르면 곧 쇠약해 들어가는 징후가 나타난다. 따라서 약간 정적인 안착성(安着性)에다, 안정을 위주로 하는 방향으로 흘러 모험을 피하고 내실을 기하며 보수적 사고, 평화적 대화를 요구한다.

(2) 행위

온순·엄살·소극·단순·견실·난사 회피·타인 의심·동정심·복잡성 회피·적소성대·매사 타협적·실리위주·내성적이며 수줍음을 잘 탄다.

(3) 직업

교원·연구가·발명가·사색가·고리대금업 등 안정 위주의 직업

(4) 심신과의 적용

① 비견·겁재가 쇠위면 배경세력이 퇴조하게 되고 형제 동기가 쇠락한다.

② 식신이 쇠위면 활동이 저조하고 사고력이 감퇴된다. 또한 건강상태도 쇠락에 접어든다.

③ 재성이 쇠위면 재산이 줄거나 가업이 쇠락된다.

④ 관살이 쇠위면 직위가 하락되고 자녀가 유약하며 가문이 번성하지 못한다.

(5) 명위와의 적용

① 연지 쇠위면 선대 점차 쇠퇴했고 가정에는 성실하나 사회적으로 두각을 나타내기 어렵다.

② 월지 쇠위면 부모형제의 운세가 약하고 청년기에 발전이 없으며 남의 형편을 보아주다 금전 손실을 당한다.

③ 일좌 쇠면 경제적이며 차분하고 조용한 편이다. 보증 등을 조심

해야 한다. 여자는 현모양처에 생각이 깊어 실수가 없으나 甲辰·庚戌·辛未日생은 부부궁이 불안하여 해로가 걱정된다.

④ 시지 쇠면 자녀덕이 약하고 자녀로 인하여 근심 걱정이 있고 말년에 고독하거나 고생이 있다.

〔10〕 병 (病)

(1) 개념

오행지기(五行之氣)가 성숙되어 결실을 맺기 시작하는 상이다. 식물의 성장이 쇠퇴되기 시작, 정기(精氣)가 응고되어 정순상태(靜順狀態)에 이른다. 이때 사색과 공상에 치우쳐 외적인 활동보다 내적인 지성개발에 힘쓰게 된다.

내성적인 성격과 고독한 환경과 시간을 가지며 학문과 진리를 연구하는 쪽을 좋아한다. 내심으로 신경질이 생기면서 외적 발산을 못하고 태연하려고 애쓴다.

난관에 부닥치면 약간 좌절 낙심하며 가급적 경쟁을 피한다. 어릴 때는 몸이 약하며 때로는 허장성세를 부리나 실천에는 과감하지 못하다. 계획과 교수(敎授)에 취미가 있으며 좌정하여 학문을 연구하면 좋은 성과를 얻어 그 능력을 발휘할 수 있다. 난문제에 정면 대립해 승부를 겨루지 않고 지혜롭게 우회하여 해결한다.

(2) 행위

공상적 사색, 재능이 많으나 겉으로 나타내지를 않는다. 육체적 활동보다는 정신적 활동을 좋아한다. 학문과 시·기술·연구·계획·설계·모의에 성과가 있다.

(3) 직업

작가·교원·철학·연구발명가·참모급·기사 등

(4) 십신과의 적용

① 비·겁이 병위면 형제 자매에 질병이 있고 배경이 미약하다.

② 식신이 병위면 식도에 질병이 있거나 병을 자주 앓는다.

③ 재가 병위면 처에 질액이 있거나 재산의 쇠락이 보인다.

④ 관살이 병위면 자녀가 잔질이 많거나 신분 지위가 낮다.

⑤ 인수가 병위면 부모가 없거나 부모 덕이 없다.

(5) 명위와의 적용

① 년지 병위면 선대가 빈곤하였고 어릴 때 건강이 좋지 않았다.

② 월지 병위면 부모형제 중 누군가가 없거나 청년기에 운이 좋지 못하고 병이 많거나 집안일로 어려움이 따른다.

③ 일좌 병위면 다정다감하고 어릴 때 병으로 고생하며 부모 연과 처 연이 박하다.

●양일간은 진취성이 있으나 성질이 급하다.

●음일간은 활발치 못하다.

형제가 있으면 사이가 좋지 않고 힘이 되기 어렵다. 여자의 경우 戊申·壬寅·丙申·癸酉日생은 다재다능하지만 고독한 경우가 많다.

④ 시지 병위면 말년이 좋지 않고 자녀로 인한 근심 걱정이 있다.

〔11〕 사 (死)

(1) 개념

일모서산(日暮西山)에 만물이 정숙지상이다. 육체적 활동은 거의 휴식 상태며 정신적 사고만이 깊어져 사색과 연구, 명상과 기도 등 무형의 세계를 추구하는 편이 강하다. 성품이 고요하고 자성이 담백하며 정직, 근면으로 스스로 노력하는 상이다.

매사에 순종하며 순수하고 복종하는 편이다. 마음이 약해서 눈물이 많으며 이해관계에는 적극적이지 못하여 손해를 보며 도덕과 예의를 앞세워 실리면에서 항상 뒤진다. 신용을 지키고 인자하며 타인에 동정을 잘 기울여 호인(好人)으로 대우는 받으나 강력한 지휘력이나 지도자의 역량을 발휘하지 못하므로 통솔에는 부족하다.

(2) 행위

주로 정적 사고·진리연구·정신수련·수행·연구·저술 등 문화활동에 능하며 동정적(同情的) 보수(保守)와 솔직·담백·근면·온건·명랑·순종·관대하고 경쟁은 피하고 화합, 타협적이며 공포에 약하다. 상명하복, 강자에 의세(依勢)하며 내심 공정하나 외세에 아부, 내심은 다능하나 겉으로 나타내지 않으므로 재능과 학문, 예능과 지혜에 많은 각광을 받는다.

(3) 직업

학자·연구가·발명가·종교인·문예작가·기획조정관·설계자·철학자 등이 적합하며 효자, 효부이다.

(4) 십신과의 적용

① 비·겁이 사지면 형제 자매의 발전이 없고 어려움을 겪는다.

② 식신이 사지면 의식주 생활에 어려움이 많고 재화(財貨)가 줄어든다.

③ 재가 사지면 가산이 도산〔盜·倒産〕된다.

④ 관이 사지면 명리(名利)를 얻으려 않는 것이 좋고 여자는 남편과 이별이나 사별하게 된다.

(5) 명위와의 적용

① 년지 사위면 선대가 빈천했다.

② 월지 사위면 부모형제 인연이 박하고 고독하다.

③ 일좌 사위면 어려서 큰 병을 앓거나 부모생존 중에는 유산 받기 어렵다. 처의 신병이 있거나 처 연이 박하며 자식 얻기가 어렵고 후손〔嗣子〕 때문에 근심이 많다.

乙亥·庚子日생 여자는 해가 심하여 극부하거나 좋은 자식 얻기가 어렵다.

④ 시지 사위면 자식 인연이 박하다.

〔12〕 묘 (墓)

(1) 개념

만물의 종식과 수장상태(收藏狀態)를 뜻하니 곡식을 거두어들여 창고에 저장하거나 현금을 은행에 예치하는 모습이다. 하루의 일과가 끝나면 가정에 돌아가 잠자리에 들어 수면을 취하는 상태와도 같으며 사람이나 동물이 죽으면 매장(埋葬)하는 것과 같으니 완전 정적이면서도 가장 안정된 상태를 상징하고 있다.

매사에 침착하고 안정함을 위주로 하며 견실하고도 안정된 생활로서 봉급생활, 부동산을 이용한 고정수입 등에 근거를 둔다. 되도록 내핍생활로 의식주의 안정을 기하며 낭비, 허식 없이 건전하고도 실리적인 생활을 추구한다.

한편, 정신생활에 치중하며 저축욕에 의해 물심양면으로 외부 것을 끌어들여서 쌓아놓는 성질에다, 인색하며 수전노도 여기서 생기는 것이다.

(2) 행위

만물의 수장, 거래(去來)·보관·유치·감금·구속·저축·내핍·물심 안정위주·수지균형 생활·종료상태·구물품 고물애증·문화·예술작품생활·취침상태·출행도착상태·이장·독서·서예·기사·미지영역 연구·건축·토목·측량·도야(陶冶) 등의 행위에 종교 및 신앙생활, 수도나 수련, 연구와 저술, 진리탐구와 철학연구, 자연신비의 동경과 경신지심(敬神之心)이 묘에서 근원되어 발생하는 것이다.

(3) 직업

종교인·학자·미술가·철학자·장의사·창고업·은행원·관리인·보관업·전당포·계리사 등이 적합하다.

(4) 십신과의 적용

① 비·겁이 묘지면 형체가 편안한 곳에 안주하든가 혹 감옥에 들어가든가 사별하는 수가 있다.

② 식신이 입묘면 물자를 저장하고 재산을 저축하나 때로는 요절하는 수도 있다.

③ 상관이 묘면 학예전당을 일으키고 기예로써 명성을 날리나 요절하기도 한다.

④ 재가 묘위면 재물을 축적하여 부자가 되나 금전유용에 출납을 하지 않는 수전노 노릇을 한다. 또한 의처증도 생기며 처는 활동을 못하게 하고, 자칫 처의 질액으로 인한 상처수도 따른다.

⑤ 인수가 묘위면 선영의 정기를 받고 윗사람으로부터 혜택을 입으며 지혜의 계시를 받는 수가 있다.

(5) 명위와의 적용

① 연지 묘면 선조의 묘를 잘 돌봄으로서 혜택이 따르고 장남이 아

니라도 선조의 묘를 돌본다.

② 월지 묘면 부모형제, 처와 인연이 박하고 남 때문에 출납이 많다. 월과 일이 충하면 부잣집에 태어나서 재물의 덕을 입는다.

③ 일지 묘면 부모형제, 처와 인연이 박하고 고향을 떠나 타향살이에 주거이동이 빈번하다. 가난한 집에서 태어난 자는 중년 이후 발복하고 부호집 출신자는 중년 후 쇠퇴한다.

여자 丁丑·壬辰日생은 부부 연이 박하거나 남편으로 하여 근심 걱정이 있다.

④ 시지 입묘면 신체 허약하고 자식으로 인한 근심 걱정이 있다.

제 8 장

인원사사(人元司事)와
지기장 천운론(地氣藏天運論)

십이순환법칙에 이어 천운이 지기에 미치는 천지인(天地人) 삼재(三才) 중 사람에게 해당하는 소장분포 배속을 알아야 한다.

인원이란 천운과 지원 그 사이에 존재하는 인간을 말한다.

하늘과 땅, 사람 이 세 가지 중 인간생활에 가장 밀접하고도 소중한 관계를 맺고 있는 것이 십이지기(十二地氣) 중에 소장되어 있는 천운 지기로서 매일 사용하고 있는 물건과도 같은 것을 말하여 인원사사라 한다.

지기(地氣)에 미치는 천운의 소장분포 배율을 살펴보면 여기(餘氣), 중기(中氣), 정기(正氣 : 本氣) 순으로 배정되어 있으며, 여기는 전달의 정기가 이월된 것이요, 중기는 四孟(寅申巳亥)에서 장생하는 장생지기요, 四季(辰戌丑未)에서 수장된 묘고지기도 포함되어 있다. 그리고 정기는 당령사명지기(當令司命之氣 : 寅月이면 甲木임)로서 이루어진 것이다.

천운이 복합적으로 소장되어 있는 것은 어떠한 행위든지 시작, 진행, 종료인 시중말(始中末) 운동은 반드시 복합된 역할에서 이루어지기 때문이다. 예로서 寅 중에는 戊丙甲 3개의 운(運)이 복합되어 寅하나의 작용을 완성하고 있다.

즉, 戊작용은 水에 해당하는 수면을 土剋水 진리로서 잠을 깨우게 하며 丙작용은 양기를 발동하여 눈을 뜨고 정신을 돌게 하고 甲작용은 기상(起床)하여 활동하도록 하는 것이니 종합적으로 말하면 밤이 지나고 아침이 되면 여명과 더불어 잠자리에서 일어나 활동을 시작하는 것이다. 따라서 寅의 작용을 寅 중에 소장된 천운이 맡은 바대로 이행함으로써 이루어지고 있다는 사실을 확인할 수 있는 것이다.

이와 같이 하나의 지기 속에 몇 개의 천운이 소장되어 있는 것은 마치 하나의 핵자 가운데 몇 개의 물질을 구성한 기본단위체가 있는 것과 흡사하다.

1969년 미국의 겔만 교수가 쿼크 SU③라는 입자가 물질의 구성체라고 발표했으니 쿼크 SU③란 세 종류의 쿼크라고 칭하는 기본입자로서 양전하(陽電荷)를 1로 할 때 3종전하는 $\frac{2}{3} \cdot \frac{1}{6} \cdot \frac{1}{6}$ 로 되어 있다. 이것

地氣藏 天運圖

기 장 지 지	氣 餘		氣 中		氣 正		計
子	7	壬			23	癸	30
丑	7	癸	5	辛	18	己	30
寅	5	戊	5	丙	20	甲	30
卯	7	甲			23	乙	30
辰	7	乙	5	癸	18	戊	30
巳	7	戊	5	庚	18	丙	30
午	7	丙		(己)	23	丁	30
未	7	丁	5	乙	18	己	30
申	5	己	5 5	戊 壬	20	庚	35
酉	7	庚			18	辛	30
戌	7	辛	5	丁	18	戊	30
亥	5	戊	5	甲	20	壬	30

〈365日〉

은 바로 寅 중에 甲이 $\frac{2}{3}$, 丙이 $\frac{1}{6}$, 戊가 $\frac{1}{6}$로 배율 소장되어 있는 것과 흡사하다.

이처럼 한 개의 물질인 기본단위에도 몇 개의 물질의 기본소량(基本素量)이 복합되어 있는 것이 현상계이다. 지기에 소장되어 있는 천운의 내용을 잘 살펴야 하는 것은 통변상 火가 필요할 때 寅木이 있으면 寅 중에 1점 丙火가 미약한 것 같으나 이는 丙火의 안착(安着)이므로 소중한 것이다.

제9장
주객(主客)의 교관작용

심명공식〔四柱〕의 주체가 일진(日辰)의 천운(天運)이며 이것을 일주(日柱)라고 하여 주체를 삼고 있으며 이 밖에 년, 월, 좌, 시와 자전(대운) 및 공전(세운) 궤도 그리고 月建, 日辰, 時辰까지 객체로서 비교의 대상을 삼고 있다.

비교의 대상 중 상대성 변화원리는 십신론으로 설명이 끝났으며 이어 주객의 교관작용은 비교 대상인 천운지기 대좌간 성립하는 상호작용으로서 다음과 같이 구분해 설명한다.

첫째, 교호상관작용(交互相關作用)

둘째, 천운대좌(天運對座)와 상관작용

셋째, 지기대좌(地氣對座)와 상관작용

이와 같은 상호교관작용을 고서에서는 종합하여 신살(神煞)이라 말하고 있다.

우주는 창조 본연의 진리에 따라 성간공간(星間空間)에는 알 수 없는 수억조의 크고 작은 물체들이 상호대좌를 이룬 조직대계 아래 자기좌표를 유지하는 공자전 운동을 하고 있다. 이때 상호 추력과 인력작용에 의해 주고받는 운기(파장)의 종류가 대좌 각도에 따라 다르게 마련이다.

① 교호상관작용은 분합운동(分合運動)을 시초로 해서 제반 교관작

용(天·地·自·公·月·日·時)을 合·冲·刑·害·破 등 다섯 가지로 분류하고 있으며 '合'은 사물의 상호결합, 집합, 결연작용을, '冲'은 사물의 발동, 이산, 파멸 작용을, '刑'은 사물의 훼손, 형상, 발동작용을, '害'는 손괴(損壞), 상해작용을, '破'는 사물의 분리, 파괴작용을 각각 섭리하고 있다.

② 천운대좌와 상관작용은 주체가 객체를 상대한 종적인 각급 대좌 교응관계(交應關係)이니 다양한 편이다.

예를 들어 甲, 戊, 庚日 생이 지에 丑과 未가 있으면 천을귀인(天乙貴人)에 해당한다. 또한 甲日에 寅은 정록, 巳는 문창(文昌), 卯는 양인(羊刃), 辰은 금여록(金輿祿), 午는 홍염(紅艶), 亥는 장생, 학당 등이다.

본 책에서는 많은 신살(神煞) 중에서 작용이 가장 강하고 적중이 높은 것을 설명토록 한다.

③ 지기대좌와 상관작용은 주로 년월일의 지기가 표준이 되어 횡적인 상대로 성립된 교호상관작용이다. 월령에 따라 천운지기에 현로(現露)된 관계를 주체와 비교 참작하여 선악과 길흉 등 각종 작용을 파악하는 데 도움을 준다.

예를 들어 寅, 午, 戌년, 일에 寅이 지살(地殺), 午 장성(將星), 戌 화개(華蓋), 申 역마(驛馬), 子 재살(災殺), 辰 고초(枯草), 子月에 巳가 천덕(天德), 壬이 월덕 등으로 많고 복잡한 까닭에 응용상 적중률과 작용을 기술하고자 한다.

1. 교호상관작용

〔1〕 합(合)

합은 우주본체를 항구적으로 계승, 보전, 성취케 하는 작용이다. 무한한 분열을 제지하고 통일하는 인력작용으로서 마치 지구와 달, 태양과 지구 등 성간공간의 실체들이 서로 무한히 이탈, 분열하지 못하고 인력에 의해 일정한 궤도 운행을 되풀이하고 있는 것이 곧 합의 작용에서 성취되고 있는 현상이다. 그래서 '합자(合者)는 화순성취신(和順成就神)이라고 했다.

합은 음양 속성이 각각 다르면서도 동일한 기세로 집합하는 원리를 말한 것이다. 합은 남녀가 결합하듯이 음양의 단순합(單純合)인 천운(天運)과 지기합(地氣合)이 있으며 동일한 성격과 목적을 띤 음양의 지기(地氣)만의 중합(衆合 : 三合)이 있다.

천운과 지기합을 단합 또는 육합이라고 하며 천운합은 육위(六位)에 이르러 합이 성립되는데 오운지합(五運之合 : 甲乙丙丁戊己 六位合)이라고 이름한다. 지기합은 남북의 축을 구심으로 동서로 합이 성립된다.

중합을 삼합이라고 하는 이유는 각각 다른 3종의 속성이 시중말(始中末)을 거쳐 동일한 오행의 기세로 계합(繫合)하기 때문이며 또 이를 행합(行合)이라고도 한다. 합은 곧 천도(天道)의 법칙인 까닭에 우주운동의 본질인 인력작용의 법칙이다. 이와 같은 합의 법칙은 자연수로서 이미 척도화해 그 진리와 변화작용을 밝혀 놓았으니 바로 자연수의 진리와 오운론이다.

주역계사(周易繫辭)에서 天一(甲) 地二(乙) 天三(丙) 地四(丁) 天五(戊) 地六(己) 天七(庚) 地八(辛) 天九(壬) 地十(癸)이니 天數(一·三·五·七·九, 甲丙戊庚壬) 五, 地數(二·四·六·八·十, 乙丁己辛癸) 五가 五位相得하며 而各有合(甲己合, 乙庚合, 丙辛合, 丁壬合, 戊癸合)하니 天數 二十五(一·三·五·七·九), 地數 三十(二·四·六·八·十)이라 凡天地之數가 五十五니 이것이 합하고 변하여 현상계를 이루고 있다고 하였다.

이것으로써 변화의 기본법칙이 곧 자연수에서 비롯되었으며 법칙화한 공식이 천운지합이요, 또한 다음과 같은 오운론이다.

甲己合化土 (一…六＝土)
乙庚合化金 (二…七＝金)
丙辛合化水 (三…八＝水)
丁壬合化木 (四…九＝木)
戊癸合化火 (五…十＝火)

生 生 生 生 生

이렇게 천운합인 오운지도는 만유변화의 기본을 이루고 있으며 변화의 기본은 合과 沖에 있는 것이다.

合은 만물을 성취하는 진리인 까닭에 주역 서문에 이르기를 '與天地로 合其德, 與日月로 合其明, 與四時로 合其序, 與鬼神으로 合其吉凶然後에야 可以謂之知易'이라 했으니 이것은 합의 차원을 밝힌 내용으로서 하늘과 땅의 덕, 해와 달의 밝음, 춥고 더운 질서, 귀와 신의 길흉이 합하여 변화하는 원리를 알아야 비로소 역을 안다고 함으로써 합의 진리를 강조한 내용이다.

합의 진리에 따른 생활현상은 인간 대 인간, 인간 대 사물, 서로 상대적 상합으로부터 회우(會遇)와 합의, 교호와 교관과 화합은 상호교관과 성취, 약속과 계약, 취사(就事)와 동의, 가부와 결정, 응기(應期)와 결과가 모두 合에 의해 이루어지는 것이다.

합은 영원할 수 없으며 합의 속성에 따라 각각 다르다. 일정한 시간이 지나면 분리되는 것이다. 이것은 합의 상대인 충(沖)의 법칙으로서 이루어지는 것이니 합과 충의 법칙은 현상계의 변화상이다.

※연기(緣起 : 因緣)설

'諸法從緣生 諸法從緣滅'이라는 생성되어서 소멸되는 법칙은 시간과 공간적으로 정확히 밝힌 척도인 까닭에 언제 어느 장소에서 만나서 언제 어느 곳에서 무슨 일로 헤어진다는 것을 밝힐 수 있으며 인간생활의 회우변천(會遇變遷)을 알 수 있는 것이 합과 충의 법칙에 의해 이루어지고 있는 것이다.

(1) 합의 종류

① 단합 : 단순한 음 대 양의 합으로 마치 남녀 한쌍이 부부를 이루는 합과 같으며 합한 후 부부가 자녀를 낳듯이 다른 물질을 생산하는 데 특징이 있다. 고서에서는 '夫合者는 乃和諧之義 男女相合 夫婦之道'라 말한다.

○천운합(天運合)

甲己合化土 戊癸合化火

乙庚合化金

丙辛合化水

丁壬合化木

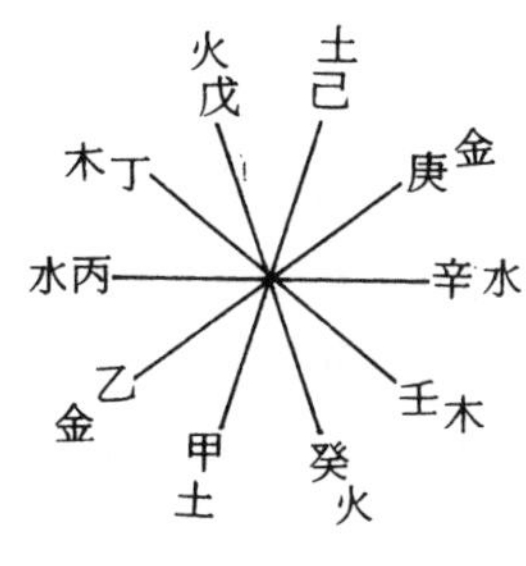

○지기합(地氣合)

子丑合化土

寅亥合化木

卯戌合化火

辰酉合化金

巳申合化水

午未合太陽太陰

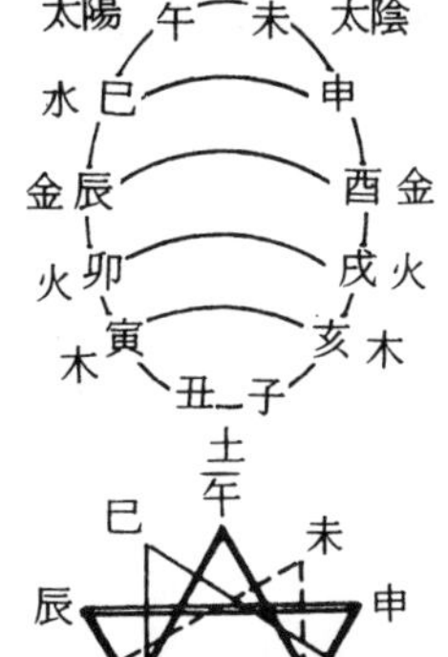

○중합(衆合 : 三合 : 行合)

寅午戌火局 黨侶不正

申子辰水局 流而不淸

亥卯未木局 繁尤駁雜

巳酉丑金局 矯革離異

(2) 천운합 (天運合)과 화기 (化氣)

삼명원서 (三命原書)에 합의 진리를 '遇六則合하고 遁三則化'한다고 밝혀 천운지합은 천도에 순응하여 합하면 화하며 체생 (遞生 : 甲己合化土生金)하거나, 수생 (受生 : 甲己合化土 火生土), 극제 (剋制 : 甲己

合化土 剋水)하는 제3의 연계(連繫)작용에 오묘한 변화의 진리가 함축되어 있다는 뜻이다.

우육즉합(遇六則合)한다는 뜻은 甲이 乙丙丁戊己하여 여섯번째에 이르러 합한다는 것이며 둔삼즉화(遁三則化)한다는 뜻은 甲己가 丙寅에서 시두(始頭)하여 丙寅 丁卯 戊辰 세번째에 이르러 천운 戊土로 化土 작용을 하는 까닭에 이를 말한 것이다.

甲己之年 丙寅 丁卯 戊辰 戊土之化

乙庚之年 戊寅 己卯 庚辰 庚金之化

丙辛之年 庚寅 辛卯 壬辰 壬水之化

丁壬之年 壬寅 癸卯 甲辰 甲木之化

戊癸之年 甲寅 乙卯 丙辰 丙火之化

이와 같이 五子원둔(元遁)하여 세번째에 이르면 辰위에 해당하며 辰位上 천운오행 속성대로 화하는 것이 우주 순환질서에 따른 변화법칙이다.

고서에서 '逢龍則化'한다 하였으니 용은 곧 辰이니, 辰위(戊辰, 庚辰, 壬辰, 甲辰, 丙辰)에 이르면 운도가 바뀌어지며 천운이 관장하는 오행에 변화가 생긴다는 뜻이다.

(3) 천운합의 변화

① 甲己合化土(中正之合)

　　주체 甲 객 己(正財合化 財)

　　주체 己 객 甲(正官合化 比)

② 乙庚合化金(仁義之合)

　　주체 乙 객 庚(正官合化 官)

　　주체 庚 객 乙(正財合化 比)

③ 丙辛合化水(威權之合)

　　주체 丙 객 辛(正財合化 官)

주체 辛 객 丙(正官合化 食神)
④ 丁壬合化木(淫訛之合)
　주체 丁 객 壬(正官合化 印綬)
　주체 壬 객 丁(正財合化 食神)
⑤ 戊癸合化 火(無情之合)
　주체 戊 객 癸(正財合化 印綬)
　주체 癸 객 戊(正官合化 財)

(4) 천운합의 특징

① 甲己合 : 中和, 正道, 誠實
② 乙庚合 : 義合, 倫理, 信義
③ 丙辛合 : 武威, 權威, 嚴肅
④ 丁壬合 : 淫心, 私情, 知畧
⑤ 戊癸合 : 無情, 丙性, 消極(남자는 노처녀, 여자는 나이 많은 사람과 결혼하는 수가 많다.)

(5) 천운합의 작용

인연·유정·동중정(動中靜)·결합·성취·유대·연결·통합·의합·취합(取合)·계약·약속·화순(和順)·회우·취득·결정·합격·당선·가결·합법·융합·병합(倂合)·응합(應合)·응기·혼합(婚合) 등 단순합인 까닭에 1대 1의 합에서 이루어지는 합의 작용이다.

(6) 지기합 (地氣合)과 화기 (化氣)

지기합의 도표를 살펴보면 횡적으로 상호합을 이루고 있으며 이것은 마치 지구의 경위도(經緯度)로 보아 위도선상으로만이 대립하고 있는 것을 알 수 있다. 즉 종적으로는 천운지합이요, 횡적으로는 지기지합으로서 천지지기가 교호종횡지합을 이룸으로써 각급 실체가 합에 의해 구심과 좌표를 위지하고 있다는 사실을 알 수 있으며 이것을 지구와 인체에 비유한 내용을 다음과 같이 설명한다.

① 子丑合化 土

지기합은 주체인 각각의 천운에 어떠한 상대적 변화에 해당하는지의 여부를 통변하는 데서 결론을 얻을 수 있다.

예 : 甲주체 子丑合化 土. 子水는 문서, 丑土는 현금이므로 이 둘이 합한 상으로서 문화위 재물(文化爲財物), 즉 현금을 문서상 합법화한 까닭에 은행의 예금이나 유가증권이므로 수표, 약속어음 등 증서에 해당한다.

○子丑合化 土 : 발에 신발을 맞추어 신는 것과 같다.

　足與靴着合象　天足地頭之合

●子合丑爲實 : 兩足合應之意　地球北極固定化

●丑合子爲空 : 地軸形成　求心點造成

子가 丑을 만나면 복이 가볍고 丑이 子를 만나면 복이 많다고 하는 말은 子는 물이요, 丑은 그릇과 같아서 오행상 土剋水하여 물을 끌어당긴다는 것과 같은 이치다.

○寅亥合化 木 : 水가 본체인 木으로 돌아가는 합이다.

　淫訛之合故　淫心生動之象　膝上合脚之意　破合故先合後破　地球推力
　作用　廻轉運動　外部

●亥合寅爲就

●寅合亥爲破

寅이 亥를 합하면 복이 중하고 亥가 寅과 合을 하면 복이 약하다. 亥는 寅에 水生木하니 설기요, 寅은 水生木하여 생함을 얻으니 취함으로써 힘을 얻는 것과 같다.

○卯戌合化 火 : 동방의 木이 火의 창고인 戌과 합하여 火가 된다.

●桃花淫情之合　肛門　緊合　手技巧妙之　地球天格　與地心之合　北極磁
　易引力與　外部高熱合引　地心內核吸收

●戌合卯爲舊 : 과거나 옛것을 돌아보는 상.

●卯合戌爲新 : 새로운 것을 찾아 생동감 있는 상.

金水 왕절 陰처인 창고 방향에서 만나는 형상으로 도화 음정지합이라고 한다. 卯日이 戌을 만나면 복이 많다.

○辰酉合化 金

桃花有情之合 胃與菌着 皮與刀合之象 地球辰爲海潮流 酉爲月與合 海水流動 潮汐作用

●辰合酉爲合 : 서로 화합하는 상.

●酉合辰爲離 : 받았다 다시 돌려주는 상.

음金이 木火왕성지인 辰(水庫)에서 만나므로 도화 음정지합이라고 한다.

○巳申合化 水

長生發生之合 肩膊兩合 水腸 大腸 一運之象 刑合背信故 合後 刑舌之事 地球 巳申 合化水氣 收縮 凝固 集合 引力 外部之氣內部吸收 去來 廻轉運動

●巳合申爲順

●申合巳爲逆

巳火와 申金이 합하여 水가 되는 것으로 巳나 申은 金水가 장생하는 곳으로 결합됨으로써 더욱 발전하는 현상이다. 巳申은 합인 동시에 刑이며 破이기 때문에 합으로 작용하다 헤어질 때는 형설(刑舌), 시비(是非) 등의 일이 일어나며 심하면 칼부림으로 상해가 따른다.

○午未合化 太陽 太陰 交感

양은 음, 음은 양이 교차 상응하는 상으로서 午는 태양으로 낮[日], 未는 태양의 빛을 받아 빛을 반사하므로 태음으로 밤[月]으로서 합이 되는 것으로 사람의 머리 위쪽 백회(百會)에서 임독(任督)맥이 교차하는 것과 같고 지구 적도의 음양이 교환 교류하는 것과 같다(日＋月＝明).

午未합은 子丑합이 북극에서 이루어지는 데 반해 적도에서 이루어지는 것이다.

●午合未爲虛 : 주고 보면 허전한 상.

●未合午爲晦 : 받아서 베푸는 상.

午日未合은 복이 가볍고 未日午合은 길하다.

午合未는 火生土하므로 생산적이나 설기하므로 허하고 未合午는 생합을 받으므로 득하는 것이다.

(7) 지기합의 작용

인연·유정·동중정·상합·결합·시발·성취·유대·계약·합의·결정·약속·회합·취득·합법·혼합·응합·응기·취합·착수·화순·가결·결재 등 단순 1대 1의 상대적 합이며 화기(化氣)에 의해서 길흉이 결정되는 것이다.

① 남자는 합이 많으면 외교, 사교능력이 있고 여자는 합이 많으면 음명(淫命)이라 하여 항시 남자관계의 구설수가 따라다닌다고 한다.

② 길(吉)신이 합하면 더욱 길하여지고 흉신이 합하면 더욱 흉함이 깊다.

③ 합지가 공망되면 합력이나 공망력도 약화된다.

④ 근합(近合)은 합의 힘이 크나 원합(遠合)은 힘이 약하고 合이 충파(沖破)하면 불합, 불충이 된다.

(8) 중합 (衆合 : 三合)

중합은 단합과 달리 2인 이상 또는 두 개 이상의 사물이 동일한 속성에 한하여 결합 또는 집합하는 합의 원리로서 동일한 오행의 속성이 시중말(長生, 帝旺, 墓庫) 3종이 계합(繫合)하는 것을 말한다. 단합은 한 가정의 부부의 합이요, 중합은 사회의 유합(類合 : 대중이 여럿이 합함)인 까닭에 두 합의 응용상 구분은 명확하다.

단합은 1대 1로 어떠한 목적에 합의하여 일정한 시간이 흐르면 변하고 화하여 분류함을 면키 어려운 것이다. 삼합은 1대 1 이상의 동일한 목적에서 단합(團合)하는 유합인 까닭에 사회의 공동생활을 위해 이루어진 각 조직단체는 모두 이에 해당한다. 삼합은 단합과 달리 합하면 합할수록 변함없이 세력이 확장되며 가세되어 더욱 공고해진다.

삼합은 사물을 복합적인 속성으로 변화시켜 질량을 형성하는 결정적인 역할을 담당하고 있다. 즉 亥만의 속성은 물〔海水〕이나 卯와 합을 이루면 木성으로 변화를 가져오며 섬유질·모사(毛絲)·포목·펄프 등 물질을 이룬다. 이에 未까지 삼합을 이루면 건축자재와 건축물로 변한다. 특성은 오행지기로 동화작용(同化作用)을 하므로 각각 분리되어 있을 때는 독자적 개성이 지배하나 삼합을 이루면 개성은 오행지기에 동화, 귀의한다.

즉 申金, 子水, 辰土의 개성이 申子辰 삼합을 이루었을 때는 申金이 水로 子水의 개성을 보강하며 辰土도 水로 동화되어 水局으로 귀의하는 것이다.

申金이 개성일 때는 철물이나 화폐(동전)나 申子辰水국으로 동화되면 섬유질로 변하며 辰土가 개성일 때 토지, 부동산이나 회水국하면 辰土가 水로 변해 해양이나 水路로 변한다.

삼합은 眞三合, 假三合, 全三合 등으로 구분되어 있으며 그 작용은 기세의 강약이나 질량의 크고 적은 데에 있으므로 교관작용상 이 점을 특히 유의해야 한다.

例 : 寅 午 戌 火局

⊙ 寅午戌 全三合 ⊙ 寅午○ 眞三合(長生, 帝旺合)

⊙ ○午戌 眞三合(帝旺, 墓庫合)

⊙ 寅○戌 假三合(始終之合)

삼합을 응변하는 교관작용상의 묘(妙)는 오행의 속성과 십이순환법칙과 십신통변의 원리를 충분히 응용하는 데 있다.

① 중합〔三合〕의 속성

○寅午戌 火局 炎上

기체물질·정신문화계통·연료·화학공업·색소·자기·예술·미술·화기(火器)·화려한 것, 문화품·법·예도(禮度) 등 사물

○申子辰 水局 潤下

액체물질·수자원·해양·어망·강하·상하수도·관개수·수력발전소·목욕·세면·세탁소·원자력·전자제품·종묘·사직(絲織)·선(線)·세장지물(細長之物) 등

○巳酉丑 金局 從革

고체물질·금속자원·금속물질·금은보석·철·기계부품·무기·도침지물(刀針之物)·유리종류·절단·마취·선(線)·화폐·현금·세장류(악세사리)·혁신

○亥卯未 木局 曲直

연체지물(軟體之物)·식물성자원·목재·임목·토목건축·섬유질·영농·화원·종묘·제사(製絲)·방직·가구·양장·제복·목장·농장 등

②삼합(중합), 육합(단합)의 특징과 응용법

○단합은 합하여 화하는 까닭에 일정한 시간이 경과함에 따라 어떻게 화하며, 화신(化神)과 주체와 화신과 객체와의 관계가 어떻게 작용하는지 살펴야 한다.

○단합에는 종화(從化 : 주체가 合化氣勢에 從化함)하는 데 있어서 주체가 화기를 따라가는 경우가 있으니 이를 잘 살펴야 한다.

○합은 동해 있는 것을 정하게 하거나 움직이지 않는 것을 움직이도록 하는 작용을 한다. 이것을 적천수(滴天髓)에서 '合有宜不宜 合多不爲奇'라 했다.

○육합은 가정의 합이요, 삼합은 사회의 합이다. 삼·육합이 교가(交加)하면 가정과 사회, 단순과 복잡, 개인과 전체 등으로 각분야에 유관한 인연을 맺게 된다.

○합에는 충(沖)이 상대적 불가분의 작용인 까닭에 합과 충이 교관
작용의 주체며 인연과 응기의 시공적(時空的) 절대 척도이다.

○합은 合化喜, 合化忌, 衆合喜, 衆合忌가 있다.

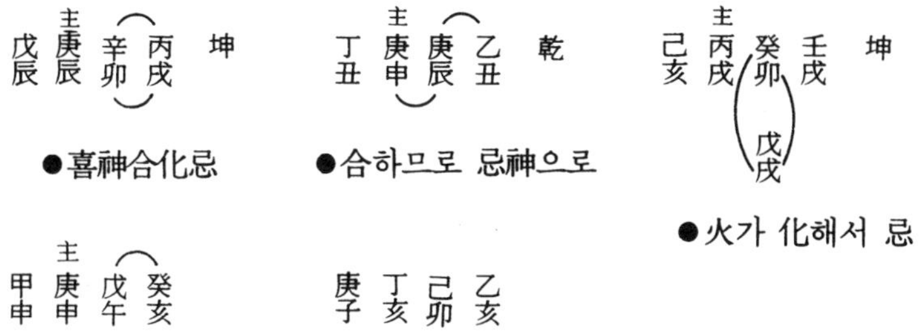

○합에는 긴합(緊合), 격합(隔合), 원합(遠合), 삼·육 교가합 등
이 있다.

○원합근인지희(遠合近引之喜: 원처 희신을 합으로 가까이 이끄는
합)

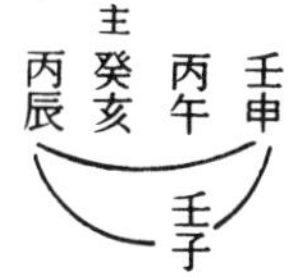

●원처희신인근합: 먼 곳에 있는 것을 합으로 이끌어 좋아짐.

○원처중합화기신 탈재가지(遠處象合化忌神 奪財可知)

●격합(隔合)

○원신인근합화희(遠神引近合化喜): 먼곳의 희신을 가까이 합으로
이끌어 화생희신케 함.

212

●시종지합화희 (始終之合化喜)

○단, 중, 복합 유정지상(單, 衆, 複合有情之象)

●삼·육교가합(三六交加合)

○중합이 단합인근지예

●삼·육교가합

○긴합, 원합, 충처봉합(緊合, 遠合, 冲處逢合)

●긴합　　　　　●원합

○천합지정(天合地靜), 천합지형(天合地刑), 천합지해(天合地亥), 천합지파(天合地破)

●천합지정　　　　　●천합지형

●천합지해　　　　　●천합지파

○지합천극, 투합거정(妬合去情), 아배타정(我背他情), 양자동세지합(兩者同勢之合)

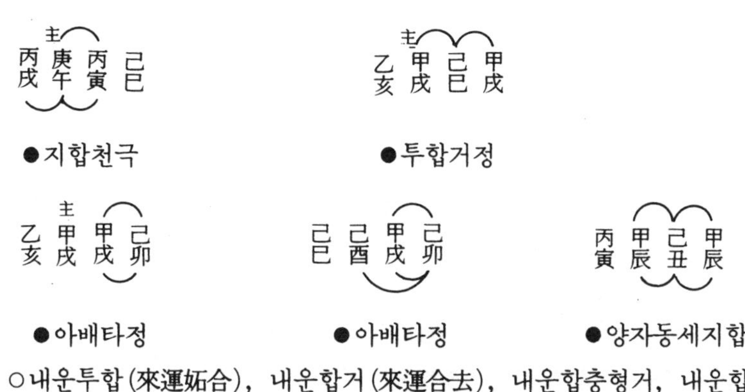

○내운투합(來運妬合), 내운합거(來運合去), 내운합충형거, 내운합충거.

동료, 형제, 협력 사업추진, 의견합의

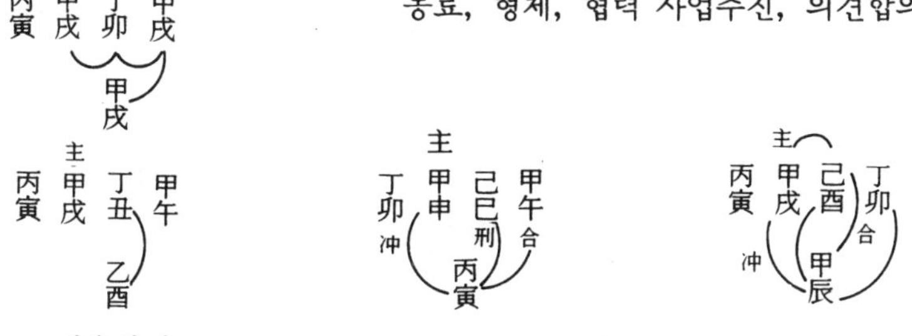

○운래충처합정(運來冲處合靜), 선합거별상(先合去別象), 긴충원합(緊冲遠合), 내운형처합제(來運刑處合制)

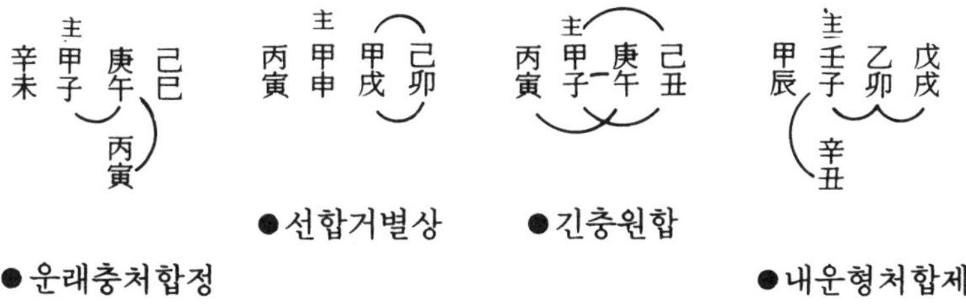

○내운해처화해(來運害處和解), 내운파처화해(來運破處和解), 내운삼육충인용(來運三六冲引用)

●내운해처화해   ●내운파처화해   ●내운삼육충인용

〔2〕 충 (冲)

우주현상계는 인력과 추력에 의한 통일과 분열, 수축과 팽창작용을 되풀이하는 이합집산(離合集散)의 변화세계이다. 이것을 철학적인 원리론에 입각해 상생과 상극, 상합과 상충작용으로 고찰하고 있다.

생극과 충합은 불가분의 상대작용으로서 우주의 기본운동이다. 생자필멸(生者必滅)이요, 회자필리(會者必離)라는 변화의 원칙은 生剋과 合冲에서 조화된 것이다. 우지즉합(遇之則合)하고 둔지즉화(遁之則化)한다는 合과 化의 진리를 상대적으로 계승한 것이다.

이것은 곧 6에서 합한 것을 7에서 분리시키는 작용으로서 七字를 가해서 칠살(七殺)과 칠충(七冲)이 되는 것이다. 충은 합한 사물을 변화케 하는 상대작용이다.

'노자(老子)' 말씀이 만물은 모두 음이 양을 부(負)하고 양이 음을 포(抱)하며 冲氣로써 조화를 이룬다고 밝혔다.

충의 본질은 조화를 기본으로 삼고 있어서 '자사(子思)'도 희노애락(喜怒哀樂) 미발위지중(未發謂之中)이요, 발이개중절(發而皆中節) 위지화(謂之和)라고 하여 발동하되 중절을 지키는 것이 화기(和氣)라고 했다. 그러나 화기의 근본이 충극에 없다 해도 상대적인 강약에 따라 결과가 다르게 마련이다.

'滴天髓'에서 왕자충쇠 쇠자발이요, 쇠자충왕 왕자발 (旺者冲衰 衰者

拔 衰者冲旺 旺者發)이라고 밝힌 내용이 곧 상대적인 강약에 따라 충의 결과가 다르다는 것이다.

즉, 강자가 약자를 충하면 약자는 기세의 근본이 발본되어 쇠진한다는 뜻이요, 반면에 약자가 강자를 충하면 노발(怒發)하여 왕기를 발동케 한다는 뜻이다. 이로써 본다면 상충작용은 주객(主客)의 강약에 따라 왕쇠를 살펴야 한다는 것이다.

사물은 불합, 불충의 자세가 본연의 위치라고 보아 합은 유연안정상태(有緣安靜狀態)요, 충은 발동변연상태를 뜻한다.

충은 정한 것을 동하게 하며 집합했던 것을 해산토록 하며 취했던 것을 놓게 하며 입었던 옷을 벗도록 하는 것처럼 완화되었던 것을 긴장토록 하며 사정(私情)에 얽매여 있었던 것을 공정하게 하는 것 등과 같은 사물 본연의 조화를 단순한 충의 기본작용이라고 할 수 있다. 그러나 충이 강한 입장에 있거나 타성(他星)의 세력을 힘입어 완강해졌을 때에는 조화의 차원을 벗어나 강제성을 내포한 공격의 추세로 변하여 공격, 이산, 파괴, 살상의 경지에까지 도달한다.

이것은 마치 세력이 균형을 이루었을 때는 서로 조화를 유지하나 어느 하나의 세력이 강해지거나 약해지면 균형이 상실되어 불화와 파괴가 일어나는 것과 같다.

천은 극이라 하고 지는 충이라 하여 천극지충이라 하였으니 천운은 상동적(常動的)인 상태인 까닭에 극이라 하며 지기는 본래 정적인 자세인 데서 충이라 한다.

천극하면 지동(地動)이요, 지충하면 천동하는 원리이므로 천지가 만나 충하면 발본색원이 되는 것이다.

원서에 '천전유자가(天戰猶自可)요, 지전급여화(地戰急如火)'라 했으니 천극은 영향이 경하고 단순하며 지기와 상충은 급하고도 영향력이 매우 크다고 하는 것이니 천극과 지충이 겸하면 천지가 반복된다는 뜻과 같으니 극히 심한 충격의 영향을 받는 것이다.

또한 '양간동차강(陽干童且强)하니 속달현현재상(速達顯顯災祥)이요, 음지정차정(陰支靜且定)하니 부태매경년(否泰每經年)'이라 한 내용이 음양의 속성을 곁들여 극충작용을 강약과 속완(速緩)으로 구분한 것이니 양년에는 길흉간의 작용이 속히 나타나며 음년에는 해를 넘기는 경우도 있다는 뜻이다.

생방파동고의개(生方怕動庫宜開) 패지봉충자세추(敗之逢冲仔細推)라는 滴天髓의 충론을 또한 중요시해야 한다. 寅申巳亥 사맹(四孟)을 생방이라 하며 파동이란 기(忌)하는 것이요, 辰戌丑未 사고(四庫)는 마땅히 충해 창고를 열어야 한다는 뜻이며 패지란 子午卯酉는 충에 유동성이 있어서 자세히 통변작용을 살피라는 것이다.

(1) 강약 (强弱)에 대한 설명

상충작용의 기세가 서로 동등하며 정재, 정관, 인수 등 길신의 교가(交加)와 타신살이 불범(不犯)했을 때 정통극충(正統剋冲)이라고 한다. 약간 왕신(旺神)이 충하며 칠살, 편재, 비견, 겁재 등과 해, 파, 신살 등이 가세했을 때 약강극충(若强剋冲)이라고 한다. 왕신이 희신을 극충하며 칠살, 효신, 겁재 등 흉신에다 형, 해, 파 등이 중중(重重) 가세되었을 때 극강중충(剋强重冲)이라고 한다.

(2) 정통극충 (正統剋冲)

발동, 사물의 시동(始動), 중화(中和)시 발의, 이동·냉정·조화·기안·착상·긴장·중정·신중·주의·연기(緣起)·개척·발전·공정(公正) 등이 일어난다.

(3) 약강극충 (弱强剋冲)

변동·이동·분리·해산·갱개(更改)·파산원행·경쟁·대립·긴장·공포·주의·조심·신중·충격·반목·충돌·송사·혁신

(4) 극강중충 (剋强重冲)

상살(傷殺)·파멸·관형·상신(傷身)·질병·수술·사경·분열·사별

(5) 子午상충

水火상극(子중 癸水가 午中 丁火 상극)

●수화기제(水火旣濟)＝수도(水道)·수리(水利)·조명·정신·예민·능변·기억·활용·구설·지발지사(智發之事)·심신양경수손(心腎兩經受損)·혈압·신경병

(6) 丑未상충

土對土(丑중 癸水 辛金이 未중 丁火 乙木 상극)·이토비화(二土比和)＝땅이나 집 이동, 영농·토목공사·광공업 개발·비(脾)·위(胃)·치(齒)·척추·입이나 입술질환이 생긴다.

(7) 寅申상충

金木 상극(寅중 丙火戊土가 申중 庚金 壬水 상극 申中 庚金 寅中 甲木 상극)

●금목상제(金木相濟)＝도로·교통·희신(喜信)·전달·이동·발동·원행·개발·간·담·다리·신경병 등이 생긴다.

(8) 卯酉상충

金木 상극(酉中辛金 卯中乙木 상극)

●금목상제(金木相濟)＝문호경개(門戶更改)·이동·집안변화·장유불화(長幼不和)·수족지지 말초신경질환(手足之指 末稍神經疾患)이 생긴다.

(9) 辰戌상충

土대 土(辰中 癸水가 戌中 丁火극, 戌中 辛金이 辰中乙木 상극)

●토상비(土相比)＝땅·집, 법송(法訟)·형옥(刑獄)·투쟁·경쟁· 회맹(會盟)·위·심·신·피부질환이 생긴다.

(10) 巳亥상충

水火 상극(巳中 庚金 亥中 甲木, 亥中 壬水 巳中 丙火 상극, 巳中 戊 土가 亥中 壬水 상극)

●수화기제(水火旣濟)＝연료·조명·폭발성·해사(海事)·이동·원행· 천문지리(天門地理)·심장·소장·방광·대소변·혈압 등 질병이 생 긴다.

(11) 충의 응용

●합처봉충 (合處逢冲)

●丙寅＝천관귀인 ●寅＝천을귀인
●亥＝상관　　　●壬＝상관
●申＝겁재　　　●甲＝정재
●子＝식신　　　●戊＝인수

●월丙과 辛합으로서 정상적인 공직 근무처로 활용하였는데 壬申이 상관 겁재로 충탈(冲奪)함으로써 파직되었다.

길신을 흉신이 극충하면 흉액이 되며 흉액을 길신이 극충하면 흉함 을 면할 수 있다. 합한 것은 안정된 상태에 조직과 인연을 맺고 있으 며 합리적인 생활을 하는 것을 충하여 변동이동, 경개(更改) 내지 이 산, 분리, 영원 작별을 일으키게 되는 것이다.

●형처봉충(刑處逢冲)

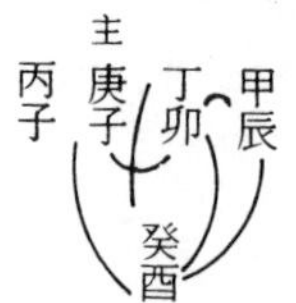

●子卯형하고 卯辰해로서 어느 땐 가 금전과 처의 질병을 내포하고 있는 것을 癸酉가 충함으로써 금전

과 처의 악성질환(자궁암)이 왔다. 子는 처의 위치, 卯는 처요, 생기며 子辰은 습한 것을 알려주는 것으로 卯酉충, 子酉파, 辰酉함으로써 발병된 것이다.

단순한 상충보다는 형하고 있는 곳을 충함으로써 가중처벌법과 같은 작용이므로 흉액이 더욱 심하다.

●해처봉충

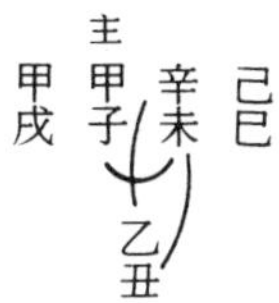

●정재가 천관귀인을 생해 주어 관료로서 활동하는 자로서 子未 해를 당하고 있는데 乙丑운이 겁재로서 子丑 합하고 丑未충함으로써 금전과 처의 질병이 발생하게 된다.

●파처봉충

●子酉파에 卯酉충함으로써 일찍 부모를 잃고 가업이 쇠락되었다.

●형해에 봉충파

●子卯형, 子未해에 午충子, 午파卯됨으로써 흉함이 겹쳐 처는 정신병에 걸리고 자식은 물(더운 물)에 빠져 사망했다.

●일월상충 : 형제 불화, 재산 다툼

●형제간에 부모, 선조의 땅과 재산다툼으로 송사가 벌어졌다. 형이 재산을 관리하며 문서로서 정리한 것을 庚午 대운 甲辰년이 오면서 재물에 대한 욕심이 생김으로써 형제간에 법정 투쟁까지

일어나게 된 것은 甲戌 조상의 숨은 재산(戌중 辛金)을 辰酉合과 辰戌 충으로서 작용한 것임.

●연월상충 : 부모가 조업탕진(祖業蕩盡)하고 선조 명예 오욕지상(汚辱之象)

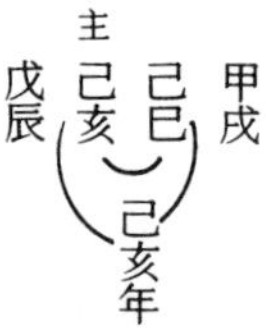

甲子 己巳 庚午 甲子

●연의 정관 천을귀인 선조의 명예와 재산을 月 庚金 상관과 午火가 탈극 파충고로 부모대에 이르러 선조의 재산과 명예가 실추되었다.

●일시상충

庚午 甲子 己巳 甲子

●시극 日辰함으로써 자녀로 인해 항시 불안 근심이 따른다.
자녀의 패륜으로 말년이 불길하다.

庚자녀, 午상관 子도화살, 천주지충.

●천운동이 지기충(天運同而 地氣冲)

戊辰 己亥 己巳 甲戌
己亥年

●일은 많고 노력은 하였으나 공이 없다. 외부로는 근심 걱정, 내부로는 우환이 따르니 상하(上下)가 조화를 이루지 못함으로써 쇠락 기운이다.

●충한 가운데 또 충이 오면(冲中加冲)

壬午 庚辰 壬寅 壬申
庚申

●길신(좋은 星)을 충하여 상하고 있는데 운에서 겹쳐 충이 됨으로써 뿌리가 뽑히는(傷剋太甚. 被傷吉神 拔根損減)

질병이 닥치지 않으면 사업에 자금 부족으로 재산 몰락할 기운이 보이며 자금 조달을 위해 부인은 바삐 움직인다. 금전, 수표 등 부도 위기 닥침.

●자전(대운) 세운이 화합치 못하면 노상(路上) 재난을 당하는 수가 있다. 자칫 생명에까지 위험이 따르며 혈압과 유혈이 보인다.

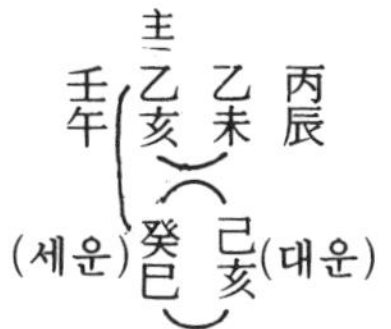

●대운 세운 천극지충함으로써 부하 또는 동기(同氣)의 오류나 유고(有故)가 본인에게까지 미친다.

●충신화거 제화 변동필지(冲神化去 制化 變動必至)

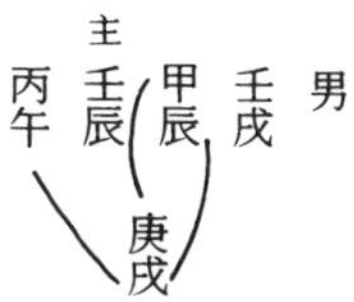

●庚戌 甲辰 천극지충하면서 직업 변동시의 丙午와 월 甲辰 식재재로서 충하므로 식당을 경마장으로 옮겨 사업이 시작되는 것임. 甲辰→음식, 丙午→재물. 辰→운동장·탕종류, 午→말, 庚→재주 부리는 것.

辰戌충 자리 바뀜(이동). 甲＋午＋戌＝火局

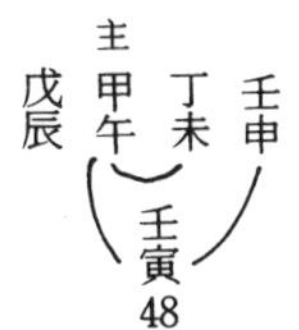

●남편 재물 탕진, 본인 영업으로 己未, 庚申, 2년 사이 천만 원돈 타인 채무를 변제해 줌.

〔3〕 형 (刑)

사람은 육합에 의해 가정을 이루고 삼합으로서 사회를 구성하고 있으며 삼합·육합(三合六合)이 국가를 형성하고 있다.

이러한 구성을 六冲이 六合인 가정을 三刑이 三合인 사회를 운영하는데 각각 변화, 분리, 이산, 파멸하는 작용을 한다. 특히 三刑은 사회적인 집단조직을 변화, 이산토록 하는 데 주된 작용을 함으로써 단체 대 단체나 조직 대 조직간에 불화와 반목, 시기와 질투, 공사와 관형, 투쟁과 상해 등이 모두 三刑에서 이루어지는 것이다.

형을 三형이라고 부르는 이유는, 형이 세 종류가 있는데 삼합과 삼국인 삼지(三地)의 조직(例 : 寅午戌·巳午未)을 손상한다는 뜻에서 三字를 붙인 것이다.

222

三刑은 寅巳, 巳申, 申寅을 무은지형(無恩之刑) 또는 붕형(朋刑)이라고도 하며 丑戌, 戌未, 未丑을 시세지형(恃勢之刑) 또는 붕형이라고도 한다. 辰辰, 午午, 酉酉, 亥亥를 자형(自刑)이라고 한다.

(1) 형의 성립을 두 가지로 들 수 있다.

첫째 : 三合對 方局間의 시세와 대립으로 성립된다.

亥亥 : 自刑	子卯 : 互刑	丑未 : 朋刑
寅巳 : 朋刑	卯子 : 互刑	辰辰 : 自刑
巳申 : 朋刑	午午 : 自刑	戌未 : 朋刑
申寅 : 朋刑	酉酉 : 自刑	戌丑 : 朋刑

寅卯辰에　申子辰　　　　　　　　巳午未에　寅午戌
申酉戌에　巳酉丑　　　　　　　　亥子丑에　亥卯未

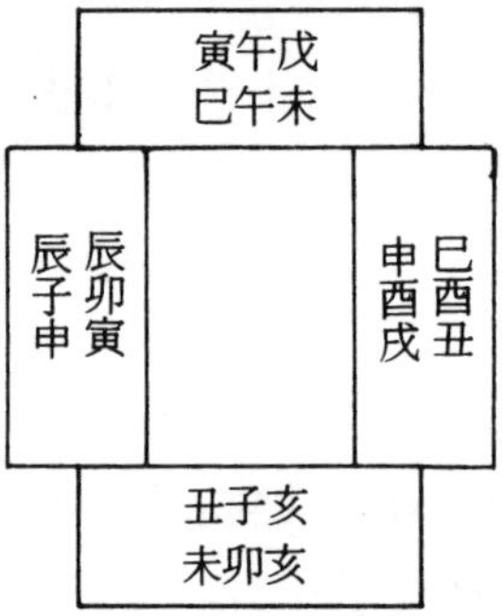

```
          ┌───────────┐
          │   寅午戌   │
          │   巳午未   │
      ┌───┼───────────┼───┐
      │ 辰 辰     申 巳 │
      │ 子 卯     酉 酉 │
      │ 申 寅     戌 丑 │
      └───┼───────────┼───┘
          │   丑子亥   │
          │   未卯亥   │
          └───────────┘
```

하나의 방국(亥子丑 北方)인 집단 세력과 또다른 三合(亥卯未)인 집단조직이 서로 세력의 암투와 패권의 쟁탈을 위해 접근하여 상친(相親 : 相生比和)하는 것 같으면서도 서로 배신과 모략 등으로 각각 집단 세력을 파괴하려고 하는 저의와 행위로써 이루어지는 작용이다.

예전부터 하나의 강력한 세력이 무너지거나 멸망할 때는 그 세력의 혜택을 입었던 가까운 심복들에게 배신당함으로써 모반에 의해 도괴(倒壞)되는 사례가 허다하다.

'陰符經'에서 은생어해(恩生於害)하고 해생어은(害生於恩)이라는 진리가 바로 三刑의 원리를 말한 것이다.

둘째 : 형의 성립을 수(數)의 진리로 파악하는 방법이다. 자연수는 1에서 10까지가 기본단위이며 10수에서 마치면 다시 1로 환원하는 과정에서 10수는 공허한 종료와 극진(極盡)을 뜻해 형이 성립된다.

子卯 상형 : 子에서부터 역수(逆數) 卯까지 10수로 성립

丑戌 상형 : 丑에서부터 순수(順數) 戌까지 10수로 성립

戌未 상형 : 戌에서부터 순수 未까지 10수로 성립

寅巳 상형 : 寅에서부터 역수 巳까지 10수로 성립

이와 같은 내용으로 미루어 辰午酉亥 자형 외는 모두 10수에 의해 성립된다.

(2) 형의 작용

작용은 조직 대 조직을 변개(變改)하거나 분리, 파산의 역할을 한다. 단순한 형의 작용만으로는 불가능하나 또다른 형의 작용이 가세되면 불화, 반목, 질투 등으로 조직이 붕괴를 초래하게 되는 것이다.

① 종합작용

형액·관재구설·송사·체형(體刑)·범법·무례·모략·배신·억류·구속·질액·질투·수술·파괴·살상 등이 발발된다.

(3) 형의 분류작용

① 寅巳형(무은지형) 형해가중(刑害加重) 寅이 巳刑한다.

寅巳형은 형에 해가 가하면 형해가 동시에 성립하여 다른 형에 비하여 작용이 극히 강하다. 寅巳형은 무은지형 시세지형이라 실의, 망은(忘恩)에 특성이 있다.

세력의 갈등, 평소언중(平素言重), 무정, 암암리에 시기, 질투, 승부벽과 경쟁심 발동, 이익과 목적달성 후 은인에 대한 배신, 망은, 은인을 원수로 여기고 육친간에 정이 멀어지고, 항시 시비구설, 반목, 형액, 송사, 거동험조(擧動險粗), 명리훼손(名利毁損), 정의를 위한 직언, 법적이론과 구실에 의지, 살상하는 것을 기쁨으로 여김(慘虐喜殺), 명양공리지심(名揚功利之心), 즉 공을 세워 이름을 날리고 싶은 욕심에 치우치거나 공을 얻어 영광이 따를 수도 있다.

또한 건강상 소장, 삼초혈(三焦穴), 편도선, 임파선, 인후, 혀와 입 안, 얼굴이나 치아에 이상이 있거나 물건에 상처, 흉기로 흉터가 생기거나 악성가스나 독극물 중독, 차사고 등으로 신상에 좋지 않게 된다. 또한 충에 해가 겹치면 평생 불치 고질병에 불구 등으로 되는 경우가 있다.

② 巳申형(무은지형) 巳能刑申 刑合

巳申형은 형합이다. 巳와 申은 육합이면서도 형에 해당하므로 형합이라 하며 희기가 공존하는 상이다. 먼저 합하고 나중에 형인 까닭에 처음에는 합법적으로 결합이 되므로 의사가 서로 통하여 매사에 거래나 계약 등 이해 득실관계가 맺어진다.

서로 친하여 영원히 변함이 없을 것 같았으나 시간이 흐름에 따라 형의 작용으로 차질과 배신, 서로 오해가 생겨 실패, 불화와 반목, 시비와 구설, 암투, 모략, 경쟁과 시기, 투쟁과 상해가 생기며 특히 선소후원(先笑後怨), 즉 처음에는 의견이 합치되어 좋다고 웃으며 일하다가 시간이 흐르면서 서로 원수같이 생각하며 자칫 칼부림까지 일으킨다. 미소 속에 칼을 품고 있는 격(笑中刀裡)으로 암암리에 해하며 좋은 일이 흉함으로 변하고 윗사람에게 불손해지고 남을 해치지 않으며 본인이 해함을 당하게 된다.

신체상으로는 질병이 내부로 잠입하여 오래 가며 물건을 탐하는 생병을 얻고 소장, 삼초, 인후, 대장과 소장간 기체(氣滯) 결합으로 발생하는 질병이 나중에는 한열로 나타나 고생하게 된다.

③ 丑戌형(시세지형)

丑중의 癸水가 戌중 丁火를 剋하며 戌중 丁火는 丑중 辛金을 극하는 데에서 서로 극하는 것과 丑戌 양土는 시세하고 각土는 辛金을 상원(相援)하는 자보지신(自保之神:丑중 辛金을 己土가 생하고 申金은 癸水를 체생(遞生), 戌중 丁火를 戊土가 보위한다)으로 형이 성립된다.

　丑중 癸水가 戌중 丁火를 극하고자 할 때 戌土가 癸水를 戊癸合化로 방어코자 하는 세력의 동원이 곧 시세에 해당하며 형의 원인이 성립되는 것이다. 시세는 배경을 믿는 세력이다.

　戌중 戊土가 丑중 癸水를 방합(防合)해 주지 못하여 丁火가 공격을 받게 될 때 믿었던 戊에게 배신을 당한 셈이 되어 丑戌 상형에는 항상 믿고 의지하던 사람으로부터 배신당하는 결과가 생긴다.

　그러나 이때 戌중 丁火는 丑중 癸水의 공격만 받을 수 없다 하여 복수로 丑중 辛金을 반격할 때도 있으니 서로가 함께 손상을 입는 경우도 있다.

　丑戌未 三刑은 충해와 달리 음土와 양土의 상대적 집합인 까닭에 사업상 주객의 다툼에서 일어나는 것으로 주인과 고용인 사이의 혹사와 착취로써 주인은 이익을 도모하고 고용인은 주인을 기만하는데 여기서 생긴 불신으로서 서로 배신행위가 일어난다. 불신과 불화, 의혹과 투쟁을 초래해 마침내 송사와 관형지액까지 야기, 파종(破綻)을 본다.

　형은 주객외도, 형제, 동료 사이에 배신과 불신, 이해관계의 암투와 견제가 주된 작용이다.

　주객의 불화와 배신, 주인이 고용인을 착취, 멸시, 이용, 고용인은 주인을 배신·기만·암해·훼손·시기·질투·모략, 주객 거래인 서로간에 송사·관형지액·시비구설·투쟁·형책(刑責)·실형 언도(實刑言渡), 전과자 낙인, 여자는 고독, 부부불화, 주객간에 불화, 배신, 피해.

　질병으로는 심신장애·신경계통〔記憶力 減退〕·뇌신경이상질환·심장판막증상·심계(心悸)·정충증(怔忡症)·늑막염·골수염·좌골신경통(허리, 무릎)·홈집·폐막염·횡경막염증·

　형을 능히 제복하면 형권(刑權)을 구사할 수 있는 법관·검사·경찰관·형무관 등 각급 법과 감찰, 감사와 같이 권위직에 임할 수 있다.

　형은 사물을 변개(變改)하거나 이용하는 데도 그 작용이 필요한 것

226

이다. 예를 들면 제분·정미·차수리, 기타 시계·도량형기(**度量衡器**)·건축물·묘지·토석에 관계, 목재, 지하토굴 등 개수, 변동공사에 형작용이 필요한 것이다.

④ 戌未형(시세지형)

戌중 辛金이 未중 乙木을 未중의 丁火가 戌중 辛金을 서로 극하는데서 三刑이 성립되나 戌能 未형이란 戌己 양토인 시세의 배경이 모두 戌중 辛金을 생조하는 작용에 치우쳐 있으므로 辛金이 乙木을 능히 극손(剋損)할 수 있으므로 戌能未刑이 되는 것이다.

戌중 辛金이 未중 乙未를 능히 극하나 未중 丁火의 반격을 받아 양측이 함께 피해를 당함은 피할 수 없다.

戌未형의 여러 변화작용은 부동산인 토지·건축물·묘지·대지 등의 이동, 개조 등에 따른 공사, 또한 제조·가공·채취·조정작용에도 해당된다.

주객, 형제, 동료간에 불신·배신·암투·송사·시기·질투·형액·모략·함정·혹사·착취·사기·도취(盜取)·훼손·가해·손상·손해 등이 생긴다.

질병으로는 구치(口齒)·입술 부위에 홈집이 생기며 비·위·척추·좌골 신경통 등에도 생긴다.

⑤ 子卯형(무례지형 : **無禮之刑**)

子卯상형을 호형(互刑)이라고도 한다. 다른 형과 달리 子가 능히 卯를 형하고 卯 또한 子를 능히 형할 수 있으므로 호형이라 한다. 오행상 子는 水요, 卯는 木으로서 子水가 卯木을 생하는 원리에 따라 모친이 되며 卯木은 子女가 된다.

이때 卯木이 子水를 향해 상대했을 때 도화살(桃花煞)에 해당하며 木의 패(敗)자리가 된다. 이는 마치 자녀가 모친을 연모하는 상이 되어 패륜, 불륜, 무례 등 불상사가 성립하는 셈이다. 또한 子는 일양시생지처(一陽始生之處), 묘위일출지문호(卯爲日出之門戶)인 까닭에 서로 존장지세(尊長之勢)의 각축전을 벌여 아랫사람이 윗사람에게 불경하거나 패역(悖逆)하는 일이 생긴다.

子水 위에서 甲木이 패위며 卯木에서 丙火가 패위다. 木은 규칙의 척도요, 火는 예의와 제반제도이다. 규칙과 예의가 패위에 임하여 도덕과 윤리, 규범과 법칙의 결여로 무례해져 패륜과 악덕, 불륜과 무례를 범하게 된다. 이같이 불륜과 비도덕적인 행위가 子卯형에서 야기하는 까닭으로 무례지형이라 한다.

子卯형의 작용은 패륜·무례·부도덕(자식이 부친을, 아우가 형을, 부하가 상사를 시해·저항·욕설·패악·무치(無恥)·오만불손·불륜정교(不倫情交)·색정변태(色情變態)·변태성욕·형액·구설·형제상투·반항·학대·구타·간통·오명·수원(雠怨)·주사(酒邪)·추태·색정사건으로 관재구설, 버릇없다, 연상여인과 연하남자 결합, 동성동본 연애로 진퇴양난, 유부녀 간통·유부남 사정·엽색호기심, 주색으로 가산탕진·패가망신, 수화(水火)로 인한 액(厄), 음독자살·연탄가스·괴변 등 사고, 생식기·자궁·성행위 기교·생식기계통 질액(성병)·신장(腎臟)·자궁염·요통·요도분비계통(尿道分泌系統)질환·귀·팔·다리·간장질병.

수도·하수구·강하·해수욕장·목욕탕·이발소·주점·요정·음식업·산부인과·매음업·비뇨기과 등에 인연이 있으며 항상 구설 배신·시비·관형지액이 따라다닌다.

⑥ 辰辰(自刑)

辰은 水의 묘고며 또한 법(法)의 창고며 사물, 주로 물질을 보관, 저장하는 창고와도 같다.

범법자를 구속·억류·감금·억압하는 작용을 하며 군중을 집합시키는 시장·회의장·경기장·군부대와 같이 집단세력을 형성하기도 하고 해수산물의 냉동보관, 기타 물자의 보관·저장, 또한 대륙·바다 등 광범위한 영역을 뜻하기도 한다.

작용은 좋게 되면 법을 집행하는 법관·검사·경찰관·감사·정보·감찰 등의 직업에 임하며 회의·단체조직·보관·저장·냉동·개옥·제방·시장·건축·가죽이나 겉면 공사, 수리·포위(包圍)·포장 등에 관여하는 직업을 갖는다.

흉하게 작용되면 억압·구속·억류·실형언도·송사·구설시비·유혈·위장병·피부병·신석증 등이 작용하고 흉액이 범람·붕괴·유실·파도·풍랑 등의 피해를 당한다.

⑦ 午午(自刑)

午火는 火의 극왕지세인 丙火가 가합하면 염열(炎熱)로서 화기가 강왕하면 폭발하여 재만 남는 것과 같으니 午午자형은 과강한 까닭에 자학, 자해의 액이 닥친다.

태양이 중천에 위치하여 만물을 조사(照射)하는 위력도 있으니 길하게 되면 용감·과단·민속(敏速)·강인·투지·불굴·법집행·수술·특기·전투유능·위세당당, 밝게 관찰하고 탐사·탐지·사찰(査察)·수사·구명·심판·화려·문화·섬광·선양(宣揚)·현달(顯達)의 특성을 보인다.

흉하게 작용하면 과강·충돌·폭행·살인·수술·횡포·횡액·자살·화염·가스사고·폭발사고·분신자살·화기사고, 물로써 횡액·절단·시력 등의 피해가 따른다.

⑧ 酉酉(自刑)

酉金은 금기(金氣)가 장성지기세(將星之氣勢)에 임한 까닭에 추(秋)金(三合의 장성으로 단단하고 예리함)이 견예(堅銳)하며 酉酉가 중 金氣로 인한 자형의 성립으로 金氣 태강함을 면키 어렵다.

金氣가 강하면 숙살지기(肅殺之氣)를 발하여 사물의 성장을 억제·절단·자상(刺傷)·억압 등의 영향을 받는다.

酉金은 여자를 상징하며 酉酉자형은 생리현상에 지장을 초래한다. 길하게 작용하면 제재·통제·조섭(調攝)·절제·조기(調技)·재단(裁

斷)·방정(方正)·절개·시정·갱신·조숙·결실·응고·집결·취집·수확·자활(刺活) 등에 관련된다.

흉하게 되면 사물절단·자상(刺傷)·훼손·수술·상해·자침(刺針)·견강(堅强)·숙살·전쟁·억압·통제·출혈, 칼로써 상해, 총탄으로 인한 사고, 요통·간장·팔 다리·지(指)의 통증 등이 일어난다.

⑨ 亥亥(自刑)

亥水는 음水며 바다와 같은 물이다. 인체에서는 혈액이나 소변에 해당하며 가형(加刑)을 이루면 水의 세력이 넘쳐흐르는 것과 같아 신상에 미치면 당뇨나 고혈압증을 일으킨다.

亥亥자형에 충격을 가하면 매우 불길하다. 길하게 응용되면 청소·세면·세탁·목욕·청결·정화·청렴·사정(司正)·천문지사(天門之事 : 하늘에서 조화로 인한 일의 혜택. 선조, 선영 등), 정당한 생활, 신선·종식(終熄)·소화(消化)·핵력종자(核力種子)·산아(産兒 : 입태, 출산) 등이 관련된다.

흉하게 응용되면 파동·동결·범람·음한(陰寒)·폭풍·장마·호우·한파·위축·음흉·풍파·유실·붕괴·침수·형액·폭우·폭뢰·절상(切傷)·두절·파제(波堤)등이 따른다.

〔4〕해(害)

해는 말 그대로 암암리에 해함을 당하는 것을 말한다. 해는 합과 충의 중간에서 합한 것을 은근히 질투와 증오하고 분리시키기 위한 암약작용을 하는 것이다.

예를 들어 子丑合을, 子를 午가, 丑을 未가 각각 서로 충으로 분리시키면 午未合 역시 午를 子가, 未를 丑이 각각 분리토록 한다. 이때 子가 午를 상충하려면 未가 午를 합하고 있으므로 子에게는 未가 원망스러운 존재요, 반대로 午가 子를 상충하려면 丑이 子를 합함으로써 역시 얄미운 원망의 대상이니 간접적인 적이 아닐 수 없다. 또 丑이 未를 상충하려면 午가 未를 합하고 있으며 未가 丑을 상충하려면 丑을 子가 합하고 있으므로 각각 丑午와 未子가 해의 원리에 해당한다. 원서에 조구위해(助仇爲害)라고 했다(짝이 되어 도와주는 것이 해의 원리다

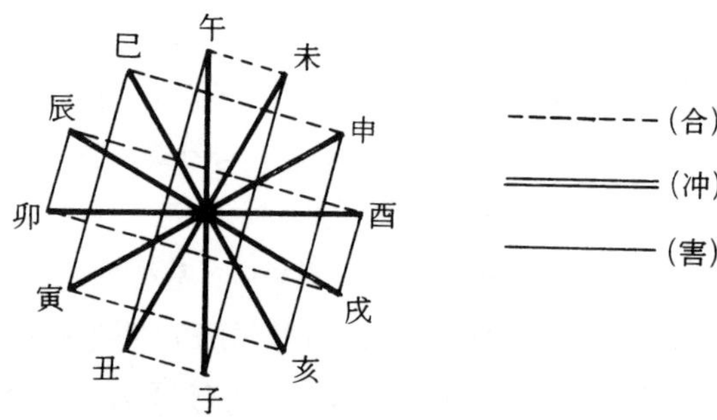

육해(六害)는 충하려는 상대(공격대상)를 합한 자를 증오하는 작용으로서 신살(神煞)보다 그 작용이 뚜렷이 나타난다. 육해(六害)는 항상 적대의식이나 적개심을 가지고 원수에게 복수로 공격하려는 행위가 음적, 양적으로 작용한다.

그래서 동기간이나 친지 사이를 불구하고 중상과 모략, 배신과 암해, 상해와 공격, 투쟁과 질병, 수술과 사망까지도 불사한다.

보편적 육해작용은 첫째, 육친지해라고 했다. 골육이 무정하고 형제동기, 친지, 동료간에 서로 중상과 모략, 배신과 상해, 방해와 저해(沮害), 질투와 공격을 위주로 작용되고 있다. 특히 육해는 그 작용이 암암리에 작용됨으로써 잘 살펴야 한다.

□ 해의 작용
① 子未해

子가 午를 충하려는데 未가(午未合) 午를 합으로 보호하고 있으므로, 때리는 시어머니보다 말리는 시누이가 더욱 얄밉고 원망스럽다는

속담과 같이 午보다 未가 속으로 더욱 얄밉고 원수같이 생각이 드는 것이다. 未도 丑을 공격하려고 할 때 子가 합으로 보호하는 까닭에 역시 未가 子를 보면 원수 같은 마음이 들게 마련이다.

이로써 서로 대충하려 하는데 도와주는 것과의 암해 작용이 있음으로써 재산상 손해와 사업 실패가 따르는 것이요, 특히 육해는 사람과의 인연관계가 더욱 두드러지게 작용한다.

사업 무시무종(無始無終)·관재구설·사수옹대(似水癰帶), 혈기미행(血氣未行), 사다저격(事多阻隔), 영업이 안 되고, 속으로 화를 입고, 척추와 요통, 위에 한기가 차고, 치통, 입술 부위 질환, 당뇨·과식질환·음식물·농장·목장·주방·제방(堤防)·담장 등 침수해(未：음식물 해, 음식 부패·장류·곰팡이·부패지상), 심장결석·위장병·생식기·음부·자궁질환·월경·요도·방광·귀·호르몬 등에 암암리 침투해 해함을 입는다.

② 丑午해(相害)

丑이 未를 상충할 때 午가 未를 엄호하여 반대로 午가 子를 상충할 때 丑이 子를 합으로 엄호하는 데서 丑과 午는 서로 증오의 대상이요, 원망의 소재임에 틀림없다.

오행상 丑중 癸水가 午중 丁火를, 午중 丁火는 丑중 辛金을 상호 극하는 데서 일어난다.

특히 午중 丁火를 보호하는 己土가 丑중 辛金을 생하고 辛金은 癸水를 체생하는 데서 丑午해는 午중 丁火의 파손이 뚜렷하다.

공송불리(公訟不利), 일이 분명치 않고, 성취함이 난감하고, 부부불화, 심경제질(心驚諸疾), 심장질환(심패·공포증), 기(氣)가 오르고, 혈압, 빈혈, 혀·입안 생창(口腔生瘡), 심포횡경막 질환, 위에 물이 차고(많고), 한기, 마음의 병, 중풍, 뇌졸중, 정신병, 건망증, 신경질병으로 고통, 신경장애로 언어장애, 결례, 착각 등이 일어나고 막대한 손실이 있다. 또한 문화적 관계, 재고와 금고에 관한 상치(相

馳)되는 암투에서 생기는 여러 가지 불상사가 이 작용에서 생긴다.

③ 寅巳해(相害)

寅巳상해는 해에 앞서 삼형이 가중된 상해인 까닭에 寅巳刑害라고도 한다. 刑과 害가 동시에 작용하는 데서 미치는 영향이 매우 강하다.

형해의 성립은 寅中 丙火가 巳中 庚金을, 또한 寅中甲木이 巳中 戊土를 각각 상극하는 동시, 巳中 庚金이 寅中 甲木에 대항하는 열세의 충격이 三刑이나, 상해는 寅申 상충으로 寅이 甲을 충하는 것을 巳申 합하여 엄호하며 또한 반대로 申이 寅을 충하고자 할 때 亥가 寅을 합으로 비호함으로써 申과 亥가 상해에 해당한다.

寅巳 상해는 해이기 전 삼형이 따름으로써 생기는 작용은 출행, 개동(改動), 전진보다 후진, 구설로서의 우환, 구설시비, 관형의 액, 전시에 총상·폭격·폭발사고·화재·화상·악성종창(惡性腫瘡 : 癌)·후두염·얼굴흠집(곰보)·간장·담낭·편도선·소장염·입·혀 생창·견비통(肩臂痛)·팔다리 상〔手足傷〕·동기·친인·서로 배신·사심(蛇心)·모략·중상·화급지해(火急之害)·시세망진지화(恃勢妄進之禍)·시비참여(是非參與). 좋게 작용되면 형해를 제복하여 권위직에 임할 수 있다.

④ 卯辰 상해

卯의 대충인 酉를 辰이 합하여 상대적 酉가 충거(冲去)하려는 卯를 戌이 합하여 서로 엄호하는 데서 卯는 辰과, 酉는 戌과 각각 상해가 성립된다.

卯木이 辰土를 만나면 마치 어린이가 어른 덕에 자라면서도 그 혜택(辰中癸水가 상생)을 저버리고 배역(背逆)하거나 은근히 멸시하는 것처럼 피해를 끼친다. 그러나 卯木의 낙엽이 귀근(歸根)함과 동시에 辰土는 酉金과 합하게 되어 乙木을 극벌(剋伐)함으로써 卯辰은 상해를 면치 못하게 된다.

이로써 일어나는 작용은 멸시와 탈기, 배신과 암해, 모략과 중상,

육친의 상해나 골육의 무정, 토목건축공사, 사방공사, 토지·부동산의 거래, 초목과 종묘(種苗) 등에 풍수해와 기타 사고로 인한 피해가 따르며, 인체에는 위장, 긴장병이 생기고, 곤봉·지팡이·죽창·돌풍·어망·사태(沙汰)·송쟁(訟爭) 등 손해를 입는다.

⑤ 申亥 상해

申이 寅을 공격하려는데 亥가 합하고 있으므로 亥가 증오의 대상이요, 亥 역시 巳를 공격하려는데 申이 엄호하고 있으므로 申亥는 교해(絞害)가 성립되는 것이다.

申중 庚金이 亥중 甲木을 극중하는 것으로부터 亥中 甲木이 申중 戊土를 극하며 申중 戊土는 亥중 壬水를 극하는 것으로 서로 다투며 극하는 작용이 상해의 원리에 해당한다.

亥중 甲木이 申중 庚金의 수극(受剋)을 받음은 물론이나 亥卯未 木국이 申에 이르러 겁살(劫煞 : 絶) 위에 해당하므로 교해라고 부르고 있으며 사호비호(似好非好)로서 매우 불길하게 작용된다.

주로 웃으며 시작한 것이 후에는 바뀌어지는 것이요, 처음과 끝이 좋지 못하다. 서로 권리를 다투는 것으로 꿀 속에 비상약이 들어 있는 것같이 암암리에 해함을 당한다. 세워놓은 차에 해를 입거나 차 속에서 사고가 일어나고, 씨앗이 썩어 종자가 번식되지 않거나 배를 타고 풍랑을 만나 위험이 닥치거나 세균에 의한 피해, 실〔絲木〕 종류에 의해 해를 당하고, 낙태, 아동질액, 혈기가 혼탁하거나 방광염, 자궁, 남녀관계(성관계)에서 일어나는 사건, 목이 아프다거나 대소변에 의한 고통 질액, 폐, 대장질환, 근골통(筋骨痛), 백혈병 등의 해함이 따른다.

⑥ 酉戌 상해

卯辰 해에서 설명한 것과 같이 卯辰이 동축지해(東軸之害)라면 酉戌은 서축지해다. 戌이 辰을 충격할 때 酉의 대합으로 부조방어(扶助防禦)하며 酉가 卯를 정충으로 공격하려는데 戌이 卯를 합하여 酉의

증오를 삼으로써 원한과 숙적(宿敵)으로 상해가 성립되는 것이다.

戌중 丁火가 酉중 辛金을 상극하며 한편 酉金은 戌중 戊土의 기운을 도탈(盜脫)함으로써 상해를 입게 되는 것이다.

戌중 丁火가 酉중 辛金을 공격하나 戊土가 辛金을 후원하고 丁火의 기운이 戊土에 도탈되므로 辛金이 丁火의 기운을 능멸히 생각해 신장병, 뇌신경질환, 치질, 심장판막증 등이 생긴다. 닭〔酉〕은 때를 알리는 특징이고 개〔戌〕는 도둑을 지켜주는데 서로의 특징을 장기로 해 질투와 암투가 곧 상해의 작용이다.

주로 주객지간 배신, 암해·경쟁·질투·송사원인·육친실고(六親失靠)·골육형상·재산다툼·질병·간사·교활·상하불목(上下不睦)·기회주의·기물손상·심복부하 밀고피해·부하직공배신·노후고생·고적의 일〔古蹟之事〕·선대유물로 인한 암해, 치(齒)·구(口)·언어장애·이목구비질환·볼거리·월경불순·신장염·요슬통(腰膝痛)·치질·비장질환·무릎통증 등이 따른다.

〔5〕 파(破)

파란 말 그대로 사물 서로간의 속성에 따라 파괴하는 작용이다.

예를 들어 나무는 도끼와 같은 고체물질이 아니면 절단하거나 다듬을 수 없으며 불은 물이 아니면 끌 수 없고 물은 흙이 아니면 막을 수 없다. 이같이 서로 속성에 따라 제어하거나 비로소 완전 파괴하는 결단행위를 이루는 것이다.

子와 未는 육해다. 이때 酉와 子는 파가 성립되니 비로소 자궁·생식기·요도가 염증을 일으켜 출혈을 하게 되거나 곪은 것이 터지게 되는 것이다.

알파선(A), 베타선(β), 감마선(γ)과 같은 방사선이 종류에 따라 각기 다른 투과력을 가지고 있는 가운데 알파선(A) 정도가 파의 기세와 같은 것으로 본다. 또 감마선(γ)은 충이고 베타선(β)은 형 정도의 기세로 보면 될 것이다.

사맹(四孟)인 寅申巳亥가 서로 파함은 寅亥파, 巳申파 등 합으로 성립, 합후파의 작용인 것이며 사중(四仲)인 子午卯酉는 각각 상생(子酉 金生水 午卯 木生火)으로 子酉파, 午卯破가 성립되고 있으며 사계(四季)인 辰戌丑未는 각각 비화(比和：丑土 辰土破 戌土 未土破)로 丑辰破 戌未破가 성립되어 있다.

또한 사위(四位)를 격해 子가 酉, 亥가 寅 등 사향(斜向)으로 대각선을 이루며 성립되어 있으면서 양은 후4, 음은 전4에서 각각 대파작용을 이루며 오행의 생극과는 관계없다.

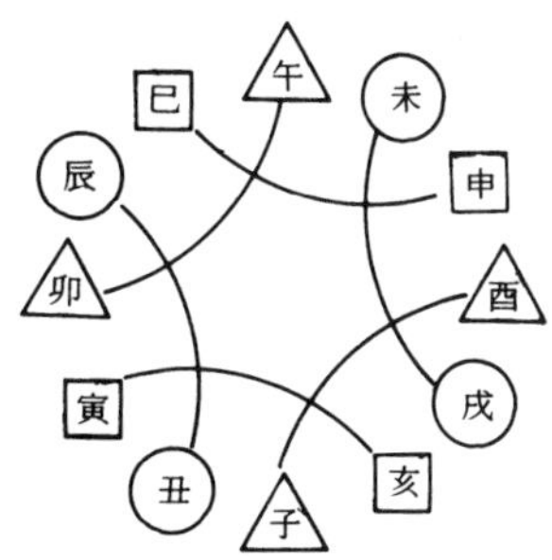

파작용은 미약한 편에 속하므로 단순한 파의 작용만으로는 그 영향력이 부족하다. 그러나 형, 충 등에 가세하여 파작용이 미치면 결정적인 것이 된다. 예를 들어 子卯형에 子酉파가 가세되면 그 결과는 질병인 경우 신장, 자궁계통에 결정적인 수술을 요하는 악성 염증이 발생하는 것이다.

파는 그 종류에 따라 각기 다른 작용이나 특성이 있으니 寅亥파와 巳申파는 합형파 삼형〔三者加重〕으로서 寅亥파는 합파라는 점을 유의해야 하며 未戌파도 형파라는 사실을 알아야 한다.

파는 사물의 형체와 정신과 목적과 질서를 파괴하는 작용을 하여 사물을 흐트러뜨리고 파괴하는 데 그 목적이 있으므로 분리·수리·변동·절단·수술·파산·개수·이별·상관(傷官 : 관(직장)을 상해한다) 등의 작용을 한다. 그러나 현 생활에서 보면 건설과 발전을 위한 파괴나 이산작용이 파로써 행해지고 있으니 건설적 파괴는 새로움을 창조할 수도 있다고 보아야 한다.

(1) 파의 작용

① 子酉破

子酉파는 오행으로는 상생이나 子가 후4辰인 酉와 파가 성립됨은 그 원인 규명이 어렵다. 그러나 子는 癸水요, 酉는 辛金이니 辛에 癸는 식신이나 癸에서 辛은 효신(梟神)으로서 子水는 酉金의 生을 받으면서도 파의 작용에 子水가 입는 이유는 효신작용으로서 이루어진다고 본다.

子水는 요도(尿道), 酉金은 균(菌)인 까닭에 균의 침입을 입어 子酉파에서 요도병이 발생한다.

여자는 子酉파 작용에서 요통과 생리병을 앓게 되는바 이것은 바로 子水는 경도요, 酉金은 한기(寒氣))며 균인 까닭에 한균의 침입으로 인한 것이다.

子酉파로서 일어나는 작용은 젖먹이 아이나 잉태한 자녀의 재난·질액·음소재회(陰小災晦)·주색·탐색·파륜의 화[破倫之禍]·남녀간 신장·생식기·요도·자궁의 염증 또는 각종 질병(임질·매독), 월경불순·대하증 등의 고통, 귀의 염증, 코의 질환, 피부질환(무좀 등), 폐질환, 입 안 생창[口生瘡], 성대의 변질, 감기질환·기관지염·다리·무릎·신경통·치통 등이 따르며 남녀간에 색정문제를 일으키고 가정에 불륜사고, 주사(酒邪) 혹 익사 등 사고도 있다.

또한 홍수·우박, 기온의 변화 또는 닭이나 쥐로 인한 피해, 요정·주점·음식점·유원지·해수욕장·목욕탕·스케이트장·이발소·세차장·

어장·당구장·산부인과·필묵(筆墨)·침구(針灸)·서화·펜·주기(酒器)·조각·빙과류 등에 인연이 있으나 피해를 입거나 중도에 파탄도 따른다.

② 丑辰破

丑辰은 오행상으로 비화(比和)다. 다만 丑중 辛金이 辰중 乙木을 극하며 丑중 己土가 辰중의 癸水를 극하는 데서 파의 성립이 되는 것으로 본다.

좀더 살피면 음양의 土가 중첩되는 까닭에 水의 기가 유통이 건체(蹇滯 : 제대로 순환(걸러지지 않음)되지 않음)되며 수기옹체(水氣壅滯 : 물의 기가 엉겨 걸러지지 않음)하면 수갈(水渴)하여 혈기가 탁해져 유통이 불순해짐으로써 질병과 사고가 생기는 것이다.

丑중 癸水는 辰중 戊土와 상합(戊癸合化火)으로 辰中 癸水가 丑중 己土의 수극(受剋)으로 건체되어 혈기유통이 옹체함으로써 비장과 위장에 한습응결(寒濕凝結), 소화불량과 위장병·맹장염·회충 등 기생충도 복통을 자아낸다.

辰중 乙木과 癸水는 丑중 辛金과 癸水의 도식(盜食)에 해당하므로 辰이 丑을 만나면 항상 두려워하며 파의 성립으로 辰의 소유인 위장과 丑의 소유인 비장, 횡격막 관계가 긴축이 되어 분비액이나 작용이 불완전한 까닭에 丑중 辛金과 癸水는 辰중 乙木, 癸水의 산성(酸性)을 과다하게 생조하여 위산과다현상을 일으키는 것으로 이는 파작용을 하는 데서 위장병이 악화되는 것이다.

辰이 순수한 흙이라면 丑은 자갈(砂石)이다. 흙과 자갈은 서로 어울리면서도 흙은 자갈에 피해를 보는 것과도 같으니 담장이 무너지는 것과 같은 불상사가 丑辰파의 작용에서 일어나는 것이다.

丑辰파로써 일어나는 것은 장묘퇴비(牆墓頹圮)라고 했으니, 이는 흙이 무너진다는 뜻으로 제방·담장·건축물·차고·창고·토굴(土窟)·축대 등이 무너지는 것이고, 영토, 국토의 경계선 분쟁과 철폐

가 따르는 문제, 주택의 수리·개축, 전답의 개간·매몰(埋沒)·댐·
조경(造景)·정리 등 작용에 따른 토지의 이용, 굴정(堀井 : 우물을
팜)·농지개량·석물채취·사리채취(砂利採取)·채석·조각·채광·마
석(磨石 : 돌을 다듬는 것) 등의 공사가 이에 해당한다.

질병으로는 위장·비장·한습의 병, 복통·소화불량·설사·위궤
양·습진·피양증(皮痒症 : 옴)·맹장염·복막염·회충·간장병·동토지
환(動土之患)·사지상처(四指傷處) 등이 생긴다.

③ 寅亥破

寅亥는 파에 앞서 합이 우선이라고 보아야 하며 합이 파에 의해 파
손됨은 물론 진리상 당연하다. 寅亥合은 횡적인 합으로서 木으로 화
(化)하나 亥중 甲木이 寅중 戊土를, 寅중 丙火는 亥중 壬水가 각각 극
하여 파가 성립된다.

寅중 丙火를 亥중 壬水가 극하는 원리가 파의 중요한 원인이긴 하나
水를 생하는 金이 없어 木으로 화하는 데서 丙火를 생조하여 선파 후
합의 원리도 배제할 수 없으니 통변상 선합후파냐 선파후합이냐는 문
제를 구명하는 것이 중요하다.

寅중 戊土는 장생지이며 丙火의 생조를 받고 있으나 亥중 壬水가 이
를 위협한다. 이때 壬水를 방어해 주는 戊土를 亥中 甲木이 극하는 것
이 파의 성립으로서 중요 원인이라고 생각한다. 그러나 丑辰 子酉 등
파와는 달리 합의 작용이 우선한 까닭에 파의 영향은 경미하다.

寅중 丙火를 亥중 壬水가 파하려는 작용이 시작되면 寅중 甲木이 壬
水의 기를 받아 체생함으로써 파합이 되는 것이니, 이는 비가 올 듯하
여 비옷이나 우산을 준비하는 과정이나 소모까지를 파로 보아야 하며
그 후 날씨가 개어서 정상을 되찾으면 합의 원리대로 돌아오게 되는
것이다.

寅亥파로써 일어나는 작용을 준비·예비·의심·회의(懷疑), 망설
임·대기(待期)·중지·정지·번복·구설·가계약·호사다마, 해약 후

재계약, 이산재회, 파괴 후 원상복구, 건축 후 개축, 조직 후 재정비 조직, 전주이동(電柱移動), 변소이동, 등산·산신제(山神祭)·기도·가출·천문(天門), 흐린 후 갬, 신체흠점, 생식기흠점, 여자 : 임신 후 유산, 심신공포증, 위장, 한랭증.

④ 午卯破

오행상 卯木이 午火를 상생하나 파의 작용은 午중의 己土를 卯중 乙木이 상극하는 것이 파의 원리이며 또한 乙木에 午火는 식신이나 丁火에 乙木이 효신인 까닭에 火기와 토기의 열화(熱和)로써 무색(無色)해지는 것이 파의 성립이라고 본다. 또 午火편에서 卯木을 상대하면 도화(桃花)가 성립되니 卯木의 작용이 파와 도화작용을 겸하는 까닭에 다사실패(多事失敗)와 명리(名利)를 불구하고 색정관계나 오락 등의 놀이로서 손해와 이름을 더럽히는 수가 생긴다.

午중 己土를 극탈하므로 午火의 초점을 흐리게 하는 셈이다. 시력의 초점을 잃게 하여 난시나 색맹같이 시야에 착각이나 차질을 초래케 하니 판단상의 오류를 범하기 쉽고 사고상(思考上)의 적당치 못한 이익을 보려다 잃는 수가 많다. 피탈·흉악·근흉(近凶)·난도(難逃)·호사다마·허식무실(虛飾無實)·외화내수(外華內愁)·명리불구(名利不久) 등이 따른다.

인체로는 눈·간장질환·화기화재(火氣火災)·화환(禍患)·화류성병(花柳性病)의 감염, 사회풍조병·신경시력·사시심(斜視心)·혀 계통의 질병, 위장·비장·암해(暗害 : 酒色脫氣), 팔 다리 질병.

자주 이사를 하는 수가 생기고 좌불안석·방탕호색·추문·현실위주·유행민감·낭비벽이 심하고 약속을 지연시키고 잘 이행하지 못한다.

⑤ 未戌破

戌未형과 未戌파는 형파의 병합으로 마치 寅巳 형해와도 같이 그 작용이 강한 편이다. 戌중 戊土, 未중 己土, 양土 비겁으로서 서로 다투는 상이다. 적을 만나 싸울 때는 공동대처를 하지만 이득에 있어서는 서로 다투어 차지하려는 마음이 있는 것과 같다. 그러므로 비겁인 未戌은 견원지간(犬猿之間)과 같은 것으로 보아야 한다.

未중 丁火는 戌중 辛金을, 戌중 辛金은 未중 乙木을 서로 극하는 데서 상호인력에 의해 취리(取利)를 목적으로 서로 접근한다(예 : 자본주와 기술자가 동업계약). 그러나 이익이 엿보이면 탐욕을 내 은근히 배신·기만·암투를 시작하여 이것이 밖으로 드러나면 구설, 송쟁까지 서슴지 않고 행하는 것이 곧 파의 작용으로써 성립된다.

이로써 윗사람이 아랫사람을 의심하고 멸시하며 아랫사람은 윗사람이나 주인을 기만하고 배신하며 취리에 급급해진다. 마치 고기를 지키라고 세워둔 개가 먼저 먹어버리는 것같이 항상 주객지간이나 상대적인 이해관계에는 구설과 시비, 배신과 질투가 따른다. 오행상으로는 戌의 지혜나 기능이 未土의 통일적 조화와 관리(管理)와의 상대에서 교호관계(交互關係)는 먼저 戌중 丁火가 未중 己土를 식신으로 탐(貪)하는 것은 고용인이 주인을 좋하하는 상이나 己土인 주인이 丁火를 만나면 효신이므로 자기의 소유물을 도둑맞는 것같이 의심을 하므로 양자 사이는 시일이 경과함에 따라 그 사이가 소원해진다. 이때는 戌중 辛金에 未중 己土가 역시 효신에 해당하므로 戌土인 고용인 또한 주인을 의심하게 되어 서로 경계·불신·배신·불화가 싹트기 시작하는 것이다.

이로써 일어나는 일은 시친무원(始親無怨)·상호이용심·아기피사(我欺彼詐)·의심불안·회유·유인·견제·착취·학대·암투·구설·송사·이별·파산·공갈·위약(違約)·장애·방해·사교(詐巧)·실패 등이다.

인체에는 요척통(腰脊痛)·좌골신경통·비장·위장질환·근골횡격막동통·심계정충병(心悸怔沖病) 등의 질병이 생긴다.

⑥ 巳申破

巳申파는 합형파(合刑破) 삼자가 동시에 임한 작용을 한다. 이것은 식별하기 매우 어려우므로 자세히 살펴야 한다.

巳申은 먼저 합작용을 하다 형작용에 의해 상해(傷害)를 당하며 마침내 파작용으로써 이별하거나 분산하는 것이 순서라고 보아야 할 것이다. 巳申파 작용은 종말에 해당하며 巳申합은 파에 의해 분열, 와해(瓦解)된다고 보아야 맞을 것이다.

그러나 한편으로 생각하면 巳申에 의해 형하고 파한 분열을 巳申합으로 이끌어 합해 주어 새롭게 이루어진다고도 볼 수 있겠으니 마치 넘어져 상하고 찢어진 상처(형·파)를 巳申합으로 치료해 주는 것으로 보아 어느 것이 먼저인가를 알 수 없다. 치료한 자리가 다시 재발하여 수술을 하는 수도 있으니 이것이 巳申 합형파에서 일어나는 작용인 것이다. 이에 파의 원리는 통변(通變)하는 순서에 따라 정확히 파악해야 한다.

巳중 戊土가 申중 庚金을 식신으로 끌어당겨 취하려는 마음에서 합하는 인력에 상호 편승하여 파의 성립을 가세하는 것이다. 巳중 丙火와 戊土는 申중 庚金과 壬水를 상극으로 취극(取剋)하나 이것은 어디까지나 일방적인 작용이요, 비록 申중 庚金과 壬水가 수극(受剋)을 당해도 종말에는 巳申合水로 화(化)하여 申의 능력에 巳火는 소진동화(消盡同化)하는 것이 巳申 합형파의 종국적인 결과이다.

이에 巳申파는 순서에 따르면 합후파요, 申巳파는 파후 합에 따르는 것이 순서라고 생각해 보자. 그 이유는 巳火가 申金을 극하며 먼저 취하는 원리에 있다고 보아야 하겠다. 巳申파로서 일어나는 것은 破中에 유합고(有合故)로 패이복멸(敗而復滅)이요, 合中에 유파고(有破故)로 성후개폐(成後開廢)의 이(理)가 따른다.

처음에는 합의와 약속·거래·교관(交關)이 시작된다. 그러나 중도에는 의심과 배신, 사고와 불화, 손상과 패망으로 부득이 파탄을 면치 못한다.

이것은 선소후읍 소중도리(先笑後泣 笑中刀裡)격으로 어르고 빰치는 것이다. 합중유독(合中有毒), 낙중유고(樂中有苦), 희중유우(喜中有憂), 제조 후 파손, 선창후난(先昌後難), 쟁후화합(爭後和合), 고가신축(古家新築), 구사개폐(舊事開廢), 용해, 유성(紐成), 분쇄가공, 화학처리, 합성제조 등이 이에 해당한다.

인체로는 심장질환, 소장, 삼초(三焦), 입·혀 종창(腫瘡), 대장, 폐, 선열후한(先熱後寒) 발병, 대소장 내증

제**10**장

교관대좌론(交關對座論)

1. 교관대좌의 상관 관계

합형충해파(合刑冲害破) 다섯 종류의 교관작용으로서 오행과 십신의 변화를 구체적으로 현실화한 것이요, 선악과 길흉, 이해와 득실을 구분하여 보다 세분화하여 실용적으로 응용하기 위해 교관대좌의 상관 관계를 첨가함으로써 완전한 결론을 얻을 수 있는 것이다.

교관대좌는 마치 집에 설치한 장식이나 장치로써 어떠한 목적에 사용될 집이라는 것을 말해주는 것처럼 최종적 결론을 주는 것이다.

교관대좌작용은 신살(神煞)이라 불리고 있으며 그 수는 삼백여 종에 이르나 길흉에 혼잡하여 판단상 오히려 모호한 혼란만을 일으키게 되므로 이에 간추려 작용이 강한 것만을 설명키로 한다.

오행의 교관작용은 주로 유무연(有無緣)의 선악을 담당하고 있다. 교관대좌는 오행과 십신의 장식물(裝飾物 : 정관에 가역마 반안이면 장관 또는 고급관리의 전용 관용차)인 까닭에 사물의 최종적 소재를 파악하는 지침이 된다.

통변하는 데 상리와 기세를 판단하고 그 사용됨을 찾아 정확하게 파악하는 데 합리적 지표로 삼는다. 午火 정재에 도화가 따르며 월령지시(月令之時) 직업이 염료, 화장품 상인이면 午火에 도화가 가해지는 것으로 정용신(定用神)의 확정을 가질 수 있다.

일주를 주체로 지기의 길흉대좌와 지기를 주체(좌하 연월운세, 혹 월건)로 지기 상호간이나 또는 천운 등과 비교하여 각각 길흉을 판단하는 방법이 교관대좌에 따른 신살론이니 교관작용이나 교관대좌작용의 응용방법을 좀더 구체화하고 다양하게 응변(應變)하는 데서 자세히 파악할 수 있는 것이다.

2. 설명을 요하는 길흉신살의 종류

길한 것으로는 천을귀인(天乙貴人)·천덕(天德)·월덕(月德)·학당(學堂)·문창(文昌)·장성(將星)·천관귀인(天官貴人)·녹암록(祿暗祿)·역마(驛馬)·반안(攀鞍)·진신(進神)·금여록(金輿祿) 등이 있다.

다음 吉凶을 겸한 것으로는 겁살(劫煞)·망신(亡神)·도화(桃花)·양인(羊刃)·화개(華蓋)·공망(空亡)·괴강(魁罡)·금신(金神)·홍염(紅艶)·지살(地煞) 등이다.

흉한 것은 재살(災煞: 三災)·고초(枯草)·고진(孤辰)·과숙(寡宿)·천라지망(天羅地網)·고란(孤鸞)·원진(怨嗔)·파쇄(破碎)·구추(九醜)·오악(五惡) 등이다.

3. 천운길신

(1) 천을귀인

천을자(天乙者)는 내천상지신(乃天上之神)이라고 했다. 천상지신이란 상호교관대좌가 길성(吉星) 상호간의 대칭관계를 가리킨 말이다.

이는 천운을 주체로 한 지기와의 관례로서, 예를 들면 천운 甲이 주체일 경우 지기의 丑과 未가 천을귀인이 임(臨)하는 곳에 해당된다. 이를 원서에서 집옥형교량 천인지사(執玉衡較量 天人之事)라고 하였으며 그 신이 존귀하여 그 신이 있는 곳에는 일체의 흉살이 숨거나 피한다고 했다.

집옥형이라 함은 우주대계 속에는 태양계의 주축인 북극성과 이를 보좌하고 있는 북두칠성이 있는바 북두칠성중을 지칭해 옥형이라 하고 이와 같은 성좌가 중심핵이 되어 태양계 순환을 섭리하는 동시에 인간의 생활을 통섭교량하고 있는 까닭에 천을을 집옥형이라고 했다.

태양계의 구심체가 되는 북극성좌들과 대각선을 이룰 때 상대교관되는 파장(波長 : 神)이 가장 존귀하므로 악성적인 흉신〔波長〕은 자연 음폐되어 흉한 일을 피할 수 있다는 것이다. 이것은 귀인이 불임(不臨), 괴강(魁罡)이라고 하여 辰(罡), 戌(魁)에는 파장이 임하지 않는다는 뜻이다.

그 이유는 이미 북극성을 중심으로 좌표가 고정되어 지구의 남극〔辰〕과 북극〔戌〕에는 태양의 광선이 완전히 조사하지 못하여 항상 음폐되어 있으므로 귀인이 불임한다는 것이다.

천을귀인의 성립과정은 양귀인은 甲덕이 존재하여 子위에서부터 시작, 순수하되 甲의 대합인 己土에는 子위가 귀인에 해당한다. 우주운동의 기본이 오운(五運)의 대화작용(對化作用)인 까닭에 상대적인 위치에 귀기(貴氣)가 성립하는 것이다.

태양이 동쪽에서 떠오를 때 광선은 상대방인 서쪽을 직사한다. 광선을 받아들이는 상대 위치에 그 혜택이 깃들게 되는 것이다. 이와 같이

陽貴人—始子順行

(子午對冲故로 未位로)

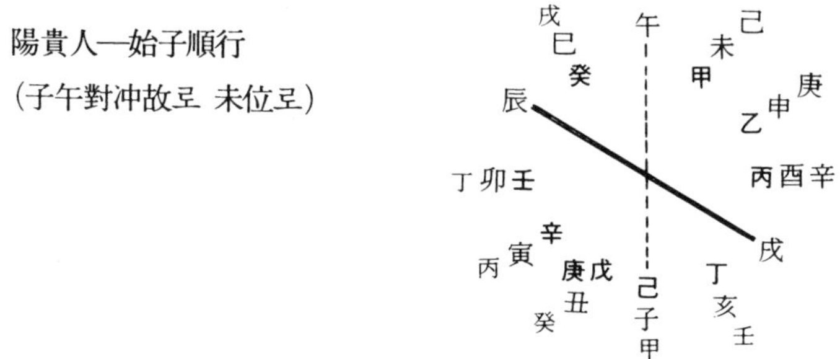

상대원리에 따라 귀인의 성립이 양귀인(陽貴人)은 子에서부터 시작, 丑寅卯 순으로 순순(順循)하고 음귀인(陰貴人)은 申에서부터 시발, 역방향(逆方向)인 未午巳 순으로 역수〔逆類〕한다.

陰貴人—始申逆行

　(寅申對冲故로 丑位로)

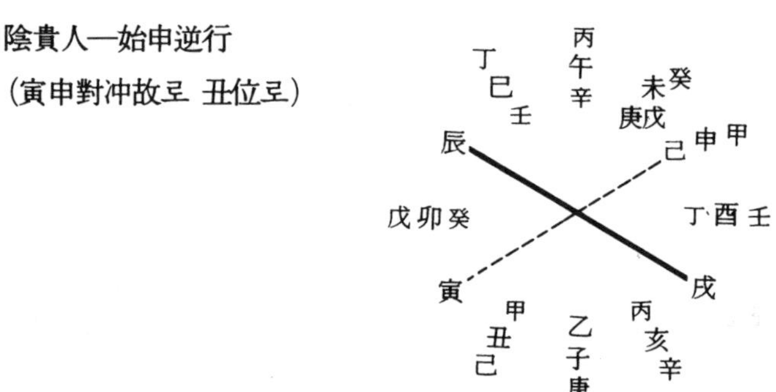

○천을귀인의 정리

甲戊庚：丑未, 乙己：子申, 丙丁：酉亥, 辛：寅午, 壬癸：巳卯가 천을귀인이다.

○천을귀인의 작용

생왕지기(生旺之氣)면 성품(性稟)이 영기(靈氣)를 띠고 헌앙하며 지혜와 오성으로 이치자명(理致自明), 의리 분명, 도덕적 처신, 대중의 흠모를 받으며 귀인이 사절(死絕)에 임하면 희유원근(喜遊遠近), 모사다단(謀事多端), 계략 풍부하나 별무형통(別無亨通)하다.

　관부문창(官符文昌)에 천을(天乙)을 같이하면 고담웅변(高談雄辯)에 글을 잘 쓰고 학문이 뛰어나다고 한다.

　정관에 천을귀인이면 시험에 합격하고 공직이나 타 직장에서 그 행함이 밝다. 그 밖에 천재지변이나 전쟁과 같이 위험한 때에도 귀인이나 우연한 도움이 있어 사경을 모면한다.

　그러므로 귀인혜택, 상사·윗사람의 은총, 인덕(人德), 교제상 존경 대우, 어려움의 해결, 요행·행운·죄과사면·흉사음폐·선사현양(善事顯揚)·위기 모면·난사구제(難事救濟)·취사번창(就事繁昌)·가

관진작(加官進爵)·좌이수복(座而受福)·학구수혜(學究受惠)·귀인상기(貴人相技)·협조혜택·명리현양, 위기에 귀인을 만나 해결됨. 현몽으로 구출당함 등이 이에 해당한다.

(2) 천관귀인

천을귀인 위에 정관이 있으면 이를 천관귀인이라고 한다. 예를 들어 甲日主에 辛丑, 辛未가 천관귀인에 해당한다.

작용은 정부의 행정관리나 사법관리로서 국가의 중책을 맡으며 공무원의 길을 확립하는 중추역할을 한다. 공정무사·청렴결백·공무집행·사명완수·진충보은·승진·천직(遷職)·관료사상·관의 혜택·공명쌍전(功名雙全), 남녀 모두 충효지가문(忠孝之家門) 등이다.

짜임 : 甲日 : 辛丑, 辛未. 乙日 : 庚申, 庚子. 丙日 : 癸亥, 癸酉. 丁日 : 癸亥, 癸酉. 戊日 : 乙丑, 乙未. 己日 : 甲子, 甲申. 庚日 : 丁丑, 丁未. 辛日 : 丙午, 丙寅. 壬癸日 : 己巳, 己卯에 해당함.

(3) 천덕·월덕 (天德·月德)

천덕이나 월덕은 심덕(心德)이 생년일시상에 들어 있어야 덕을 행하고 받을 수 있다고 본다. 덕을 쌓아 온 것은 당대인 자신만의 공덕이 아니라 선조 때부터 음덕을 베푼 적덕(積德)이 자손에까지 미쳐 천월의 천은(天恩)을 받을 수 있는 후손을 둘 수 있다고 믿는다.

고서에 기(技)는 정(政)에, 정은 의(義)에, 의는 덕(德)에, 덕은 도(道)에, 도는 무위자연(無爲自然)에 의하여 이루어진다고 했다. 도가 덕(德)을 낳는다는 것은 바로 천월덕에 부합되는 내용이다. 태양이나 달의 정기를 특수하게 받아들여 흉함을 피하고 길함을 취하는 피흉추길(避凶趨吉)을 덕이라고 논했으며 또한 이물제민(利物濟民)하고 이작선행(而作善行)함을 덕이라고 한 것이 모두 덕론(德論)의 일부분이라고 생각한다.

주로 인덕(仁德)은 비겁(比劫)의 도움이요, 관덕(官德)은 정관(正官)의 생왕지기(生旺之氣)요, 부모나 조상덕은 인수지생기(印綬之生氣)이니 이에 천월양덕이 가림(加臨)하면 그 영향이 더욱 크다.

천월 양덕은 일주에 임하는 것을 최우선하며 연월시는 그 다음에 가는 것으로 보아야 한다.

●천덕의 성립은 태양을 일주(一週)하는 공전주기가 365°$\frac{1}{4}$이요, 이것을 12궁(十二宮)으로 나누었을 때 매궁 30°하고 5^{25}분이 남는다. 30°를 1궁으로 나눈 12궁에 천운 甲庚, 丙壬, 乙辛, 丁癸, 건(乾), 곤(坤), 간(艮), 손(巽)의 십이운기를 배설한 것이 천덕이다.

이는 子午卯酉 중 壬丙甲庚(子중 壬, 午중 丙, 卯중 甲, 酉중 庚), 辰戌丑未 중 乙辛丁癸(辰중 乙, 戌중 辛, 未중 丁, 丑중 癸), 寅申巳亥 중 간·곤·손·건(寅艮, 申坤, 巳巽, 亥乾)을 충출(冲出)한 정기를 천덕에 배설한 것이다.

정월 丁, 二坤, 三壬, 四辛, 五亥, 六甲, 七癸, 八寅, 九丙, 十乙至巳, 臘庚(예: 1月 丁, 2月 申, 11月 巳, 12月 庚)

●월덕의 성립은 태양계 운행이 음 3월 辰月(淸明穀雨節)에 접어들면 지구의 좌표가 辰위에 이르게 되며 아울러 태양은 甲위, 달은 子위에서 申子辰 三合을 이루며 壬水의 정기를 집약하는 까닭에 申子辰월에 壬水가 월덕에 해당한다.

ㅇ성립

월 지 (月 地(支))	월 덕 (月 德)
申 子 辰	壬
亥 卯 未	甲
寅 午 戌	丙
巳 酉 丑	庚

천월 양덕의 작용은 심성선량·자상무독(慈詳無毒)·정의신의(情誼

信義)·정직봉사·형액불범·관재자소(官災自消)·도난불범·자연특혜·우순풍조(雨順風調)·사고불범·천시감응(天時感應)·천재불범·사지구출·악질불침, 여자는 귀자를 낳아 등용된다.

① 관성에 임하면 관운이 좋고 인성에 임하면 마음이 선하고 부모, 선조의 덕이 있으며 재성에 임하면 재복의 혜택이 있고 식신에 임하면 의식주 생활에 혜택을 받는다.

② 시상에 있으면 귀한 자녀를 두고 일에 있으면 하늘의 덕을 받는다(어려울 때 귀인의 혜택으로 만사가 해결된다).

③ 천월덕은 결혼, 이사, 건축상량, 경조사(慶吊事) 등의 택일에 사용하면 좋다.

④ 여자가 천월덕이 있으면 남편운이 좋고 귀자를 낳는다.

⑤ 천월덕에 장성이 영입하면 직위가 높이 된다.

(4) 학당사관 (學堂詞館)

학당이란 학문을 배우는 학원이나 학교를 뜻하며 또한 사관은 학자들의 직함을 가리킨 것으로서 현시대의 박사·석사 등을 칭하는 것이다. 학당의 성립은 오행의 장생지처로 甲이 亥, 乙은 午, 丙이 寅, 丁이 酉, 戊가 寅, 己가 酉, 庚은 巳, 辛이 子, 壬은 申, 癸가 卯다.

원서에서 학당을 지기(地氣)로만 국한시킨 것이 아니라 木火者는 발염홍록(發焰紅綠) 문장지상(文章之象)이라 하여 甲乙(靑綠), 丙丁(紅炎)을 만났을 때 木火 통명(通明)으로서 문장지상이라 하였으니 이 점 참고해야 한다.

日柱가 왕하고 제강(提綱)을 상대로 화명목수(火明木秀), 금백수청(金白水淸), 중첩토금(重疊土金), 기제수화(旣濟水火), 체호병정(遞互丙丁) 등 오행지기가 청수하게 설수정영(洩秀精英)하며 관성, 역마 등 길성이 호응 가임하면 학당사관의 일종으로 간주하는 것이 옳다고 하였다. 또한 丙寅에 己亥(天乙)를 辛巳가 丙寅(天乙) 등 장생지처로서 학당수기(學堂秀氣)라고 하여 사한수기(詞翰秀氣)라고 했다.

학당사관은 형충이나 공망 등이 범해 파관(破舘)을 가장 꺼린다고 했으니 甲 日主에 辛亥, 丙 日主에 壬寅이 각각 丁巳나 戊申을 가장 기(忌 : 꺼림)한다.

○학당사관의 작용

석사나 박사학위 수여, 공부와 연구에 취미가 있으며 학문에의 재능이 우수하다. 문장의 구성력이 풍부하여 작가나 학자의 소질이 있으며 항상 학구심과 학문의 교수(教授) 등 학자가 소원이다. 능문능필(能文能筆)·취학·면학(勉學)·연구·시험·고시·논문발표·저서·강의·예능발표·재예특출(才藝特出)·출연(出演)·학술세미나 등

(5) 문창성 (文昌星)

학예(學藝) 양면에 특출한 소질과 취미가 있으며 기억력과 추리력, 연구력, 연구와 발명, 발견, 창안, 창조 등 다양한 천부적 재질을 소유하고 있다. 그 성립은 주로 십신통변상 식신에 해당하며 다음과 같다.

甲 : 巳, 乙 : 午, 丙 : 申(辰戌), 丁 : 酉(未丑), 戊 : 申, 己 : 酉, 庚 : 亥, 辛 : 子, 壬 : 寅, 癸 : 卯. 이 가운데서 丙申, 丁酉만은 丙에 辰戌, 丁에 丑未가 식신이며 문창으로서 다분한 소지가 있으므로 첨가했다.

그 작용은 학문취미·연구·창의·창조·발견·발명·건설적 생산품·실용적·온화·안정위주·학문으로 출세·영달·금의환향 기대·특허·권위·학덕존경·육영·재단경영·저서활동·도서출판

(6) 역마 (驛馬 : 地煞 포함)

인간생활의 간단(間斷)없는 변화는 동(動)과 정(靜)의 반복이다. 생활체인 동물의 활동은 이동과 변동, 발동과 안정이 무상한 것같이

보이고 무질서한 것같이 생각된다. 그러나 그런 것이 아니다. 일거수
일투족의 동정(動靜) 변화가 일정한 법칙에 의해 이루어지고 있다는
사실을 이론적으로 역마와 지살로써 그 일부를 설명해 본다.

  발동과 변화가 역마작용에서만 이루어지는 것이 아니라 역마와 지살
의 작용에서 이동, 원행(遠行) 변화가 성립되는 경우가 많다.

  역마는 12운기 중 寅申巳亥 四孟에 국한 해당하며 지살 역시 寅申巳
亥 四孟에서 작용하는 까닭에 역마와 지살은 동일작용을 하고 있다.
역마의 성립은 三合 맹신의 대충위(예 : 寅午戌에 申)가 역마요, 오행
지기세로는 병위(예 : 寅午戌 火局 病位 在申)에 해당한다.

  한편 일설에는 三合의 선천수를 子에서부터 순수(順數)하거나 역수
(逆數)하여 해당하는 극위(極位)를 역마로 간주하는 예도 있다. 寅午
戌 21수(寅7, 午9, 戌5, 합21수)로 子위부터 순수하면 申에 해당하므
로 申이 역마라는 뜻이다.

  寅午戌 三合은 子에서 순수.

  亥卯未 三合(18) 子에서 순수 巳에 해당.

  申子辰 三合(21) 午에서 순수 寅에 해당.

  巳酉丑 三合(18) 午에서 순수 亥에 해당.

  오행의 상극이 곧 대충작용으로 상대방을 발동케 하는 것이 역마에
해당한다. 寅午戌 火局 대 申子辰 水局(水火相剋)이 서로 충 맹신이
역마며 巳酉丑 金局대 亥卯未 木局(金木相剋)이 서로 충 맹신이 역마
에 해당한다.

  이와 같이 역마의 원리는 사맹신인 寅申巳亥 발생지국에 있으며 충동
과 발동이 바로 그것이다.

  ○역마의 종류와 작용

  寅 午 戌 馬居申(或庚) 巳酉丑 馬居亥(或壬)

  申 子 辰 馬居寅(或甲) 亥卯未 馬居巳(或丙)

  역마작용은 크게 두 가지로 나누면 물질적인 유형과 정신적인 무형

으로 나눌 수 있다.

○물질적인 유형의 역마(驛馬)

원행(遠行)·출행·이사·이동(각종)·출장·해외여행·이민·부임·
출정(出征)·군부대 이동·각종 물질의 이동·운반·무역·수출품·
항공·상품거래·각종 관광여행 및 관광지역, 자동차 등 모든 승용차
나 운반수단, 운전사·여관·차사업·주행(走行), 각종 운동경기장
등

○정신적인 무형의 역마(驛馬)

발동심·신문·방송·TV 등을 통한 각종선전·보도행위, 우편·통
신·전화·전보 등을 통한 연락행위, 착상·명령·구령·영장(令狀)·
발령 등의 전달행위, 명예·권위·위세·인기 등의 현양전달(顯揚傳
達), 전파(傳播), 주화(周和)행위 등이 역마에 해당된다.

(7) 반안 (攀鞍 : 御策)

옛사람들은 여행이나 운반수단으로 말이나 가마, 수레 등을 이용해
왔기 때문에 말에는 앞에서 말을 끄는 마부가 있으며 뒤에는 말을 모
는 채찍〔策〕이 있어서 역마의 一辰後(寅午戌馬 申의 一辰後 未)인 未
가 반안이요, 一辰前인 酉가 어(御)가 되는 것이다. 지금의 운전사와
비서를 뜻하기도 한다.

三 合			馬	策	鞍
申	子	辰	寅	卯	丑
寅	午	戌	申	酉	未
巳	酉	丑	亥	子	戌
亥	卯	未	巳	午	辰

이렇게 역마가 있으면서 반안이 있으면 관리의 경우 고급관리로 관

용차를 운영할 정도로 부유한 생활을 하고 있다고 보고 역마가 없으면서 어책만이 있다 해도 역마가 있는 것으로 간주하고 그 직분이나 생활정도를 추리해야 한다. 주로 귀기(貴氣)·존경·부하·능률·호위·보호·우대·황족·귀족·특권 등으로 볼 수 있다.

(8) 금여 (金輿)

금여는 녹전 二辰으로서(자리) 어는 승차(乘車)를 말하며 金은 귀기(貴氣)를 말하므로 반안과 같이 고급관리가 되거나 생활이 풍부하여 자가용을 운영할 수 있다는 뜻이다.

고서에 남자의 금여는 고급관리나 귀족으로 관용차를 타거나 자가용을 운영하면서 특권, 귀족, 왕족, 신분을 가지고 처첩을 거느리거나 권세를 과시하며 여자는 귀하거나 부호의 배우자를 만나 부유한 생활과 그 품위가 보인다고 했다.

작용은 귀족·특권층·고급관리·우대·존경·보호·호위·능률·부하 등을 들 수 있다.

甲 : 辰, 乙 : 巳, 丁 : 申, 戊 : 未, 己 : 申, 庚 : 戌

辛 : 亥, 壬 : 丑, 癸 : 寅, 이상이 金輿에 해당한다.

(9) 록 (祿 : 暗祿)

록은 십이순환법칙에 의거, 日主가 록왕지에 임한 것을 뜻한다. 사회의 공적인 직분을 수임할 수 있는 인연을 록이라 하며 응용과 작용은 다양한 편이다.

록은 우선 국가와 사회가 공직을 수임케 하고 그 생활을 보장해 주는 역할을 한다. 공적인 직책에는 오로지 청렴결백하고 사사로운 이익과 정을 배제해야 하며 공익과 공리에 헌신하는 역할이 록에 있으며 그 작용은 공무원, 공적지위, 부하통솔, 사회적 권위의 보장, 공무수행, 개인이나 사적 희생, 극기(克己), 질서와 규범의 준수, 국가에 충성, 부모에 효도, 준법정신의 투철 등.

암록은 록과 대합하는 것이다. 특징은 은근히 귀인의 도움을 받거나 음성적인 수입(보너스 등)이 생긴다. 미천한 직책이나마 그 수입은 은근히 만족을 느끼는 혜택을 뜻해 암록은 음성적인 직책과 수입과 귀기(貴氣)를 말한다.

五　行	祿	暗祿	五　行	祿	暗綠
甲	寅	亥	乙	卯	戌
丙　戊	巳	申	丁　己	午	未
庚	申	巳	辛	酉	辰
壬	亥	寅	癸	子	丑

(l0) 장성 (將星)

장성은 시중말 삼합의 오행정기 중 중기(中氣)를 집약한 것이다.

예를 들어 寅午戌 火局 중 火의 정기인 午가 장성이며 가장 강력한 현행 실권자를 뜻한 것이다.

정부를 비롯 모든 조직이나 기구가 입법, 사법, 집행, 예산, 관리 업무 등으로 분담되어 있으며 그 실권은 집행이나 업무에 있듯이 장성은 실권자며 직접 당무자요, 담당관이며 집권자다.

시대적으로는 역사를 주도하고 창조하는 주권자요, 사조요, 유행이요, 당면한 현실인 것이다. 군에서도 부대를 지휘 통솔하는 부대장이니 이는 장성이라는 문자 그대로인 것이다. 장성은 寅午戌에 午, 申子辰에 子, 亥卯未에 卯, 巳酉丑에 酉가 핵심인 장성이다.

○작용 및 품물(品物)

주체성·당권행사·실권자·권력행사·실무자·집행자.현행명령·권위의식·단순(單純)·순수·불굴·전진·진지무퇴(進之無退)·강건·정당성·현행법·불편부당·정당방위·지상명령·지시·당면과업·진행사

항·유행·사조·뉴스·유행품·현금·신문·시계·계급장·당시(當時) 시세품 등

(11) 진신 (進神)과 퇴복신 (退伏神)

진신이란 전진은 있고 후퇴가 없는 추진력을 말하며 임전무퇴하는 불굴의 작용을 한다.

진신에는 양진신과 음진신이 있으며 양진신은 甲子, 甲午이며 음진신은 己卯, 己酉다.

제1 진신은 甲子로 하며 이로부터 12지기까지 나가면 乙亥까지 해당되며 丙子, 丁丑, 戊寅 3일은 퇴복신에 해당한다. 제2진신은 己卯에서 시작, 庚寅까지 다음 辛卯, 壬辰, 癸巳 3일이 퇴복신이요, 제3진신은 甲午에서 乙巳까지 다음 丙午, 丁未, 戊申 3일이 퇴복신이고, 제4진신은 己酉로부터 庚申까지 다음 辛酉, 壬戌, 癸亥 3일이 퇴복신에 해당한다.

진신은 甲子, 己卯, 甲午, 己酉요, 퇴복신은 丙子, 丁丑, 戊寅, 辛卯, 壬辰, 癸巳, 丙午, 丁未, 戊申, 辛酉, 壬戌, 癸亥 12일이다.

작용은 전진뿐 후퇴는 없고, 맡은 책임 완수, 매사에 과단성 개발, 직언·강단·속단·솔직·고집기강·현실생활위주, 여자는 진신에 도화가 겹치면 인물이 수려하고 재능이 있고 현실생활 위주로 유행, 실용성 있는 당면문제에 충실하다. 퇴복신은 다소 어려우며 될 듯하면서도 잘 이루어지지 않는 상태로 혼미·내성·굴종을 뜻한다.

(12) 도화 (桃花)

도화살을 함지(咸池)·목욕·궁살(窮煞)·패살(敗煞) 등 여러 가지로 표시하고 있다.

오행지기가 패위(子午卯酉 四仲)에 해당하는 데서 성립하며 주로 남녀관계의 색정문제나 애정문제, 유행을 추종하는 화려한 생활이나

현실위주와 윤리와 도덕적인 오류와 불륜생활, 수화의 해〔水火之厄〕과 같은 재난, 사업이나 취사(就事)에 따르는 득·실패를 도화살에서 찾아볼 수 있다.

　寅午戌은 卯도화(화국(化局)의 앞자(맹)의 겁)
　申子辰은 酉도화(화국(化局)의 앞자(맹)의 겁)
　巳酉丑은 午도화(화국(化局)의 앞자(맹)의 겁)
　亥卯未는 子도화(화국(化局)의 앞자(맹)의 겁)

　도화의 작용은 화려한 색감에 민속(敏速)하고 예민하며 미색을 탐하고 남녀간에 색을 위주로 결합한다(남자 甲子 일주는 연하, 여자는 연상인과 교제). 성생활을 위주, 야성적인 성욕과 그 행위를 바탕으로 결혼생활을 한다. 성생활에 변칙적인 성벽이 있다. 이성을 저버린 남녀 애정문제로 범법, 패륜 등을 일으키는 수가 있으며 주색·호기심·직장태만·사업 등에 실패, 손실·허례허식·미장교태(美裝嬌態)·낭비·소모·불석불전(不惜不錢)·음주가무(飮酒歌舞)·방탕호유(放蕩好遊)·현실위주, 여유 저축이 없다. 호의호식 만족·화류인기(花柳人氣)·매춘 요정·다방·목욕·이발·미용·서화(書畫)·디자인·모델·수영·빙상·구기(球技)에 인연 있다. 수액(水厄)·익사·수재(水災)·화재(火災)·음독〔色情〕자살·가스중독 등이 있다.

(13) 양인 (羊刃)

　양인은 십이순환법칙에서 제왕지에 해당한다. 제왕이란 록전 1위의 과강한 최고자리로서 극수생악지리(極數生惡之理)에 해당한다.

　물극즉변(物極則變)하는 진리에 따라 火가 극왕하면 초멸(焦滅)을 면치 못하는 것이고 水가 극왕하면 용탕범람(湧蕩氾濫)을 면치 못하며 土가 극왕하면 붕괴를 면치 못하는 것이 만유사물의 이치인 까닭에 양인은 경우에 따라 자신을 상치 않으면 타인을 살상하는 위험함을 품고 있다.

甲은 卯양인, 乙은 辰寅, 丙戊는 午, 丁己는 未巳, 庚은 酉, 辛은 申戊, 壬은 子, 癸는 丑亥가 양인이다. 양인의 작용은 길흉 양면이 뚜렷한 까닭에 이 점 특히 유의해 정확히 파악해야 한다.

고서에 살무인(殺無刃)하면 불위(不威)요, 인무살(刃無殺)하면 불현(不顯)이니 살인(殺刃)이 양정(兩停)해야 능임병형지권(能任兵刑之權)할 수 있다고 강조했다. 총에 총탄, 총탄에 총과 같이 살인(殺刃)은 불가분의 관계에 있다는 것이다. 또한 인무제(刃無制)면 타불상해즉(他不傷害則)이 기강지해(己剛之害)라고 밝혀 놓았다.

작용은 권위·위엄·권력행사·살생지권·집행, 능히 많은 사람을 통술할 수 있고, 사람을 상벌할 수 있는 권위를 담당할 수 있다. 전쟁에 공로, 명의로서 치료나 수술·절단·마취, 가공·육축도살·법관·죄벌(罪罰), 병력의무·상해자침(傷害刺針)·살상·방종·관형지액·살인·구타, 처 학대 아니면 처 사망, 의처증· 희생강요·난동·파멸·재산손실·고집·피해·현금낭비·비전불석(費錢不惜), 주위 사람이나 부하로 인한 피해, 무자비·강폭·냉정·불굴·불기(不欺)·개성확립·주체의식 확고·독자강행

(14) 화개 (華蓋 : 信卯星)

화개는 오행의 정기를 수장한 보전(寶殿)과도 같다는 뜻이다. 예를 들어 寅午戌의 火氣가 戌로 귀장(歸藏)됨으로써 본질의 보전과 계승성이 영원토록 보장되는 것이다. 화로(火爐)에 불씨를 묻어 두었다가 다시 꺼내어 쓰는 것과도 같다.

화개는 三合의 계위(季位)인 사고(四庫)에 해당하며 다음과 같다.

寅午戌에 戌.　　申子辰에 辰.

亥卯未에 未.　　巳酉丑에 丑.

우리들의 물심양면의 생활의 동정(動靜)의 반복이요, 시중말(始中末) 3단계에 속한다. 사물의 행위와 정기를 수장하는 동시에 새로운

것을 창조하는 전초 과정인 까닭에 오묘한 진리를 간직하고 있다.

컴퓨터가 정신과 사고의 많은 양을 기억했다가 필요한 대로 내서 쓰는 것과 같이 물질과 정신의 보관처이자 정선(精選)하는 곳이다. 화개는 특히 정신적인 면에 작용이 크다. 문화·예술·사찰·교회·신사당·학교·학원·극장·문화관·미술관·박물관·도서관·학회·병원·점술원·무복(巫卜)·영매(靈媒)·수도장·기도원 등에 속한다.

그 작용은 정기를 수장하며 자석과 같이 이끌어들이는 작용을 하므로 정신적 면에서는 특히 종교적 의식이 강해 신앙생활을 소중히 생각한다. 수련·수도생활·숭신감응(崇神感應), 꿈으로서의 예측 추단·직감력·상상이 잘 적중한다.

●설법·설교·염불·법령·철학·점술·무복·의료·예언·역학

●학문연구·서예·미술취미·소질다능, 학원·학교의 강사·교수행위, 진리탐구·미래학연구·영매연구·고고학·종교·고대유적·사학연구·인술(仁術)연구

●승려·목사·도인·수련자·무예인(武藝人)·의식행위(儀式行爲)·도력(道力)·계시

●골동품·단서(丹書), 신앙용구상 행위, 예술·곡예단·연극·예술문화단체 등에 속한다.

(15) 공망(空亡)

공망은 능동적인 십천운과 수동적인 십이지기의 상하 상대적인 순환질서에 따르면 항상 두 개의 지기가 남는다. 이것을 가리켜 공망이라고 한다.

●甲子旬中 戌亥空亡　　●甲戌旬中 申酉空亡
●甲申旬中 午未空亡　　●甲午旬中 辰巳空亡
●甲辰旬中 寅卯空亡　　●甲寅旬中 子丑空亡

공망의 작용은 길흉이 교가되어 있으므로 자세히 살펴야 한다.

목공즉 절(木空則 折)하고 토공즉 붕(土空則 崩)하고

금공즉 명(金空則 鳴)하고 화공즉 발(火空則 發)하고

수공즉 청(水空則 淸)하다고 했다.

길(吉)한 신이 공망을 당하면 희경길조(喜慶吉兆)가 허사로 돌아가고 흉하고 악한 신이 공망에 임하면 흉악한 일이 허경(虛驚)으로 그친다고 전해온다.

고서에 삼기(三奇) 학당 화개가 공망을 당하면 사람이 총명하고 학자로서 대성한다고 했다. 또한 대인지명(大人之命)은 유허(有虛)한 가운데 곧 덕이 있으므로 공망이 자왕(自旺)하고 유용(有用)했을 때는 대성대응(大聲大應)할 수 있는 대기(大器)라고 했다. 년상 공망이면 부모 조상의 유산이 없고, 월중에 공망이면 부모형제의 은덕이 없을 뿐 아니라 고독하다고 했다. 일좌나 시가 공망이면 배우자나 자녀가 현달(顯達)하지 못한다고 했다. 그러나 공망은 오행속성을 표준하여 통변상 응용의 묘를 기하는 데 참고가 될 뿐이라고 생각한다.

공망의 응용상 개념은 공간에 대한 사물, 공간을 이용하는 물질(수도관・진공관), 터널・갱구・지하실 또는 창공(蒼空)이 모두 공망과의 연결이다. 그 작용은 길성길신(吉星吉神)이 공망이면 좋고 기쁘고 경사스러운 것이 허사에 그치거나, 시작은 있으나 끝이 없고 무실로 끝난다.

낙붕(落崩)・낙반・낙뢰・추락・낙상・망실(亡失)・허비・낙선・낙명・낙제・파괴・허무・공허・유명무실・무자(無子)・공상・심신공처지질(心身空處之疾)・공기질식(空氣窒息)・익사(溺死)・웅덩이 실족, 흉사로 응한다.

모든 악살이 소산불범(消散不犯)・방해・공간이용・항공・제관(製管)・축구공〔空球之物〕・통신(무선・전파・전자이용)・기구(氣球)・보도・코미디・만화・지하실 공간이용(지하철)・공간이용지물・지혜・총명・예측적중・예언・투시・도통・도력발휘・지리통달・종교・철학・명성을 사방에 떨침,점단(占斷)·두뇌·기억·컴퓨터 이용 등에 응한다.

(16) 천라지망 (天羅地網)

고서에 진위천라(辰爲天羅) 술위지망(戌爲地網) 또는 戌亥로 천라, 辰巳로 지망 등 엇갈린 주장이 있으나 이는 戌亥가 천라(천문)요, 辰巳가 지망(지호)이 맞다고 본다.

라망(裸網)은 문자 그대로 사물을 강제적으로 억압, 통제 또는 구속, 고정시켜 놓는 작용을 한다. 범인이나 죄인을 구치소에 수감하거나 형무소에 복역시키는 일이 모두 라망작용이다. 고기를 어망으로 잡거나 새를 망에다 가두어 놓는 일과 같으니 천라지망의 작용은 다음과 같다.

사사건체(事事蹇滯)·사다해마(事多害魔)·방해·고독·관형지액(구속·구류·형무소·죄수)·음흉·저장·강압·여자는 과부, 남자는 홀아비, 혼인지연·송쟁(訟爭)·이별·어업·레이더망, 각종 망 종류나 장치, 정보수집·간첩 수사(搜査)·비밀·첩보·계엄령·지뢰망설치·각종 덫·함정·억압·고문·취조·위수포고령(衛戌布告令)·긴급조치·동결.

(17) 괴강 (魁罡)

戌은 천괴요, 辰은 천강으로 무형인 정신은 戌이 흡수섭리(吸收攝理)하고 유형인 물질은 辰이 흡수통섭하니 괴강은 통섭하여 관리, 제재와 관리, 억압과 공격을 위해 맹렬, 강포하며 권위와 위엄이 당당한 것이다.

괴강은 국가의 비상사태 때 발포하는 위수령, 계엄령 등 긴급사태에 최우선하는 법률적인 강제조치로서 그 위엄과 강포성이 있고 형법 등 사회의 강제규범을 실현하는 데 필요하다.

그 작용은 용감·총명·과단성·괴벽이 특징이며 대중을 제압하며 통솔하는 데 능하다. 집권호살(執權好殺), 임무를 과단성 있게 처리하며, 승부심이 있고, 고집·투쟁·패기·관형송사[辰多好鬪, 戌多好訟之理]·살상·흉악범, 여자는 미색[戊戌, 庚戌], 총명하다. 불화·상부(喪夫)·이부(離夫)·모험·위험·군인·투쟁·구타·강도(强盜)·언도(言度)·악질(惡疾)·수술·살상 등이다.

(18) 금신(金神)

육십운기[六十甲子] 중 乙丑, 巳巳, 癸酉 3개가 금신이며 모두 甲子旬中에 있는 것이 특색이다. 합하면 巳酉丑金局을 이루며 고체지기(固體之氣)를 의미하며 사물을 극벌(剋伐)하는 금기(金器)의 특징을 모아 놓은 것이다.

금신은 고체인 강철과 같으므로 火氣의 단련만이 곧 그릇을 제조할 수 있는 것과 같이 금신에는 화기제복(火氣制伏)을 가장 귀한 것으로 본다.

금신이 사물에 응(應)했을 때 금속성이나 견강지물(堅剛之物)을 상징해 庚金日主에 癸酉 金神이면 무기나 칼이나 침 등의 물건으로 볼 수 있으며 癸日主에 乙丑이면 무관(武官 : 兵器參謀)으로 장성(將星)까지 승진한다.

고서에 양인칠살시(羊刃七殺時) 金神이면 力士로 이름을 떨친다고 했다(庚辰·己卯·甲寅·己巳). 금신우화(金神遇火)면 위진변강(威鎭邊疆)할 수 있으며 금신은 회칠살이 충형하는 것을 꺼린다고 했다.

금신의 작용은 강건·고체·견고·강단·절단·박치기·망치 뭉치는 성질, 불굴의 의지, 초지일관·강압·명민·의강(義强)·전선(電線), 단단한 물질, 각종 기계 및 부품, 칼이나 침 종류·총기·총탄·구슬 같은 둥근 물건.

○금신의 사주

연 庚辰~천 : 칠살, 지 : 편재, 금여

월 己卯~천 : 정재, 일주합, 지 : 왕지 (양인) 겁〔劫財〕

일 甲寅~일좌 록지로서 주체가 월과 좌에 뿌리내려 신왕

시 己巳~천 : 정재, 일주합, 지 : 식신, 문창성, 時住, 금신

　신왕사주로서 힘은 장사요, 두뇌 총명하고 재물과 사람을 통솔하는데 빈틈이 없고 일주 甲은 두령격으로 권위와 명성을 떨칠 수 있고 의리와 사명감이 투철하다.

　직업으로는 군인, 법관, 의사가 적성이며 생살지권을 담당할 수 있는 능력이 있다. 만일 경영학을 배웠다면 나라의 재정을 담당하게 되고 권위직에 고급관리가 될 것이며, 만일 적성에 맞추지 못했다면 깡패나 도살업으로서 끝난다.

(19) 겁살 (劫煞)

　겁살은 삼합오행 (三合五行)의 절처 (節處)에서 성립된다. 오행의 절처란 寅午戌 火局이 亥 (火絶於亥) 자리에 이르면 절처가 된다. 즉, 寅午戌년에 출생한 사람이 亥와의 대좌일 때 亥는 곧 겁살에 해당된다.

　원서에서 겁살위재불가당 (劫煞爲災不可當)이요, 도연분주이명양 (徒然奔走利名楊)이라 또는 겁살이 관성을 만나면 병권을 장악하고 군주를 현명하게 돕는다고 했으니 겁살작용을 정확히 파악하려면 특성을 잘 살펴 통변에 임기응변하는 길뿐이라고 생각된다.

　외탈왈 (外奪曰) 겁 (劫)이요, 내실왈 (內失曰) 망 (亡)이라고 했다. 따라서 겁살을 살피려면 망신 (亡神) 작용도 살펴보아야 한다. 단순히 겁살 하나만으로 길흉을 속단할 수는 없다.

　겁살 종류는 寅午戌에 亥, 甲子辰에 巳, 巳酉丑에 寅, 亥卯未에 申.

　겁살은 절처이자 12지기로서는 후4번째이고 망신 (亡神)은 이와 반대로 록위인 전4번째다.

겁살작용은 신속·졸속·졸폭(卒暴)·결단·과단·탈취·급변·권위·
급조·치명·총명·재능특출·사사속행(事事速行)·의협·무위과인(武
威過人)·흉라만상(胸羅萬象)·무덕횡재(武德橫財)·혼탁사치(昏濁奢
侈)·숙질형도(宿疾刑徒)·병도절상(兵刀折傷)·집요·내한(內狠)·분
탈무정·급질횡액 차 전복으로 인한 재앙 등.

(20) 망신 (亡神)

겁살과 망신은 오행지기가 4맹(四孟)인 절과 록에서 이루어지고 있
다. 망신은 내실망이라고 했으나 오행의 록위라는 점에서 불합리하다
고 보며 비겁(比劫)으로 취리(取利)에 관한 욕망으로 분탈이 생기는
까닭에 내실이라고 한 것으로 본다. 육친망실(六親亡失)·작별·손
해·망실·실물·도난·실패, 변화로 인한 실패, 변동·피사(被詐)·
인기상승, 문예·학문에 취미가 있으나 변화가 많고 무력(無力) 등이
흠이다.

　○寅午戌에 巳.　　○巳酉丑에 申.
　○申子辰에 亥.　　○亥卯未에 寅.

(21) 고초 (枯草 : 月煞)

고초살을 월살이라고도 한다. 삼합의 맹충은 역마, 중충은 재살,
계충이 바로 고초살이다.

글자 그대로 4계는 土며 土에는 곡종(穀種)을 파종(播種)하거나 집
을 건축하는 각종 사물을 설치하는데 이것을 충으로 분산시켜 메말라
죽거나 허물어지는 작용을 하므로 이를 고초(枯草)라고 한 것이다.

또한 4계는 화개라 하여 오행의 정기를 저장해 둔 곳이며 마치 창고
에 물건을 보관해 둔 것과 같다. 이것을 충파하여 소진(消盡)하면 자
원이 고갈하는 셈이다.

고초의 작용은 신앙의 개종(종교의 변화), 신앙상 교리에 회의를

느끼거나, 사람 서로간에 불화·반목·충돌·송사·불신·사고로 개종(改宗), 이탈하며 사찰·교회·교당·사당·예술의 전당·문화전당·묘당(廟堂) 등의 이동·파괴·변화·학교·학원·교육시설·문화예술단체의 탈퇴·변동, 재단법인·단체조직의 변동, 종친회·친목회·동창회 등의 유고변동·탈퇴, 신체상 수척·고갈(영양)·수술·절단·파괴(장기능)·소아마비·각종 기능의 마비, 사업부진·업체마비·자금고갈·각종 육영·종교단체운영상 마비, 투송(鬪訟)·송사·각종 분쟁과 손상.

(22) 재살 (災煞 : 白虎殺)

재살은 4중의 상충작용으로서 마치 주장(主將) 대 주장의 대결과 같아 그 투쟁이 매우 치열하다. 그래서 일명 백호살이라고 한다. 생명과 명예를 건 상호간의 대결과 같아 죽기 살기로 한쪽이 무너질 때까지 투쟁하는 것이 재살의 특징이다.

작용은 졸속한 재난·횡액·급성질환·맹장염·급성폐렴·급성간염·교통사고·낙상·총상·폭탄·화재·폭염·수액·화상·익사·약물중독, 관형으로 인한 액, 구타·낙붕(落崩)·혈광(血光 : 피를 본다)·횡사·뇌빈혈·분신자살, 칼로 인한 상처, 각종 급성질환과 사고, 또한 무권으로 이름을 떨치거나 위세가 당당해지고, 승리·실력행사·정의·충돌·시정(是正)·길성과 동주하면 위엄이 배가된다.

(23) 고진 (孤辰)과 과수(寡宿)

원서에 '노이무부왈 과(老而無夫曰 寡)요, 유이무부왈 고(幼而無父曰 孤)'라고 했다. 이는 태어난 해를 기준, 방국(方局 : 亥子丑北方局)으로서, 즉 亥子丑은 寅은 고요, 戌은 과니 고진과 과수는 전후 계속 작용이다.

寅申巳亥는 홀아비살이고 辰戌丑未는 과부살이다.

송구영신지의(送舊迎新之意)란 고(孤)는 새롭고 낯선 것을 맞이한 것과 같고 외롭고 긴장된 감정이 들며 과수(寡宿)는 좋은 시절이 지나고 쓸쓸한 홀몸으로 고독을 달래는 상으로 고과(孤寡)는 외로움과 쓸쓸함을 뜻한다.

원서에 남자는 고진을 꺼리고 여자는 과수를 꺼린다고 했다. 남자(甲子, 丙寅, 丁丑, 壬寅) 사주에 비겁이나 인수에 고진이 따르면 결혼이 늦어지거나 상처를 당하는 수가 많고 여자 역시 상관·겁재·효신에 과수가 따르면 과부를 면키 어렵다.

그 작용은 어릴 때 부모를 일찍 잃고, 어머니의 정이 없고, 이사를 자주 하게 되고, 부부별거, 신앙생활, 학문연구를 함으로써 고독생활, 성년시 성격이 과격하며 까다롭다. 여자를 증오한다.

신부·도인·승려·혼인지연(출세, 학문연구), 결혼생활 중 처 통제, 홀아비생활, 여자를 보수적으로 통제, 무정한 편, 여자는 남편이 고독, 애정소원(愛情疎遠), 불탐색정(不貪色情).

○과수작용

특히 여자는 과수작용이 강하다. 고독·정적·소극적·자비심, 종교나 교육적인 사고, 고독하며 과부가 되거나 남편과 별거, 결벽증, 남녀관계에 추악감, 수도심, 수학심(修學心)

(24) 삼재 (三災)

원리상으로 미루어 오행의 수기(囚氣)가 삼재에 해당한다.

일년 사계절 중 겨울철을 만난 것과 같다. 모든 생물의 성장이 위축되고 활동이 정지상태에 접어들어 매사에 정적이면서 소극적인 자세로 임해야 할 시기인 까닭에 불길하다.

오행의 수기·사기〔囚·死氣〕는 마치 병들어 갇힌 몸이 움츠러들어 꼼짝 못하는 것과 같으니 자전운(自轉運 : 대운) 공전운(公轉運 : 세운)이 불길하면 배가(倍加)의 흉액을 면치 못하게 된다. 즉, 특별범

죄 가중처벌법을 적용하는 것과 같은 셈이다.

寅申巳亥 四孟의 生은 四孟年에, 子午卯酉 四仲生은 四仲年에, 辰戌丑未 四庫生은 四庫年에 각각 적용도가 강하여 적은 경우라도 삼재 때는 배가되어 그 흉한 것이 크게 따른다.

○寅午戌生 申酉戌 세운년

○亥卯未生 巳午未 세운년

○申子辰生 寅卯辰 세운년

○巳酉丑生 亥子丑 세운년

작용은 관형지액, 사업상 재난으로 실패·손재, 신상질병의 위험과 중태(수술·상신·고질의 발병), 사망률이나 기타 사고나 액난을 당하는 비중이 높다.

(25) 파쇄살 (破碎煞)

인간생활에서 사용되는 사물을 가공 제조하기 위해 원자재를 자르기도 하고 분쇄하여 다른 모양으로 변형시키게 되는 것이 이 파쇄살의 작용이다.

파쇄살은, 孟(寅申巳亥)은 酉, 仲(子午卯酉)은 巳, 季(辰戌丑未)는 丑으로 巳酉丑 金局이 파쇄살에 해당하며 년과 일주를 기준하여 적용된다.

(26) 고난살 (孤鸞殺)

고난살은 여자에 한하여 일주(日柱)에 적용한다. 여자에게 꺼리는 것은 상관이나 자왕지기(自旺之氣)가 일좌에 이미 내포되어 있어서 부부궁을 해롭게 하고 있다는 점이 나타나 있다. 고난살은 남편이 무력하게 되어 여자가 생활을 담당하는 수가 많다.

○甲寅, 丁巳, 辛亥, 戊申, 己酉, 丙午, 壬子, 戊午

그 작용은 남편과의 애정생활이 부족하거나 남편이 스스로 무능력해져 부득이 자신이 직업을 갖는다.

　또한 戊申, 辛亥, 己酉 등은 자녀를 낳은 후 남편의 기세가 하강하여 남편보다 자녀에 대한 애착심이 강하므로 부부애정이 소원해진다.

제11장
종합체용과 심명체 풀이

심명공식은 우주현상계가 시공(時空)차원에서 간섭배려(干涉配慮)한 개체생명(個體生命)의 기본단위 공식으로서 그 문자 하나하나가 생명을 대신한 척도요, 복사한 것이다. 문자가 동(動)하면 마음도 동하는 것이요, 문자가 정(靜)하면 마음도 정하는 까닭에 운즉심(運則心)이요 심즉운(心則運)이니 우주의 수많은 사물과 인연을 맺으면서 수시응변으로 끝없이 작용되고 있는 것을 알아야 한다.

육십운기의 문자는 수(數)의 과정을 거쳐 문자로 화(化)한 사물이다. 사람이 태어난 그 순간부터 생동하는 것과 같이 심명공식(생년월일시 : 사주)도 자·공전 궤도의 빈틈없는 질서운행을 하고 있는 것으로 심명공식 풀이는 자·공전을 함께 포함시켜야만 판단할 수 있다.

1. 팔단(八段) 기본법칙

(1) 우주본체[眞·無極而太極]로부터 음양[自然數]과 오행의 파악(木火土金水).

(2) 음양과 오행의 자연수를 바탕으로 나타난 천운[十] 지기[十二]의 진리와 배속의 파악(甲乙 丙丁, 子丑寅卯).

(3) 천운지기로 이루어진 육십운기의 현상계 배속과 심명공식[四

柱)의 정립요령 파악(甲子, 乙丑, 丙寅, 丁卯 등으로 연월일시, 자전, 공전운 정립)

(4) 주객(主客)의 상대성 변화에 따른 교관통변 십신작용의 파악(比, 劫, 食, 傷, 欲財, 官殺, 印梟)이 주축을 이룬다.

(5) 천지의 기운과 십신통변을 포함한 기세파악(십이운성 : 生·浴·帶·官·旺·衰·病·死·墓·絶·胎·養)을 정확히 해야 한다.

(6) 오행운기, 십신기세를 포함한 교호대좌의 종횡 상관작용의 파악(종적 : 천을귀인, 록, 양인. 횡적 : 역마, 장성, 도화 등)으로 체상(體象)을 정립한다.

(7) 교관작용〔合冲刑害破〕으로서 연기(緣起)와 변화의 파악이 최종적으로 유연, 무연의 선악길흉을 판단한다.

(8) 이상 7단계까지의 원리를 종합하는 데서 상리(象理)로서는 전체의 심성과 의향에 따른 주객의 이해득실·길흉·선악을, 기세로서는 주객의 상대적 정기의 강약·쇠왕·경중·대소의 질량과 승부를 파악한다. 거기서 구해지는 길·흉·용·기·희(吉, 凶, 用, 忌, 喜)를 판별함으로써 모든 것은 통변이 여신이라고 하듯 이를 통해 행로를 짐작할 수 있는 것이다.

2. 이기 (理氣)와 심명체 (心命體 : 四柱)

심명체를 정확히 파악하려면 우선 상리〔物象, 地理〕로써 심리와 의향의 소재를 구명하고 생명이 무엇을 목적으로 태어났으며 목적한 바를 무난히 성취할 수 있는지의 여부를 관찰해야 한다(좌하 地氣神의 뜻을 먼저 찾아야 한다.).

곧 사람의 심성의 특징과 그 생명의 목적을 나타낸 것이 심명공식에 있으니 상리를 하나하나 추구하면 생의 목적과 부여된 선천적인 능력의 특성이 파악되어 체상을 정립하여 향로(向路)에 따라 성취 여부가 밝혀지니 이것이 바로 상리의 추리로서 구명할 수 있는 것이다.

(ㅣ) 이기 (理氣 : 波長)

생명의 존재는 주객의 상대적 조화에서만이 생존할 수 있는 것이다. 즉 체(體)와 용(用)은 조화에서만이 공존할 수 있으며 이것은 마치 육체와 정신이 건전한 조화에서만이 생명을 유지할 수 있는 것과 같다. 또한 인간이 상대한 전우주(全宇宙)와 주고받는 이기(理氣 : 波長)의 조화에서만이 존재할 수 있다는 것이다(원서 : 中和者 命之正理 也). 따라서 조화가 무너지는 순간부터 생명은 소멸되게 마련이다. 그러므로 용신(用神)은 주체와의 상대적인 조화의 차원에서만이 포착할 수 있으므로 주체가 중요한 것이다.

주체의 체(體)는 일주(日柱) 자체가 체이며 일주 외의 객체가 용(用)에 해당한다. 그러나 때론 주체가 바꺼어지는 경우도 있다.

첫째 : 일주가 건전할 경우에는 물론 일주 자체가 체이다.

둘째 : 일주가 객체에 의해졌을 때에는 객체의 주세(主勢)가 체로 화한다.

셋째 : 일주가 천운합으로 진화했을 때는 화신(化神)으로 바뀐다(甲이 己와 合化土하며 丑월이나 丑일이면 진화상(眞化象)이 성립되었을 경우 체가 土로 바뀐다는 것이다).

넷째 : 일주와 동일한 지기의 방국(方局)이나 합국(合局)인 오격(五格 : 曲直, 炎上, 從革)의 경우 원신(元神)으로 체를 삼는다. 때론 주체의 확정이 애매할 때가 있으니 다음을 참고할 것.

(ㄱ) 정격인 경우 일주가 주체인 까닭에 그 일주를 준한다.

(ㄴ) 종세〔從殺·從財·從食傷·從强·從旺〕일 때 종세의 오행속성으로 종세격 여부를 확인한다.

(ㄷ) 화상〔從化格〕의 진화일 경우 진화신(眞化神) 오행의 속성으로 확인할 것(假化는 日柱에 準함).

㈃ 독상(獨象)이나 방국(方局)일 경우는 일주 중심의 기세여부를 확인하되 운로의 진행여부를 확인한다. 또한 비교의 대상인 주체는 바뀌어질 수 있으나 일주 본 자체는 없어진 것이 아님을 알아야 한다. 즉 일주의 주체성은 변화했으나 일주의 개성은 항구적으로 엄존하는 까닭에 구체적인 통변에 임할 때는 반드시 일주(日柱)를 중심으로 통변한다는 것을 잊어서는 안 된다.

(2) 용신(用神)의 변증법(辨證法)

용신은 문자 그대로 주체가 필요로 하거나 그 사용되어야 하는 물심(物心)의 상대이다. 생존해 있는 상태의 생활상 필요한 사용대상이 있는 것과 같이 심명공식 내에는 용신이 반드시 있는 것이다. 무릇 물심의 소요대상(所要對象)을 찾아볼 수 없다면 그 생명은 다한 것이다.

(1) 체(體)는 육체와 같으며 用은 정신과 같으니 用神은 정신이자 곧 마음이다.

(2) 용신(用神)이 마음이니 욕망과 그 의도, 목적과 행위가 用神과 부합된다.

(3) 목적과 행위는 곧 직업이다. 체용과 직업은 일치한다. 그러므로 직업으로 용신을 확인해 볼 수 있다.

(4) 우주의 항구적 존속이 인력과 추력의 조화에 있는 것과 같이 인간도 주체의 인력과 추력〔財·食〕, 객체의 인력과 추력〔官·印〕의 조화에 의해 생존할 수 있으므로 재관인식이 용신의 기본이다 (원서 : 日柱 旺而 提綱 或官 或財 或食傷 印 皆可用).

(5) 주체인 일주와 용신인 재관인식의 조화(體用의 조화)에서 용신을 확정하는 방법이 의당한 이치이긴 하나 조금 불완전하므로 다음 설명을 참작해야 한다.

① 旺者抑止하고 弱者扶之함이 雖爲不易之法也나

② 不易中에도 變易者 有하니 審察하되 旺者 抑之는 不可抑하며

宜扶之者 有하니 旺之極者는 不可損하라는 뜻이다.

③ 弱者扶之 如不可扶하며 反宜抑之하라. 이것은 變之極者 不可益이라는 뜻이다.

④ 旺之極者 抑之하면 反擊作用으로서 유해하니 宜從其强勢를 扶之하라. 즉 太旺宜 洩 旺極宜生이 從强 從旺之格이다.

⑤ 弱極者扶之면 扶之者는 從勢而無功이니 宜從其弱하고 宜當抑之하라. 즉 太衰者는 宜剋하고 衰極而 宜洩者는 곧 從財官 從食傷格이다.

⑥ 일주가 왕하고 月令提綱에 財官印食이 건전하면 그것을 用으로 보라.

⑦ 日柱가 衰하며 主體가 무력할 때는 먼저 幫身者(比劫 祿刃)를 찾아 이것을 體와 똑같이 하라. 그리고 대세의 흐름에 영합한 財官印食 등을 用神으로 삼아라.

⑧ 主體보다 財와 官殺이 過旺한 까닭에 주체가 약해졌을 때는 비겁이 幫身하며 制化財殺者로서 用神을 보라.

⑨ 언제든지 日柱가 건전하고 印星이 뚜렷할 때에는 有財時는 財를, 官殺이 있을 때는 柱殺이 宜當 用神이 된다.

⑩ 日柱가 旺하고 比劫이 많을 때는 食神이나 傷官으로 洩氣하여 財를 遞生하는 것으로 用神하라.

⑪ 日柱가 약하고 官殺이 旺하거나 食傷이 과다할 경우 印綬로 用神하라.

⑫ 주체가 약하고 財星이 과다할 때는 比劫으로 用神을 보라.

⑬ 日柱와 財氣가 均停할 때 잘 살펴 財로 用神을 보라.

⑭ 日柱와 官殺의 세력이 비슷할 때는 食神으로 用神을 잡는다.

⑮ 日柱가 天合으로 化한 者는 化神의 體인 까닭에 化神의 기세가 유여하면 化神之氣가 洩氣하는 神으로 用神을 정하며 化神이 부족하면 化神을 生助하는 神으로 用神을 정한다.

⑯ 方局이나 曲直과 같이 日柱 元神格은 格象이 體인 까닭에 格象을 生助하는 神으로 먼저 用神을 정하며 다음 食傷으로 用神을 정하되 때에 따라 財星으로도 用神을 정할 수 있다. 그러나 官殺은 不用이다.

⑰ 心命體에는 用神과 喜神이 으뜸이며 喜神이란 用神을 幫助해 주는 神이요, 忌神이란 用神을 剋害하는 神이요, 그 밖에는 모두 閉神과 客神에 해당한다.

이상이 전래해 오는 용신론(用神論)이다. 원리는 지당하나 가장 소중한 유연(有緣)·무연(無緣)·유정(有情)·무정(無情) 등 인연법칙과 用神의 확인법이 미비한 까닭에 지금까지 설명만으로는 부족한 점이 허다하다고 본다.

(6) 심명공식(心命公式)을 먼저 8단 기본법칙으로 풀이해 상리를 완전히 파악해야 연기(緣起)의 유연·무연·유정·무정을 밝히므로 주객의 소관(所管)이 구별되며 旺中有衰者存하며 衰中有旺者도 存할 수 있는 기세론이 정확하게 드러난다.

(7) 用神은 상리(象理)와 기세, 종횡(縱橫) 양면의 확인으로 정확하게 포착할 수 있다.

상리로써 심성을, 기세로써 행위를 확인해 보아야 한다(欲者爲用之事物故).

(8) 用神은 用神의 오행속성으로 정확히 확인할 수 있다.

(9) 심명체 내의 用神이 일생 불변하는 시종고정지신(始終固定之神)이라 생각하면 큰 잘못이다. 심명공식 내에다 어느 한 자를 用神으로 정하고 자공지운(自公之運 : 대운, 세운)과는 무관해서 일생을 의지한다는 것은 원리상으로 크게 오류를 범하는 일이다.

심명공식과 인간은 별개의 것이 아니다. 인간이 일생을 통해 생활하는 과정이 일정할 수 없으니 관(官)이 用神일 때는 공직을, 재(財)가 用神일 때는 상업이나 사업을, 상관(傷官)이 用神일 때는 학문을 익히며 처세하게 마련인 것이니 用神이란 곧 생명의 목적인 마음이자 직업이요, 생활인 것이다.

원명(元命) 내에 유용한 用神이 대운에서 영합하지 못하면 무용이며 원명 내에 별 근거가 없었던 재(財)라 할지라도 대운(자전)에서 재운(財運)을 영합하면 재운을 수반한 직업을 가지고 생활하게 된다.

(10) 인간의 길흉화복이나 생사문제가 심명공식과 운세와의 상리(象理)와 기세의 조화가 변하는 데서 이루어지는 결과인 까닭에 원명의 어느 한 자를 用神으로 믿고 그와 비교하려면 큰 과오를 범하게 된다.

用神 한 자만을 정하고 用神을 범하면 흉하고 사(死)한다는 것으로 오인하고 있다. 인간의 생사는 주체와 객체와의 조화가 무너지는 데서 생긴다. 어느 하나를 고정화한 用神으로 의지하여 생사길흉을 판단할 수 없는 것이다.

3. 심명체(心命體)의 상리(象理)와 기세의 파악

(1) 심명공식의 상리와 기세를 파악하여 주체의 인격적 차원과 생명이 품고 있는 목적을 완전히 파악해야 한다.

(2) 특성인 장점과 단점[病藥]을 포착하고 길흉의 원천적 소재를 먼저 파악한다.

(3) 소위 격국(格局)과 用神을 그 인간의 심성과 행위로써 정확히 확인한다.

4. 심성과 인격

(1) 가장 중요한 것은 그 인간의 마음을 파악하되 마음의 척도와 인격의 고하(高下)나 귀천(貴賤) 등 비중을 체용(體用)으로서 확인해야

한다는 것이다. 예를 들어 五行이 편고(偏枯)했을 때 고집으로 충고를 용납치 않는 인간성은 불길한 운에 액(厄)을 면키 어렵다. 또한 주체가 신약한 경우는 사소한 일에도 상심하거나 신경을 너무 쓰는 까닭에 약간 불길한 운만 들어와도 감수하는 비중이 크다는 사실 등을 우선 인식해 두어야 한다.

(2) 심명체가 건전한 사람은 심성과 인격이 건전하며 심명체가 혼탁한 사람은 인격과 심성도 혼잡하다. 이것을 청탁(淸濁)이라고 해왔다. 예를 들어 관(官)에 인수(印綬)가 있으면 청(淸)하고 상관(傷官)과 겁재(劫財)가 있으면 탁(濁)한 것이니 원명(元命)이 청(淸)하면 다소 불길한 운이 돌아와도 능히 극복할 수 있으니 사람의 평소 심성과 인격이 흉운을 능히 소화할 수 있기 때문이다.

(3) 원명 내의 십신(十神)의 상리가 기세에 따라 강약의 도가 있으니 강하고 건전하면 평소 진실하고도 겸손하며 실용적이요, 약하고 혼잡하면 허세만 있으며 부실하다. 이것을 진가(眞假)라 한다.

(4) 대부분의 심명공식에는 길흉이 혼잡해 있다. 예를 들어 재(財)가 있으면 일왕(日旺)하고 식신(食神)이 생재(生財)해 주면 은인과 같으며 신약(身弱)하고 겁재(劫財)가 탈재(奪財)하면 원수와 같으니 양단간에 선자(先者)의 경우의 심성은 슬기와 노력으로 어려움을 극복하며 때묻지 않은 순수한 인간성을 지니고 있으나 후자의 경우는 항상 도둑이나 투쟁의 대상을 만나 이익과 목적을 위해 싸워야 하는 심정을 가지고 있으므로 흉포성이 깃들어 있음을 알 수 있다. 이것을 은원(恩怨)이라고 한다.

(5) 인간은 사회생활을 위해서는 공과 사를 분명히 해서 절도 있는 생활을 해야 한다. 합(合)이 많이 있으면서 희용지신(喜用之神)을 합거(合去)한 사람의 심성은 사정(私情)에 끌리거나 개인동정과 감상에 사로잡혀 甲子로서 용감하게 해야 할 의무나 직책을 저버리게 되는 상이 있으니 이것을 기반(羈絆)이라고 한다.

(6)인간은 항상 여유와 융통성이 있으며 어려운 시련을 슬기(心性의 德과 智慧)로 극복하여 공리를 도모하거나 책임을 완수하는 사람이 있으니 마음과 지혜가 두루 형통됨을 가리켜 통관(通關)이라 한다. 예를 들어 재(財) 인수(印綬)의 대립을 관(官)이 통관해 주며 비겁(比劫)이 재(財)를 겁탈할 때 식상(食傷)이 통관해 주거나 칠살(七殺)이 극신(剋身)할 때 인수(印綬)가 통관해 주는 묘는 분명히 전화위복이요, 역경에서 성공하는 상이다.

5. 운도 (運道)와 실증 (實證)

(1) 운은 항상 변하니 먼저 천시(天時 : 時代性)의 변화를 고려해야 한다.

(2) 운의 상리와 기를 정확히 파악하고 심명체와 교관대좌작용을 잘 살펴야 한다.

(3) 심명체와 운과 유연·무연·유정·무정 등 운의 인연과 성향부터 확인해야 한다.

6. 운 (運)과 연차성 (年差性)의 고려

(1) 연차성에 따라 운의 길흉을 판단해야 한다.

(2) 유시(幼時)의 관살(官殺)은 질병이나 액고(厄苦)가 틀림없으며 노년기의 관살은 남자의 경우 자녀와 명예에 해당할 수 있으나 여자는 질액을 면키 어렵다.

(3) 학업기에 관인(官印)·식(食) 등의 운은 길하나 편재운(遍財運)과 같이 투기성을 내포한 횡재운은 교육적 진리와 불합리한 까닭에 불길한 것이다.

(4) 남자는 18세 운부터 28세 정도까지 진학운(進學運)에 의해 인생

의 방향이 결정된다.

원명(元命)에 문과를 선택, 법을 지망해 공부하나 진학기 때 운의 방향이 법과와의 인연을 배척하고 이과계통으로 흘렀으면 어쩔 수 없이 이과계통으로 진행되게 된다. 이에 따라 직업 또한 자연 진학 기운에 의해 좌우될 수 있다는 점도 알아야 한다.

(5) 특히 남자는 교육기로부터 장년기(50대)까지 재관인식(財官印食) 등 길운을 맞이해야 그 효능이 뚜렷하게 나타나며 유년이나 노년기에 좋은 운을 맞이했다손 치더라도 별로 효과가 없으니 운의 연차성을 고려함이 당연한 것이다.

7. 공전운(公轉運)과 응기법(應期法)

(1) 각각 다른 인간의 개성적인 운동도 최종 결과는 공전운에 의해 결정된다.

(2) 각각 다른 각자의 자전(대운)운에 길흉도 공전운에 의해 응기와 결과가 좌우된다.

(3) 자전운의 변화가 생기면 그 운의 결과가 어느 때 어느 곳에서 무엇으로 어떻게 변할 것인가는 공전운에 의해 결정되는 것을 응기(應期)라고 한다. 즉, 자전운이 길할 때는 공전운이 길한 인연으로 응해 주는 바로 그때와 그 장소며, 자전운이 흉할 때는 공전운이 흉한 인연으로 응해 주는 바로 그 때와 장소가 되는 것이다.

(4) 응기법은 십신을 위시해 합충형해파(合沖刑害破) 다섯 종류의 교관작용(交關作用)이 위주이며 때로는 교관대좌 작용도 응기되고 있다.

8. 각 개인의 심명공식 (心命公式 : 四柱) 풀이 방법

● 坤命 1940년 4월 10일 丑時生 새벽 2시 15분

연 庚 辰 : 괴강, 쇠지

월 辛 巳 : 왕

일 己 未 : 양인

시 乙 丑 : 칠살, 길신, 과숙

대운

庚	辰	4
己	卯	14
戊	寅	24
丁	丑	34
丙	子	44

※가정의 변화

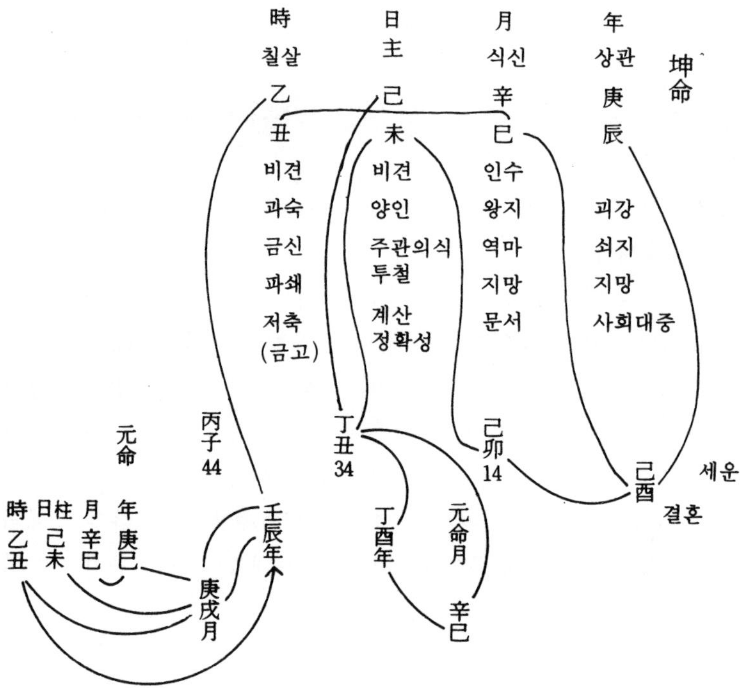

① 己(본인), 未(배우자 위치), 乙(배우자 星), 辛庚(자녀 星), 丑(자녀자리), 巳(부모 위치, 문서), 辰(地戶).

己卯 대운 己酉년 배우자와의 합과 관성 투출로서 결혼.

결혼신고, 가정안착, 자녀 출생, 재물저축.

② 乙木 官星 丁火 偏印(梟神) 辛(食神) 庚(傷官) 乙木에서 庚金 官星(乙木의 직장)으로 乙丑, 庚辰은 乙庚合丑辰破

乙木에서 丑은 편재, 庚에서 辰은 문서, 乙에서 辰은 정재며 庚辰은 관의 문서와 관의 금액이다.

남편이 월상 辛金의 통제를 받아 빈틈없이 행정에 집무하였는데 丁丑 대운이 오면서 乙에서 丁은 식신으로 辛金을 억압하면서 丑 辰破. 丁酉년에 辰酉合金 巳酉丑合金局을 이루면서 과욕이 생기면서 丑중 癸水, 辰中 癸水의 힘을 생조(生助)받으며 주위 사람과 어울려(癸水 편인) 도박에 휩쓸려 재산 탕진(공금까지) 후 壬辰 세운 庚戌 월에 丑未沖 未戌 刑破 辰戌沖으로 범법 행위에 대응치 못하고 乙丑 金神이 발동, 丑未沖 丑辰破의 작용으로 남편이 자살하였다.

③ 본인은 문서 정리 후 辛巳, 丁酉 合으로 주위 사람을 상대하는 여관을 시작하였다. 己는 역마며 문서가 己酉丑金으로 식신을 이루고 未丑辰은 주위 사람이며 또한 庫요, 墓地로서 휴식처가 되고 辰은 地戶로 집이고 未丑沖은 들어왔다 나가는 왕래를 말하니 알맞은 직업 선택이었다.

④ 丙子 대운에 들어오면서 자녀 교육과 출가에 분주하면서 재물도 융성을 띠니 이는 丙은 印星, 子는 편재며 天乙貴人星으로 년상 庚金 상관을 통제하고 식신과 합이 되어 식신 용재로서 치부하게 되니 생활에 근심이 없고 평안을 기한다.

戊辰年 9월 어느 날 손님이 남편 문제로 찾아왔다. 부인과 남편의 생년월일시를 물어 사주의 정립을 시켜놓고 보니 부부의 궁합이나 그 본성이 참으로 좋았다.

본인이 말하기를, 걱정이 없으니 돌아가시오, 무엇이 어려움이 따릅니까? 선배를 찾아 의논하면 안정된 마음으로 해결될 것을…… 하고 말하니, 그것이 아니고 저……하고 말하려 하기에, 아, 알았습니다. 그럼 제가 말씀드리겠습니다.

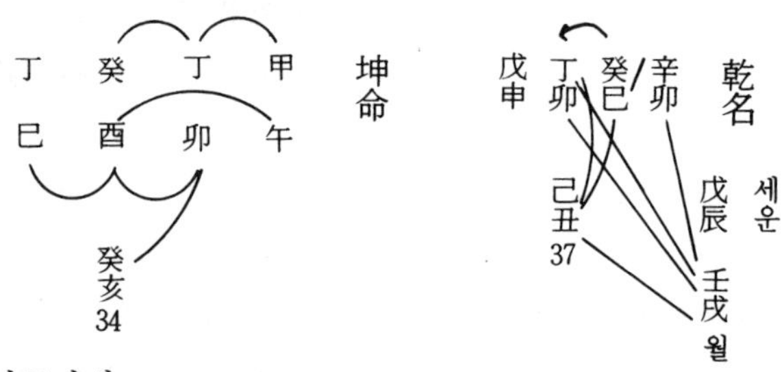

※진급관계

부인은 재능이 많고 어린이들과 생활을 하는군요. 하니, 네, 하기에 마음이 동하여 말씀드리길, 부인은 닭날에 토끼월에 말띠로서 닭은 학문이요, 토끼는 어린이고 말은 정신이고 말 위에 있는 甲木은 상관이라 하여 정신적〔無形〕으로서 언어가 될 수 있으므로 어린이를 가리키는 데는 남보다 자세하고 부드러우며 재치 있게 보살핌으로써 재주가 다양한 것입니다. 하고 해설해 드리고, 남편은 손재주가 많고 의리가 강하며 남보다 부지런합니다. 이 분은 강한 직위에서 근무하면서 칼을 휘두르는 직업인데 이상하네요, 하늘을 날아다니니 그것 참……육군인 것은 틀림없는데…….

네, 그래요. 육군항공사예요. 그런데…….

네, 알았습니다. 진급관계군요. 걱정 마시고 돌아가십시오.

그게 아니에요. 몇 곳을 가보고 유명한 박사께 여쭈어도 안 된다고 하던데요.

이 어처구니없는 사람들 보시게. 운명철학을 한다는 사람들이 심명공식(사주)을 제대로 분석하지 못하다니, 이 아니 답답한가! 자, 풀이해 봅시다.

丁卯日主에 월주 칠살에 巳는 힘의 근원이며 왕지요, 시주 戊는 모든 것을 통제하는 土星에 申은 아래위를 유통시키고 戊申 자체가 법이 될 수 있는데 巳申이 합이 되어 官이 튼튼하고 대운이 식신으로서 식신제살격(食神制殺格)으로써 권위를 담당할 수 있는 길을 알려주는 것이요, 巳辛丑合되면 무기의 창고도 되는 것이고 巳가 申과 합이 되면서 물로 변하니 증발되어 하늘로 오르는 형상이니 申金이 위로 솟는 것과 같으니 비행기요, 卯는 손가락과 손목에 해당하여 손재주가 있는 것이다. 戊辰년이 상관(傷官)이나 癸水와 합이 되어 비견으로 변하는데, 그 비견이 巳辰은 지망살이나 巳에 뿌리를 내렸으니 선배나 윗사람이 알아서 할 것 아니겠는가.

또는 음력 壬戌 9월은 정관이 주체와 합(壬丁合, 卯戌合)으로 天地合으로 관의 문서가 주어지는 것이니 어느 시험을 보더라도 합격이 되게 되어 있는 것이요, 더욱 卯는 편인으로서 藝技며 戌은 기억의 창고가 공망을 당한 것이나 합으로 무산되고 또한 辰・戌・丑・未 사고(四庫)가 경쟁함으로써 그 天의 文字가 본체와 인연관계가 喜忌에서 길흉이 되는 것을 왜들 모르고 착각들 하시는지 하고 자세히 설명해 드렸더니, 그럼 믿고 갑니다, 하고 부인은 돌아갔다.

후일 전화로 진급 소식을 들으니 본인도 흐뭇했다.

※국회의원 출마관계

戊辰년 8월경 잘 아는 분한테 전화가 왔는데 이 분이 정계에 인연을 맺고 싶은데 올해 운이 있는가고 물어 왔다. 그 분의 생년월일을 물으니, 시는 자세히 모르겠다 하며 문의하는 분이 그 분과 힘을 같이하려고 하는데 운이 있으면 좋겠다 하였다. 시간은 후일을 더욱 자세히 알려주며 특히 생일 날짜와 시간은 주위 사람과의 인연을 자세히 파악하는 데 필요한 것이라고 답하며 풀이하여 보니 다음과 같았다.

전 국회의원이었으나 차기 출마는 세운의 작용으로 낙선됐다. 戊辰년은 庚寅에서 보면 편인이고 寅에서 보면 고초살(枯草殺)로서 대운의 겁재를 생해 주고 월상 편관이 겁재와 합이 되면서 寅중의 丙火와 酉중의 辛金이 合을 이루어 水로 化하여 정신과 금전에 손실을 입고 주위 사람들로부터 배신과 같은 운으로 辰은 법고인데 겁과 합함으로써 권위 문서가 겁에게로 전환하게 되었다. 연 己卯를 대운 辛酉 겁재가 충하면서 끌어당기고 세운 戊辰을 정인수로서 합함으로써 작용된 것이다.

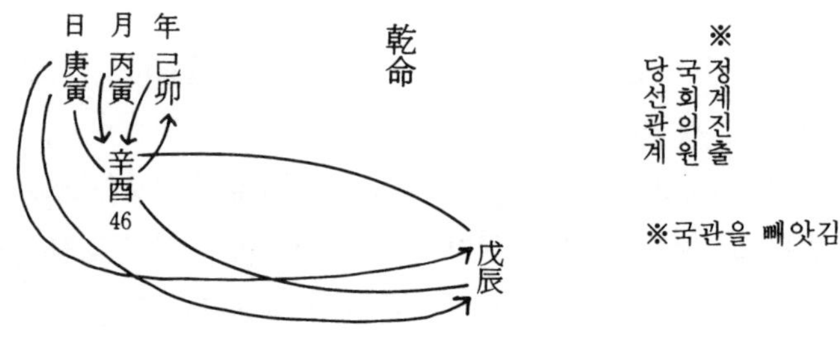

※국회의원 당선관계

집 근처에 있는 개인택시 운전기사가, 자기의 친구가 국회의원 기사인데 그 분의 올해 출마에 무슨 변동이 있겠는가를 문의하여 와 그 분의 심명공식〔四柱〕을 자세히 분석하니 다음과 같이 풀이되었다(국회의원 당선).

어느 사람이든지 심명공식상 오행이 갖춰지고 제대로 순환되면 어려움이 별로 없다. 있어도 무난히 넘어간다.

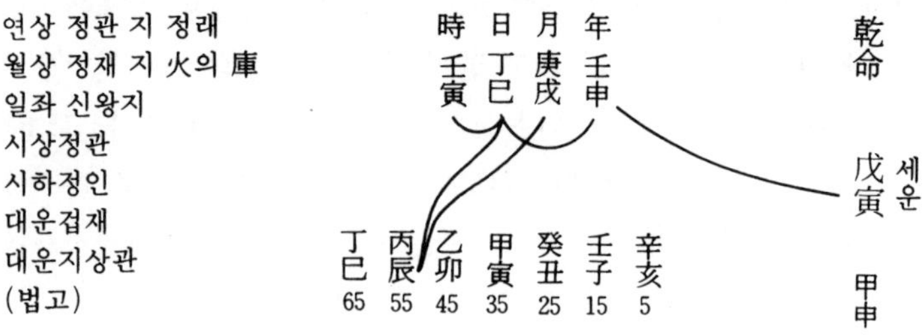

연의 정관을 생해주는 庚金은 정재로서 나라의 재물(정상적 금전) 즉 경제, 경영을 담당할 수 있는 능력을 갖추었으며, 주체 신왕에 시와 합을 이루어(壬丁合化 木) 관(官)과 떨어질 수 없는 인연관계(官印相生 水生木生火)에 주위 사람들과의 정당성을 논(辰 戌 冲=법의 송쟁)하는 것으로서 化로는 木으로 대운 丙辰 식신에 의욕을 느끼며 대담성을 드러낼 수 있다. 세운 戊辰은 木剋土하여 다스릴 수 있으며 本性 丁火로서는 상관(傷官)은 무형의 정신적 발산으로 戊辰 그 자체가 법으로서 巳는 혀요, 寅은 두뇌니 寅丁戌 合으로 두뇌의 명석함을 근원으로 빈틈없는 나라의 재정을 다룰 수 있으며 또한 빈틈을 파헤쳐 발표할 수 있는 능력을 갖고 있다.

본인의 결여된 점은 항시 마음이 모질지 못하고 심장과 혈압이 따라 다님으로써 어려움이 따른다. 심장질환은, 戌은 심장인데 辰戌冲함으로써 발효하고 혈압은, 壬은 水, 寅은 머리, 巳는 열로서 壬은 水니 혈액이고 巳와 亥가 충하는 것과 같은 작용으로 寅巳刑 巳亥冲함으로써 혈압이 정상적이지 못한 것이다. 또한 해운(세운)에서 亥水가 강왕하면 더욱 크게 작용한다.

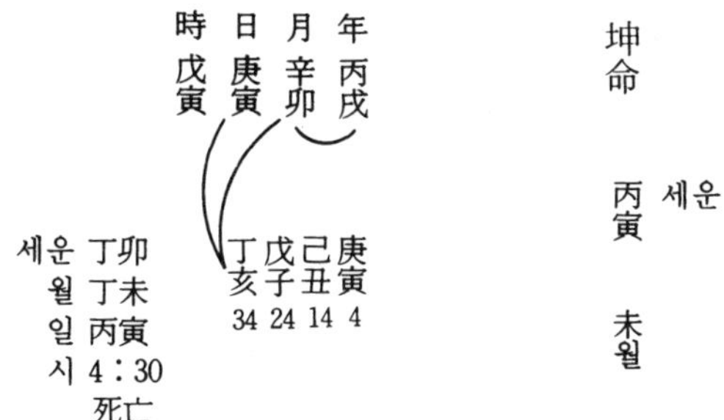

※생활과 질병

본 심명공식은 책에 쓰기에는 민망하나 공부하시는 분들께 참고로 기술하고자 합니다.

이 사주의 주인공은 본인 처의 친구로서, 마음은 착하고 부지런한데 재물에 너무 욕심이 많아서 결국 스스로를 망치고 말았습니다. 선천성 심장병으로 안정을 요하며 무리한 힘을 쓰면 인체에 병을 악화시키게 됩니다. 戌은 인체의 심장에 속하는데 이를 沖破 刑害하면 발동하게 되어 있다.

丙寅년 집을 헐고 새로 건축하면서 무리함으로써 병이 악화되어 乙未월에 수술하고 꾸준히 치료를 받았으나 음 6월 15일 庚申일 주방에서 식사준비를 하던 중 가스불이 커튼에 인화되어 황급히 불을 껐다. 이 때 놀라 수술한 심장의 이상으로 병원에 즉시 입원하였다. 산소호흡기를 흡착한 채 7일 동안 인사불성으로 있다가 잠시 의식을 회복, 몇 마디를 남겼다.

"여보, 아이들을 부탁해요!"

1987년 7월 16일 오후 4시 30분(음력 6월 21일) 사망했다.

이는 丙戌, 辛卯, 庚寅, 戊寅시로서 재물에 애착이 강하며 남보다 더 부지런하고 알뜰하면서 재물 저축하는 재미에 건강을 돌보지 못한 점도 있으나 선천적인 병에 辛金과 寅중 戊土의 힘을 받아 힘쓰고, 戌중 戊土의 힘도 약하지는 않으나 항시 불안함에 떨어야 한다. 년 丙戌, 월 辛卯가 丙辛 合化水 卯戌 合化火로 천은 가합(假合)이고 지는 도화(桃花)합인데 이는 庚金에서 보면 水는 상관 火는 관으로 재물〔卯〕과 문서〔戌〕의 합으로서 재물을 모으며 집안을 가꾸는데 남편과 자식에게 신경을 과다하게 소모하는 것으로 본다. 시 戊寅은 일주에서 보면 寅(재물)이고 戊는 편인으로서 寅木이 장생처로서 편인이 강하게 작용되므로 항시 위험을 알려주고 있는 것이다.

乙丑년이 들어오면서 금신과 파쇄작용이 일어나면서 대운 丁亥와 생하고 방국합이 되고 亥와 寅合, 亥와 월 卯合(월은 宅宮이다)하고 乙丑이 연 戌을 삼형살(三刑殺)로써 형파(刑破)하니 합형파(合刑破)의 작용이 이루어진다. 그러나 뒤에 합이 있어야 하는데 선합되어 작용이

미흡한데 집을 헐고 증축함으로써 우환이 따르게 된다. 더욱 寅亥卯 합은 木으로 동쪽이고 또한 乙丑과 丑寅 방향도 艮방이라고 동북을 가리키고 있는데 서쪽에다 집을 지었다. 고서에 형파해(刑破害)가 작용될 때는 건물 증축이나 집기 등에 이상이 생긴다고 했다.

또 수술은 丙寅년 乙未월에 했는데 대운 丁亥는 庚寅에서 寅午戌에 亥는 겁살로서 급하게 모든 것이 작용되므로 액(厄)이나 급병이 유발되는 것으로 알려주고 있다.

그런데 세운이 들어오면서 칠살이 효신을 생하면서 丁未월에 未戌 형파(刑破)로서 수술을 하게 됐으나 이는 제대로 성과를 거두기 어렵다. 옛 말에, 조상(태어난 연의 지지字)의 자리를 잘 모시지 못하면 화가 내린다는 말이 있다.

또한 사망의 원인은 칠살 태과에 일좌를 冲하고 심장을 형파함으로써 일어났다. 丁火 丙火 太過하고 亥卯未 未卯亥에 寅에서 亥 겁살(劫殺)에 寅卯가 입묘(入墓)되면서 戌未 형파로서 분해되어 심장이 멈추었다.

※직업(적성) 이발소 경영

甲木 : 편인(기술)(연상)

午火 : 양인살(연지)

丁火 : 劫(주위 사람)(월상)

丑土 : 상관(기계, 금속품)

戌土 : 식신(의식주 : 일)(일좌)

辛金 : 정재(재물)(시상)

卯木 : 정인(문서, 재주, 손가락, 머리카락)(시하)

```
시 일 월 연    乾
辛 丙 丁 甲    命
卯 戌 丑 午

壬 辛 庚 己 戊
午 巳 辰 卯 寅
44 34 24 14  4
```

甲木은 기술이며 午는 양인이고 丁火는 주위 사람이며 辛金은 일주와 丙辛合化水로서 직장이 되나 그는 가합으로서 스스로 갖는 직업이며 卯戌 合化火는 도화로 아름다운 것을 말하며 丑戌 刑破와 양인 午가

丑害가 되므로 甲은 얼굴과 머리가 되며 卯는 머리카락이 되니 칼과 가위로써 자르고 다듬어 아름답게 손질하는 것으로 적성에 맞는 직업 이 되었다.

※진학문제(고등학교) 1987년도

坤命 1972년 11월 20일(음 10월 15일 辰時)

고등학교 진학문제로 상담이 왔다.

학교에서의 성적은 우수한 편으로 또한 재능을 살리고 싶은데, 어느 학교가 될 것이며 어느 과목을 전공해야 장래가 있겠습니까, 하고 묻 기에, 어디 살펴봅시다, 하며 심명공식을 나열하니

연상 : 인수(학문)

연지 : 편인(예기능)

월상 : 칠살(강권)

월지 : 정인(학문)(해양)

일주 : 비견(록지)

일좌 : 비견(록지)

시상 : 정관(정법, 바른자세)

시하 : 정재(문고, 법고)

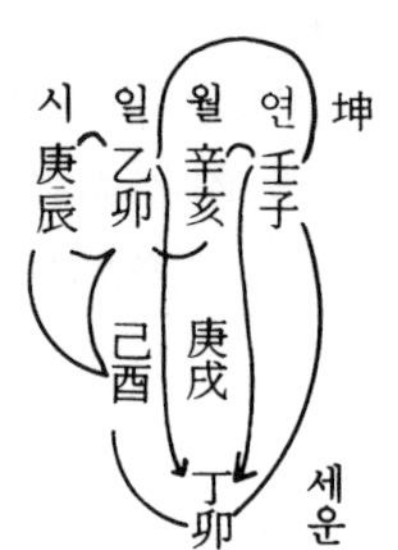

월지와 일좌 합 亥卯 合木. 시상 乙庚 合金.

일좌 시하 卯辰 害 연지 일좌 子卯 刑.

대운 己酉가 일좌 卯酉沖 년하 子酉破 시하 辰酉合 세운 丁卯는 주 체에서 식신록이고 연과 壬丁 合木하여 인수가 비견으로 오며 연지 子 卯형하면서 월 천극지합하고 시하 卯辰害한다. 이때 자칫 잘못 통변하 면 실수를 범하니 자세히 검토하여야 한다.

연과 합되고 형하며 월천극 지합이며 대운 충하고 생하면서 시로 움 직여 생하고 해하는 것은 丁火 己土생하고 己土庚金생하며 庚金은 주 체와 합(合)으로서 유정함을 표하는 것이니, 子卯형은 子는 편인으로

기술학문이면서 물과 같이 흐르는 것을 뜻하며 卯는 인체의 혈(穴)로서 구멍을 가리키는 것으로 목구멍이다. 卯酉충하는 것은 목소리가 구슬과 같이 곱고 아름답게 흘러 남이 들어도 거슬리지 않도록 편함을 말하고, 子酉破가 일어나는 것은 절도 있게 끊고 맺음을 다듬는 것이요, 辰酉合은 학문과 합하면서 辰은 文庫며 酉는 서쪽이니 서양학문을 공부하라는 뜻이다. 또한 대운의 己土는 편재로서 관을 생하고 있으니 돈이 많이 들어가는 학교이므로 곧 사립학교이다(돈으로 직위를 사는 격). 그러므로 외국어 학교가 된다.

말씀드리길 자녀는 외국어 고등학교에 진학시키시오, 하였다. 그후 합격하였다는 연락을 받았다.

※직업과 역마발동

정신과 의사 겸 신경외과 전문의

				乾命
시	일	월	연	
辛	丙	己	戊	
巳	寅	卯	寅	

甲申 47 — 세운 丙寅년 乙未월 辛未일

연상 戊 : 식신 寅에 丙戊 長生

연하 寅 : 편인(기술, 두뇌, 머리)

월상 己 : 상관(신경, 무형적 정신)

월하 卯 : 정인(신경선 : 학문)

일좌 寅 : 편인 학문장생처

시상 辛 : 정재(철, 바늘, 주사기, 칼) 丙辛合水 官

시하 巳 : 비견(록지)

대운 甲木 : 편인(학문, 예기)

　　　申金 : 편재(역마살)

학문은 정신적인 것과 식신은 약으로 의학을 공부하였다.

丙寅 세운이 들어오면서 보다 더 학문을 공부하고 또한 수입도 나은 곳으로 이동하도록 발동시킨다. 비견이 불러 미국에 있는 병원으로 옮겨갔다.

甲己合, 寅申沖, 巳申合으로 서쪽에서 불러가게 된다. 甲己合은 기술과 재주를 인정받고 寅申冲은 머물러 있던 것을 발동케 하며 巳申合은 록과 재가 합하여 丙辛合 巳申合水로서 官이 되면서 직위와 학문 또한 수입이 나은 곳으로 변한 것이다.

월지 卯는 본택궁으로서 乙未월과 합으로 인수가 투출하면서 문서가 되는데 辛金의 탈취(金剋木)하므로 더욱 급히 서둘러 떠나게 됐다.

※외국인 : 직업과 가정관계

戊辰년 정월경 경복궁 옆 화랑에 놀러갔다. 그곳에서 화랑주인과 외국인과 같이 점심식사를 하게 되었던바, 대화중 본인이 역학한다는 소개를 받고 외국인이 본국에도 점성술과 카드로 운명을 본다며 자기도 한번 풀어봐 달라 하였다. 서양이나 동양은 위치와 시간의 차이가 다를 뿐 사람의 태어난 숙명과 운명의 길은 지리적 변화가 다르게 작용하나 심성과 그 활동작용은 마찬가지로 나타나는 고로 풀어보았다.

건명(乾命) 1938년 5월 5일 5시 40분(음력 4월 6일) (화가)

일주 월령에 통근하여

신왕사주로 년주 상관

장성에 일좌 문창성

지주 칠살에 편인으로

재주가 뛰어나 남을

가르치나 가정적으로 변화가 많다.

시	일	월	연
癸	丁	丁	戊
卯	酉	巳	寅

癸	壬	辛
亥	戌	酉
51	41	31

丁酉 그 자체가 巳酉丑에 午 도화로 丁火가 午火나 같고 그 본성은 정신과 빛으로 나타내니 화려함을 나타낸다.

寅卯는 종이요, 癸水는 물감이며 酉金은 화구와 그 색채 조화를 이루는 것으로 적성에 맞는 학문을 배워 금전과 명예를 함께 얻었다.

그러나 대운에서 강하게 작용하므로 부부가 이혼하고 딸 2명을 맡고 다시 재혼하여 가정을 이루었다. 이는 酉酉自刑에 卯酉冲하고 월 丁巳와 巳酉合하므로 비견과 합이 되어 처와 이혼하고 壬戌 대운에 년과 시가 합하므로 戊癸 合 卯戌 合 寅丁戌 合으로 새 가정을 이룬 것이다. 새로 맞은 부인은 몸이 크고 잘생겼으며 학문에 뛰어나고 문학으로 다재다능할 것이라고 말하니 외국인은, 자기 부인이 5개 국어에 능통하다고 했다. 남자는 스페인 출생, 처는 노르웨이 출생으로 현재 스위스에서 생활하고 있다.

※여인의 행로

곤명(坤命) 1948년 8월 9일 寅時生

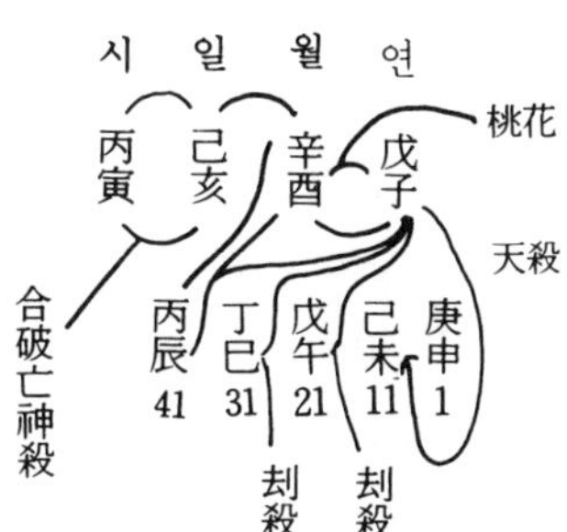

연상 : 겁 (형제, 이복형제)

연지 : 편재〔父〕

월상 : 식신 (생활) (자녀)

월지 : 식신 (생활)

일좌 : 정재 (수입)

시상 : 정인 (母, 학문, 인기)

시하 : 정관 (夫, 자녀, 직업)

대운 庚申 : 학문. 己未 비견과 또한 羊刃살이 亥 未合이 되나 子未 육해(六害)로서 부친궁을 해(害)하고 모위(母位)를 파(破)함으로써 부모가 이혼하고 시 丙寅과 寅亥合함으로써 생활한다.

戊午대운, 戊는 겁이고 午 록지며 관성과 寅午合되고 식신 酉와 도화를 띠어 연애하며 동거생활하였으며 음己土에서 辛酉 식신은 음이 음을 낳으니 여아로서 딸을 출생 후 동거자와 헤어져 寅中丙과 酉중 辛金 丙辛合水하여 水는 주체에서 재물이 되며 상리로 분석하면 다음과 같다.

辛酉 食神 酉(술통, 발효식품)金 亥水와 合 술〔酒〕로 변하고 亥(돼지고기)와 寅亥合木으로 음식물. 子에서 酉, 桃花亥에서 酉, 災殺(술로써 항시 재난) 또한 자식 낳고 夫宮이 재살의 영향으로 이별. 亥에서 寅 亡神살로서 항시 불안과 남자와의 인연 또는 가정의 인척관계에

변화 등이 일어난다.

모든 것을 종합하면 酉(발효물질), 子(음료수), 亥(음료수)와 식물성, 돼지고기로서 돼지갈비, 寅亥合으로서 음식물, 31 대운 丁巳에서 丁은 효신으로 연 戊는 주위에 있는 사람으로 타인에 속하니 도화와 연결, 음식점을 경영함으로써 생활을 하면서 寅木은 官星으로서 부궁(夫宮)과 합(合)했다가 파(破)함으로써 온전한 가정생활이 아님을 가리켜 준다.

丙辰 대운에서 직업 전환 辰은 겁재이나 辰은 넓은 터전으로 식신과 丙辛合 水. 辰酉合金으로 丙은 문서요, 辰은 겁재로 식신과 합되는 것은 동업과 같으며 辰이 子와 합되니 戊子가 겁재로서 타인의 돈과 합이요, 또한 申子辰에 酉 도화가 형성됨으로써 레스토랑을 경영하나 辰酉合은 이별을 낳는 합으로 다시 子酉破가 이루어져 동업하다 금전관계로 인하여 몇 개월 후인 戊辰年 乙丑월에 酉丑合 子丑合 辰酉合 후 丑辰破 辰辰自刑과 酉辰合으로 合多不이라고, 합이 많으면 변화가 일어남으로써 己巳年이 되기 전 양년(陽年)에 양간(陽干)은 모든 일이 일찍 일어난다.

이로써 심명공식(사주) 그 자체가 충형해파(冲刑害破)와 신살(神煞)에 혼잡을 이루거나 대운(자전)이나 세운(공전)이 잘 영합되지 못하면 수시로 닥치는 월운과 일진에 의해 항시 변화가 많다는 것을 알 수 있다.

※합궁(合宮)을 이루어 가정안착 (궁합)

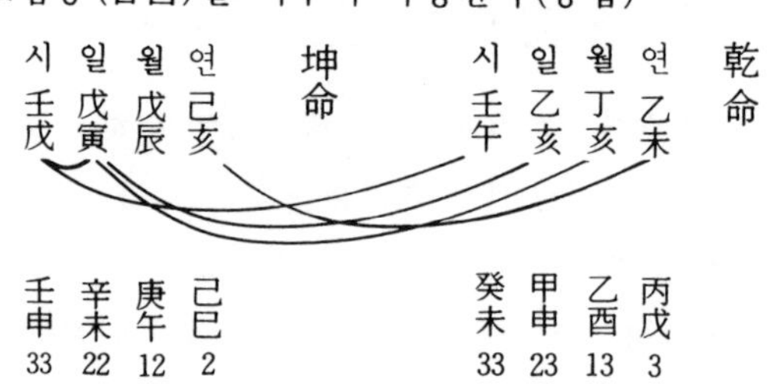

앞의 심명체는 丙寅年 2월경 선배의 소개로 맞선을 본 그 자리에서 서로 마음이 흡족해 결혼에까지 갔다.

남명에 재가 겁재와 동주하고 대운 甲申에서 申이 겁살로서 결혼이 성사가 안 되었는데 여명 戊寅이 寅亥合하여 木星이 강해서 寅申冲하며 亥卯未에 겁살에 申亥交害살을 멀리 쫓으며 寅亥合, 寅午戌合하므로 남명 고진살(孤辰煞)과 여명 과수살(寡宿煞)을 합으로 이끎으로써 그 작동을 동결시키므로 가정이 화목하고 서로 좋아하며 자녀를 낳아 잘 살고 있다.

여기서 한 가지 흠이라면 남명에 인수가 많음으로써 학문과 일에 집착력이 강하나 항시 본인을 위주로 하는 성격이며, 처 위치에 인수인 모친이 자리잡고 있어 항시 자기 본위로서 매사를 움직인다.

또 여명은 형제가 많으나 寅午戌에 辰 고초살(枯草煞)에 寅亥 합파(合破)로서 형제 우애나 항시 거리감이 있으므로 외로운 편이다.

이로 보아 부부는 극과 합으로 서로 좋지 않은 점을 보완하며 단결함으로써 어려움을 타파할 수 있다.

乙에서 寅을 보면 튼튼히 뿌리를 내리고 戊에서 乙을 보면 정상적인 관성(官星)이며 亥는 편재로서 戊寅 일좌와 합을 이루어 天星과 그 위치를 튼튼하게 하여 준다.

※대학진학 적성과 학과선택(외국어대학 월남어과)

곤명(坤命) 1970년 8월 27일 사시생(巳時生)

戊辰年 甲子月~乙丑月

연주 : 괴강, 비견(주위 사람, 형제)

월상 : 정재(방향 동쪽)

월지 : 겁재, 양인살(구슬, 기관지, 서쪽)

일주 : 괴강(인물 수려, 지혜 특출)

일좌 : 편인(戊 기억의 창고)

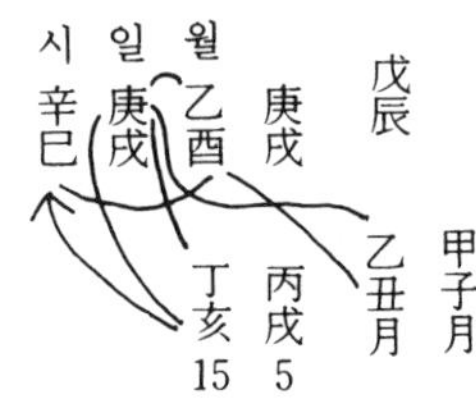

시상 : 겁재(주위 사람, 부하) 시하 : 편관(권위의식, 혀〔舌〕)

주체 庚金이 월 酉金에 뿌리를 내렸고 또한 비겁과 인성이 주체를 생하여 주며 시하 巳와 월 酉金이 삼합(三合)을 이루어 칠살과 양인이 합을 이루며 주체가 왕함으로써 권위의식이 강하고 주위 사람을 능히 통제, 다스릴 수 있는 능력을 갖고 있다.

더욱 괴강성에 칠살·양인이 병행되어 주체와 형성됨으로써 그 의지와 주관이 뚜렷하다. 주체 金으로서 乙木을 다스려 합하므로 庚은 西방이요, 乙木은 동방, 酉金 또한 서방이므로 巳와 합을 이루어 木生火生 土生金함으로써 金에서 木을 찾으니 동쪽으로 곧 동양이요, 木이 생하는 巳는 남쪽으로 동남에 의한 학문으로 본체가 金으로 서양이고 주위가 비겁으로 되어 외국어에 인연이 있다. 혀와 구슬이 합이 되어 구르니 예쁜 목소리와 쇠소리가 울린다. 또한 乙木은 인체의 손발이 된다.

이로써 외국어 대학 월남어과에 응시하였는데 甲子월에 寅丁戊에 子 재살(災殺)로써 양인(羊刃)을 파(破)하고 巳와 子가 암합(暗合), 巳中 戊土(효신)와 子중 癸水(상관)가 合化火로 형성되며 착각수와 신경예민으로 기억의 창고를 개고(開庫) 못하게 함으로써 1차에 떨어졌다(8 : 1).

乙丑月에 다시 응시, 乙庚合 巳酉丑合을 이루며 丑戌 형파로서 기억〔戌〕의 창고를 열어 丑(戊辰년) 辰 파함으로써 편인(효신 : 착각) 파함으로써 辰戌冲의 작동을 멈추게 하여 2차시험(18 : 1)에서 합격하였다.

※과욕에 의한 재물 탕진

乾命 1949년 5월 11일 寅時生

연상 : 겁재(주위환경, 사람)

연지 : 겁재(기계, 부속품, 유리)

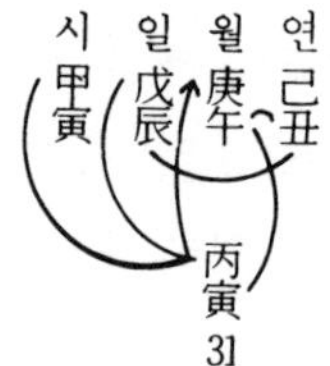

월상 : 식신 (쇠붙이, 유리)

월지 : 정인 (학문), 양인 (칼, 유리)

일주 : 신왕

일좌 : 비견 (운동장, 시장, 학교, 공장)

시상 : 관성 (직위, 직장)

시하 : 관성 (양인과 合)으로 목재에 유리 또는 가구 등.

유리를 다루는 공장을 운영 (거울, 가구, 주방기기부착)하던 중 丙寅 대운에 丙寅 세운이 오면서 寅午戌에 辰 고초(枯草) 작용에 壬辰월에 욕심이 생기면서 (戊土에 壬水(편재)), 효신도식작용 (梟神倒食〈盜食〉作用)에 의해 일확천금을 꿈꾸며 丑 金庫 (현찰), 午(말), 辰(운동장), 경마장에 출입하면서 천만 원 상당을 탕진, 사업에 지장을 주어 공장 이전 생산품 (화학물질로 이루어진 아크릴)과 유리 부착용 (식신) 주방과 생활 필수품을 제작하였다.

乙丑 대운에 己巳년이 되면서 차 구입 (丑), 운전기사 (卯) 기용 (丁卯月), 巳지살로서 역마와 같은 작용이므로 물건을 차에 싣고 각처로 순회 판매에 나섰다.

※직업 (선천과 후천적으로 연결된 적성)

乾命 1941년 4월 13일 辰時生

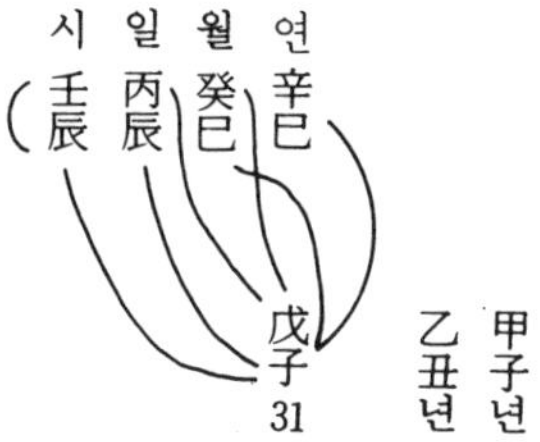

연상 : 정재

연지 : 비견 (록지)

월상 : 정관 (직위)

일주 : 신왕

일좌 : 식신 (직종) (辰 : 지하실)

시상 : 칠상 (권위 : 자녀)

시하 : 식신 (사업) (辰 : 지하실)

대운 : 戊 식신 (땅) 子 정관 (물)

294

물이 땅 밑으로 흐르는 일을 하여야 한다. 화학물질(巳중 戊土와 子중 癸水가 戊癸合化火)로써 노폐물을 처리하고 지하수나 지하구를 뚫는 사업을 하였다. 巳辰은 지호지강살(地戶地綱殺)로 땅에 가두는 것인데 천의 壬癸水를 땅속으로 매몰하거나 또는 아래로 흐르도록(丙辛合水, 子辰合水)하는 작업을 하는 것이었다.

세운 甲子년에 편인이 식신을 도식하면서(甲木克 戊土) 子 辰 合, 子巳 暗合, 戊癸合으로 동업을 하였으나 일이 순조롭게 풀리지 않아 어려움을 겪다가 乙丑年 인수를 맞으면서 록지와 합하고 대운과 子丑 합하면서 丑辰破함으로써(辰 : 문서, 丑 : 금고) 은행 융자를 내어 문서 정리하고 혼자서 사업하여 안정을 찾았다.

※대학진학과 선택과목(서울대)

乾命 1970년 2월 25일 **丑時生**

연주 : 괴강(선대 권위)

연상 : 겁재(주위 대중 형제)

연지 : 정인(문서 학문) 戌 (기억의 창고).

월상 : 편인(기술, 예능적 학문)

월지 : 편재(금전, 父, 재주(卯))

일좌 : 상관(정신학문)

시상 : 편인(기술학문)

시하 : 편인(기술, 무기고, 파쇄살)

대운 : 辛비견(주위환경, 방향 서쪽) 巳정관(열, 권위의식, 정도) 화학물질

세운 : 戊辰 : 정인(학문)

월 甲 : 정재, 子 : 식신(의욕, 생산적 사고)

위 학생이 대학선별과 과목선택을 물어왔길래 다음과 같이 설명하였다. 그후 합격의 연락을 받았다.

<table>
<tr><td>時</td><td>日</td><td>月</td><td>年</td></tr>
<tr><td>己</td><td>辛</td><td>己</td><td>庚</td></tr>
<tr><td>丑</td><td>亥</td><td>卯</td><td>戌</td></tr>
<tr><td>壬</td><td>辛</td><td>庚</td><td></td></tr>
<tr><td>午</td><td>巳</td><td>辰</td><td></td></tr>
<tr><td>22</td><td>12</td><td>2</td><td></td></tr>
</table>

戊辰년 甲子월

본인 성격은 날카로우며 주위 사람과의 인연관계에서 매우 철저한 자기 주관의식을 나타낼 것이며 재주와 두뇌가 좋아 성적도 상위권일 것입니다.

부모가 권위직에 있으면서 재정이 튼튼하여 공부하는 데 든든한 뒷받침이 되고 본인 스스로 장래를 설계하게 되어 있습니다.

이는 주체(辛) 金이 부러지지 않고 휘는 성질에 품성이 때로는 심약한 것 같으나 주관이 뚜렷하고 기억력이 좋으며 재치가 있고 무게가 있습니다. 주위의 시기심이나 타인의 말에 귀를 기울이면 손해 보는 수가 있으니 조심시켜야 됩니다.

월지상 인수가 기술학문이고 戌은 기억의 창고에 火의 묘고(墓庫)이며 월 卯는 손재주(손가락)가 卯戌合하여 도화(桃花)를 이루어 새로움을 나타냅니다. 丑은 金神에 파쇄살(破碎煞)로서 丑戌형하므로 쇠붙이에서 불이 튀어나오는 상으로 辛庚은 金이요, 亥卯는 木으로 卯戌火에 丑金庫로 화공학이나 기계공학 방면에 인연이 있는 것입니다, 라고 말해 주었다.

이에 본인이 무기학과에 지망을 원한다고 하여 辛金이 서방이므로 서울대를 지망하라고 알려주었다.

※진학과 선택과목(서울대학 약대)
乾命 1969년 9월 6일 子時生
  연 己 : 정재(재물, 처)
      酉 : 정관(활동성, 직책, 균, 발효식품)
  월 甲 : 비견(형제, 동료, 선배)
      戌 : 편재(父, 재물, 문고, 기억의 창고, 화학)
일주 甲 : 두령격, 진신, 창조의식, 木星
일좌 子 : 정인(학문, 문서, 水, 전자, 생물)
  시 甲 : 비견(형제, 동료, 후배, 섬유질, 초목, 생물)

　　　　子 : 정인(문서, 학문, 전자, 섬유질, 생물, 생산, 水)

대운 壬 : 편인(기술학문, 변화작용, 착각)

　　　　申 : 편관(칠살, 병, 강권, 전자류, 도로, 섬유질)

세운 戊 : 편재(재물, 과욕, 욕망)

　　　　辰 : 편재(재물욕, 욕망, 학문, 법고)

　　　　丁 : 상관(정신, 설기, 무형적(정신학문))

　　　　卯 : 겁재(주위환경, 형제, 사회교우, 양인살)

甲己合 : 군중 재와 합으로 군비쟁재, 경쟁(직위나 재물)

申子辰合 : 대중이 합하여 군비쟁재로서 다투어 직위쟁탈전.

申子合 : 소수합이나 시와 일좌가 대운합으로 후배와의 경쟁.

卯戌合 : 새로운 것을 찾음.

卯酉冲 : 식물성이 발효되는 과정(부패되어 곰팡이 형성).

酉戌害 : 균을 화기를 띄워 새롭게 변화시킴.

子酉破 : 균을 액체로서 변형시킴.

子卯刑 : 새로운 생산품을 탄생시킴. 식물이 수분을 취하여 변형적
　　　　인 물질로 변함).

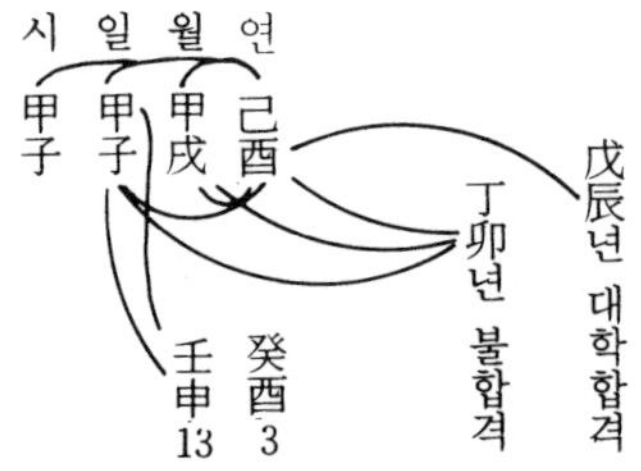

　　위 학생은 丁卯년 대학진학 시험에 서울대학 물리과를 지망했으나
불합격되었다. 그 작용은 다음과 같다.

　　정상적인 학문에 전념하였으나 甲木에 丁은 상관으로서 무형적으로
탈진현상을 나타내며 卯는 겁재로서 경쟁대상이 되면서 서두르는 감과
자신을 과신함이 잘못되는 것으로 子卯형은 안하무인에다 자신감, 卯

酉冲은 정상적이지 못하고 卯戌合으로 재주를 믿었다. 더욱 대운 壬과 丁合 木으로 화하면서 상관과 편인이 결합하여 申子合하여, 정상적 학문이 되었는데 시험을 치를 때 착각수가 일어나 정답을 오답으로 기입하는 일이 일어남으로써 시험을 잘못 치렀다.

戊辰년에 재수하여 같은 대학을 지망하면서 성적을 낮춰 약대에 응시하여 좋은 성적으로 합격하였다. 그 작용은 다음과 같다.

甲子 자체가 진신으로서 우주창조의 시원이면서 새로운 것을 개발, 발명, 고안, 착안하는 능력을 품고 있으며 더욱 酉金과 子의 작용과 酉戌의 작용, 甲과 己의 합의로 土生金하며 金生水 水生木하여 체생된다. 학문을 배우는데 이는 기술학문으로서 子水生木하여 木土가 어울린다. 흙에 자란 식물이 酉金과 戌土와 어울려 조화를 이루고 辰酉하는데, 辰은 水庫이면서 辰의 상리는 탕(湯)에 속하여 균이 탕에 배합되어 戊辰 흙과 酉金 견고한 물질로서 균을 감쌀 수 있다. 申子辰하여 고체와 액체가 병합됨으로써 약 종류에 알약, 물약 또는 병리학을 공부하여 생물의 생성과정이나 그 발효되는 균의 배양을 연구할 수 있는 기반이 성립되었다. 이에 더욱 적성에 맞게 되어 합격하였다.

※적성에 맞는 직업선택(신발류)

乾命 1960년 6월 25일 丑時生

   연 庚 : 정재(재물)

      子 : 칠살(생활위치, 직위, 손·발가락)

   월 甲 : 인수(문서, 장상인)

      申 : 정재(재물, 역마(지살)도로)

 일좌 丑 : 식신(의식주, 일터, 생산성, 발)

  시 辛 : 편재(재물, 과욕)

     丑 : 식신(의식주, 일터, 발, 기계)

대운 丁 : 비견(형제, 교우, 동등한 주위 대중, 동업자)

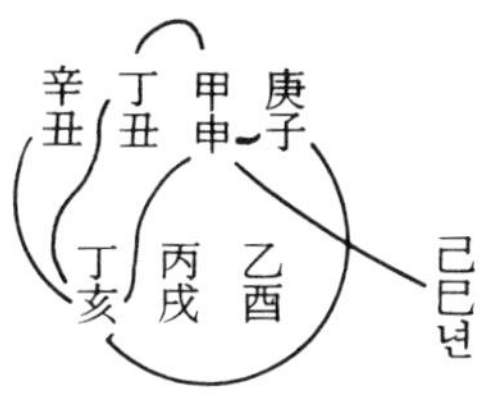

298

亥 : 정관(권위, 생활위치, 역마, 천을귀인)

세운 己 : 식신(생산성, 일)

　　巳 : 겁재(주위 대중)

위 심명체는 丁亥 대운에 己巳 세운으로 식신용재 격으로서 같은 금액을 투자, 사업을 시작했는데 품목은 인체의 子丑은 하위에 속하며 좌우 양발이 합되어 子는 발가락이요, 丑은 발이니 申지살 역마로서 발이 달리는 것으로 신발 종류에 해당한다. 丁亥 대운에 丁火는 비견이 식신과 方局을 이루어(亥子丑) 자본 투자하여 동업을 시작하였다.

이로 보아 재물이 많을 때 비겁이 오더라도 서로 힘을 합칠 수 있는 (일을 나누어 하든지 동조하는) 식신이나 상관이 있으면 서로 합동으로 일을 추진할 수 있다는 것을 알 수 있다.

대운이 戊子로 넘어가면 틀림없이 동업이 무산될 것이요, 세운 乙亥년이 오게 되면 서로 금전관계로 불신하여 파업이 될 것이다. 乙은 효신이요, 亥는 천을귀인이나 申子 고집과 申亥 교해살로서 암암리에 서로 의심하며 배신 같은 작용이 일어남으로써 戊寅 월이 되면 합이 파의 작용과 寅申충과 재살(災煞)의 작용으로 더욱 강하게 발동하여 동업이 무산되어 각자의 사업으로 헤어질 것이다.

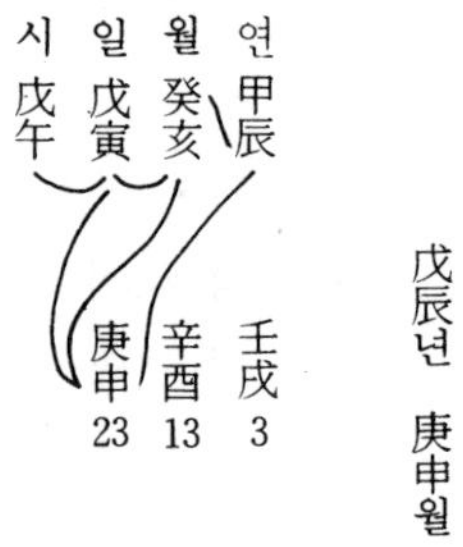

※적성을 살리는 길과 결혼시기

坤命 1964년 10월 16일 午時生

연상 甲 : 칠살, 위치고수〔夫星〕, 직장

연지 辰 : 비견(장소, 직장 상사)

월상 癸 : 정재(재물) (지혜)

월지 亥 : 편재(재물 : 父) (지혜)

주체 戊 : 신왕(일좌 장생처)

일좌 寅 : 칠살(권위, 夫星과 官), 학교, 큰건물

시상 戊 : 비견(형제, 주위 환경, 후배)

시하 午 : 정인(학문, 양인살, 정신 활동)

대운 庚申 : 식신(의욕, 학문 수련)

戊癸合하였으나 假合으로 정신적인 학문으로 변한 인수, 문서.

寅午合 : 장성과 장생처, 또 양인살로 합. 학문을 절도 있게 배움.

寅亥合 : 장생처와 재물이 합하였음. 큰 건물에 돈이 많은 곳.

申癸辰合하여 식신과 관의 자리와 재물이 합하였음(木을 生함).

寅申冲은 일터로 나가는 것과 학문을 공부.

어느 날인가 한 사람이 사무실로 찾아와 자기가 현재 생각하고 있는 것을 자세히 알려줄 것을 말하며 생년월일시를 대고는 벙어리마냥 입을 다물고 눈만 껌벅거리고 있어 그때는 정말 겁도 났었다. 그래서 한동안 세밀히 검토하여 다음과 같이 알려주었다.

지금 아가씨는 직장에 다니고 있는데 시간을 내어 공부를 하고 싶은 마음에 차 있어 결혼은 다음으로 미루고 있는데, 공부하고 싶은 것은 많고 어느 것을 배워야 할지 망설여지는군요.

네, 그래요. 어떤 것이 적성에 맞을까요? 하고 싶은 것이 너무 많아요.

네, 마음을 정하시고 전산처리로서 컴퓨터를 배우시죠.

자, 그럼 사주를 풀이해 봅시다.

년주 甲辰은 큰 터전으로서 직장과 상사가 되며 戊癸合化 火로 변했으니 돈을 다루는 학문으로 변하였다. 또한 직장인 甲寅과 亥가 합을 이루었으니 관청의 돈을 다루는 학문으로 그것이 문서화하여 주체를 생하니, 즉 木生火 火生土하며 주체가 土剋水하여 관장한다. 그런데 戊生金 金生水하고 申癸辰 합하여 식신 用 재로서 돈이 많은 곳에서 일하고 또한 식신은 의욕이고 문창(文昌)으로서 시 午火가 학문이며 寅 장생처와 합하고 亥水와 합하여 金生水 水生木 木生火 火生土하며 체생하므로 은행에서 근무하며 또한 돈을 다룰 수 있는 학문(계산·연산 五行이 두루 체생됨)을 더욱 깊이 연수하여야 합니다.

또한 결혼은 자전궤도에서 남편의 위치와 남편의 星을 甲庚冲 寅申 冲함으로써 아직 이루어지지 않고 있는 것입니다. 또한 申癸辰에 申亥 교해(交害)와 寅亥 합파(合破)의 작용으로 좀더 공부하고 저축하고 싶은 마음이 일고 있기 때문입니다.

그러나 공전궤도에서(세운) 남편 별과 자리를 합하거나 생하고 충하면 결혼이 이루어집니다. 1990년 2월이나 8월경에는 결혼이 이루어지고 그 즉시 자녀도 있을 것입니다. 庚午년은 申亥 교해와 파하고 충하는 것을 午 장성이 부성(夫星)과 관(官)에 합으로서 이루어지므로 변동이 없는 것입니다.

2월은 卯木이 亥와 합을 이루고 관성으로서 남편이 되며 申중 庚金과 卯중 乙木이 암합하여 자녀로 변하므로 삼위일체가 일어나며 8월은 酉金이 辰酉합하여 식신으로 변하여 亥水를 생하고 亥는 寅木을 생하며 寅중 丙火와 酉중 辛金이 합하여 水로 변하니 水가 木을 생하며 木은 午火를 생하여 문서로써 이루어지니 결혼하여 서류를 정리하고 가정을 이룰 수 있는 것입니다.

※자녀가 없어 양자 입적(여아)
乾命 1941년 2월 26일 丑時生

<table>
<tr><td>※순환법의 중요성</td><td>시</td><td>일</td><td>월</td><td>연</td></tr>
<tr><td>십신에 육친론(六親論)이</td><td>丁</td><td>庚</td><td>辛</td><td>辛</td></tr>
<tr><td>십이운성에 의해</td><td>丑</td><td>午</td><td>卯</td><td>巳</td></tr>
<tr><td>그 뿌리를 알 수 있다.</td><td>墓</td><td>浴</td><td>胎</td><td>長生</td></tr>
</table>

內 丁 戊 己 庚
戊 亥 子 丑 寅
46 36 26 16 6

칠살이나 정관이 남명(男命)에는 자녀인데 칠살은 겁재에 동주(同主)하였고 정관은 정재와 卯午破되었으며 시상 정관은 묘(墓)지에 자리잡아 본인은 자식을 가질 수 없고 양녀를 입적시켜 가정을 꾸몄다.

본 심명체로 보면 재관인이 다 겸비하고 있으나 제대로 영입치 못하면 자녀를 얻기 힘들다.

己丑 대운에 인수가 칠살과 합을 이루며 군에 입대하여 복무중 1963~65년 8월 제대까지 건강이나 사생활에 이상은 없었다. 그러나 巳酉丑에 午 도화살(桃花殺)로서 1965년(乙巳年)에 도화 발동으로 군 복무중 친구들과 어울려(巳辛丑에 午 도화 卯午파) 주색에 몸을 험하게 놀림으로써 병을 얻게 되어 고생한 것이 1966년(丙午년)에 午午 자형(自刑), 子午冲 子卯刑 卯午破로서 도화병(桃花病)으로서 정액이 정상이 못되어 자녀를 얻을 수 없게 된 것이다.

이로써 본명의 그릇이 자체가 정상적이지 못하나 戊子 대운이 편인에 상관으로서 변화수와 자녀에 대한 근심으로 년 辛巳에 巳가 관으로서 子중 癸水와 巳중 戊土의 합으로 본인의 자식이 아닌 타인의 자식을 본인의 호적에 입적시키게 되었다.

다음 본명의 적성분류를 하면,

연 辛 : 겁재(주위대중, 형제, 금속지물, 선배)

　　巳 : 칠살(권위의식, 자녀, 화학, 열)

월 辛 : 겁재(주위환경, 부모 형제, 금속지물)

　　卯 : 정재(재물, 처星, 섬유질, 생식기, 음식물, 손재주(손·발가락)

일 午 : 정관(주관의식, 자녀, 배우자의 위치)

시 丁 : 정관(자녀, 직위, 후계자의 자리, 후배)

　　丑 : 정인(기술, 기계, 금고(구슬 등), 자녀의 위치)

戊子 대운에서 子卯형 午卯파 子丑합 巳丑합으로 섬유공장에서 편물기계로써 화학섬유질로 스웨터 생산 일을 하였고 丁亥 대운에서는 巳

亥충 亥卯합으로 식품점과 쌀 상회를 경영하다, 丁亥 대운 乙丑년에
巳丑합 巳亥충으로 당구장을 경영하여 현재에 이르고 있다.

□ 參考文獻

心命哲學(崔鳳秀 著)

易과 哲學(崔鳳秀 著)

心(崔鳳秀 著)

積善價直平價論(崔鳳秀 著)

心命哲學講座(崔鳳秀 著)

命理學(無鶴道人)

淵海子平精解(沈載烈 講述)

命理正宗精解(沈載烈 講解)

滴天髓精解(金于齋 編著)

窮通寶鑑精解(崔鳳秀·權伯哲 講述)

三命通會(朴一宇 編著)

四柱推命學(高木乘 著)

四柱精解(白靈觀 著)

命理精況(李俊雨 編著)

四柱大觀(金于齋 編著)

周易講義(金珍圭 編著)

其他 多數 祕本錄 및 敎材 參照

□ 著者紹介

眞理科學硏究學會 (心命哲學 講師)

趙明彦哲學院 院長 (학원 경영)

(心性과 象理哲學 講座 現行)

象理哲學

初 版 發 行 ● 1990年　3月 31日
初版 6刷 發行 ● 2024年　11月 29日

著　者 ● 趙 明 彦
發行者 ● 金 東 求

發行處 ● 明 文 堂(1923. 10. 1 창립)
서울시 종로구 윤보선길 61(안국동)
국민은행 006-01-0483-171
전화 02) 733-3039, 734-4798, 733-4748(영)
팩스 02) 734-9209
Homepage www.myungmundang.net
E-mail mmdbook1@hanmail.net
등록 1977. 11. 19. 제1~148호

• 낙장 및 파본은 교환해 드립니다.
• 불허복제·판권 본사 소유

정가 **25,000**원
ISBN 89−7270−877−3 (13140)

明文易學叢書

1) (秘傳) **姓名大典** 曺鳳佑 著 값 15,000원
2) **奇學精說** 李奇穆 著 값 12,000원
3) (修正增補) 알기쉬운 **擇日全書** 韓重洙 著 값 12,000원
4) (玉衡) **韓國地理總攬** 池昌龍 著 값 10,000원
5) (風水地理) **明堂全書**(特別版) 徐善繼·徐善述 著 韓松溪 譯 값 8,000원
6) **姓名學精說** 黃國書 著 값 15,000원
7) (秘傳) **四柱大典** 金于齋·柳在鶴 編譯 값 15,000원
8) **窮通寶鑑精解** 崔鳳秀·權伯哲 講述 값 25,000원
9) **陰陽五行의 槪論** 申天浩 編著 값 12,000원
10) (增補) **淵海子平精解** 沈載烈 講述 값 25,000원
11) **命理正宗精解** 沈載烈 講解 값 25,000원
12) **四柱와 姓名學** 金于齋 著 값 15,000원
13) **方位學入門** 全泰樹 編譯 값 8,000원
14) **姓名學全書** 朴眞永 編著 값 15,000원
15) (알기쉬운) **易數秘說** 沈鍾哲 編著 값 6,000원
16) (命理叢書) **三命通會** 朴一宇 編著 값 30,000원
17) (地理) **八十八向眞訣** 金明濟 著 값 15,000원
18) **奇門遁甲** 申秉三 著 값 6,000원
19) (正統秘傳) **四柱寶鑑** 金栢滿 著 값 15,000원
20) **擇日大要** 高光震 著 값 12,000원
21) (地理明鑑) **陰宅要訣全書** 金榮昭 譯編 값 15,000원
22) (詳解) **手相大典** 曺誠佑 著 값 9,000원
23) **命理精說** 李俊雨 編著 값 25,000원
24) **易占六爻全書** 韓重洙 編著 값 15,000원
25) **現代四柱推命學** 曺誠佑 編著 값 15,000원
26) (陰宅明鑑) **靑松地理便覽** 金榮昭 編著 값 7,000원
27) **六壬精斷** 李在南 著 값 20,000원
28) **六壬精義** 張泰相 編著 값 15,000원
29) (自解秘傳) **四柱大觀** 金于齋 著 값 6,500원
30) (秘傳詳解) **相法全書** 曺誠佑 編著 값 9,000원
31) (地理) **羅經透解** 金東奎 譯著 값 6,000원
32) (四柱秘傳) **滴天髓** 金東奎 譯 값 15,000원
33) **滴天髓精解** 金于齋 譯編 값 15,000원
34) (新橋) **洪煙眞訣精解** 金于齋 編著 값 6,500원
35) **卜筮正宗精解** 金于齋·沈載烈 共著 값 12,000원
36) (風水地理) **九星學** 金東奎 編著 값 4,000원
37) (自解秘傳) **觀相大典** 曺誠佑 著 값 15,000원
38) (自解秘傳) **萬方吉凶寶典** 金于齋·李相哲 共著 값 15,000원
39) **九星學(氣學)入門** 金明濟 著 값 10,000원
40) (陰宅明鑑) **地理十訣** 金榮昭 編譯 값 8,000원
41) (完譯) **麻衣相法**(全) 曺誠佑 譯 값 20,000원
42) **易理學寶鑑** 韓宗秀 外 編 값 6,000원
43) **象理哲學** 趙明彦 著 값 15,000원
44) **易學原理와 命理講義** 曺誠佑 著 값 9,000원
45) (的中) **周易身數秘傳** 許充 著 값 30,000원
46) (自解) **八字大典** 金于齋 著 값 7,000원
47) **人生三八四爻** 이해수 編著 값 5,000원
48) (四柱秘傳) **紫微斗數精解** 金于齋 著 값 7,000원
49) **姓名大學** 蔡洙岩 編著 값 10,000원
50) (風水地理學) **人子須知** 金富根 監修 金東圭 譯 값 35,000원
51) (傳統) **風水地理** 林鶴燮 編著 값 12,000원
52) **周易作名法** 李尙昱 著 값 12,000원
53) **九宮秘訣** 金星旭 編著 값 15,000원
54) **占卜術入門** 全泰樹 編譯 값 7,000원
55) **命理學原論** 李相奎 著 값 10,000원
56) **四柱運命學의 精說** 金讚東 著 값 15,000원
57) **陽宅秘訣** 金甲千 著 값 25,000원
58) **戊己解** 金明濟 著 값 15,000원
59) **新命理學** 安成雄 著 값 10,000원
60) **里程標 經般圖解** 金東奎 編著 값 20,000원
61) (四柱詳解) **紫微斗數** 韓重洙 著 값 10,000원
62) **滴天髓闡微** 金東奎 譯 값 35,000원
63) **택일은 동양철학의 꽃이다**(協紀辨方) 값 30,000원
64) (秘傳) **風水地理全書** 金甲千 編著 값 35,000원
65) **命理正解 와 問答** 崔志山 著 값 20,000원
66) **卜筮正宗解說** 金東奎 譯著 값 30,000원

대학생 四柱學 姜泰成 著/신국판/값 3,500원

주역 이야기 (上·下) 朴永喆 著/값 각 3,500원

鄭道令 尹太鉉 著/신국판/값 3,900원

鄭鑑錄 金水山·李東民 編著/값 3,500원

鄭鑑錄 解說 朴儉知 著/신국판/값 4,500원

新 계룡산 송명호 著/신국판/값 3,500원

天氣漏泄 安重宣 著/신국판/값 7,000원

安龜의 얼굴사전 安泰榮 著/신국양장/값 15,000원

사랑의 人相學 고미야스스게 著/신국판/값 4,500원

人相경영학 鄭鉉祐 著/신국판/값 5,000원

神秘의 운명학 鄭鉉祐 著/신국판/값 7,000원

秘傳의 易學 鄭鉉祐 著/신국판/값 5,000원

사랑의 男女宮合 韓重洙 著/신국판/값 3,500원

家庭人相學 崔榮純 著/신국판/값 3,500원

大運大易卦 易術全書 白珖 編著/값 20,000원

易理學大典 金政洙 著/4·6배판/값 50,000원

唐四柱要覽 金赫濟·韓重洙 共著/값 20,000원

一年身數秘訣 韓重洙 編著/값 15,000원

萬古秘傳 靈符籍大寶鑑 韓重洙 編著/값 35,000원

明堂全書 徐善繼·徐善述 著/韓松溪 譯/값 8,000원

韓國의 風水 村山智順 著/鄭鉉祐 譯/값 12,000원

風水地理學 里程表 金東奎 著/값 20,000원

海東名山錄 李學宣 編著/값 6,000원

운명과 지혜의 샘

萬方 生活易學 全課

만 방 생 활 역 학 전 과

韓重洙·柳方鉉 共著

제1편 기초 익히기	제8편 집과 산소
제2편 보기 쉬운 사주	제9편 쉬운 꿈풀이(解夢)
제3편 사주학 바른 공부	제10편 현대성명학(現代姓名學)
제4편 애정의 남녀궁합(男女宮合)	제11편 상법(相法)(관상)
제5편 쉽게 보는 주역점	제12편 부적 견본과 사용법
제6편 신비(神秘)의 육효점(六爻占)	부 록 생일간지(生日干支) 일람표
제7편 이사와 각 택일	

- **주역비전** 백운곡 編著/신국판
- **人生 60진 秘法** 백운곡 編著/신국판
- **주역신단** 백운곡 著/4·6배판
- **토정비법** 백운곡 編著/신국판

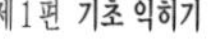

영웅들의 운명과 천기

易理로 본 小說 三國志

『삼국지』와 『주역』을
동시에 읽는다
삶의 지혜와 계획을
이 책 속에서 구하라

백운곡 著/신국판/전3권